DYFROEDD BYW A CHERRYNT CROES

DYFROEDD BYW
A CHERRYNT CROES

Bwrlwm Tri Chwarter Canrif

GWYN ERFYL

GWASG GEE, DINBYCH

ⓗ GWYN ERFYL

Argraffiad Cyntaf: Gorffennaf 2000

ISBN 0 7074 0338 3

Cedwir pob hawl. Ni chaniateir atgynhyrchu unrhyw ran o'r cyhoeddiad hwn na'i gadw mewn cyfundrefn adferadwy na'i drosgluyddo mewn unrhyw ddull na thrwy unrhyw gyfrwng electronig, electrostatig, tâp magnetig, mecanyddol, ffotogopïo, nac fel arall, heb ganiatâd ymlaen llaw gan y cyhoeddwyr Gwasg Gee, Dinbych.

Dymuna'r cyhoeddwyr gydnabod cymorth a chyfarwyddyd Adrannau Cyngor Llyfrau Cymru a noddir gan Gyngor Celfyddydau Cymru.

Argraffwyd, Cyhoeddwyd a Rhwymwyd gan
WASG GEE, DINBYCH

Cyflwyniad

I Lisa a lanwodd fy mywyd,
I'm teulu, am fod yn gysur ac yn gefn.

Diolch

I Emlyn Evans am ei frwdfrydedd a'i gyfeillgarwch.
I Wasg Gee am y gwaith cymen.

I'r rhai hynny sy'n credu
bod gen i rywbeth i'w ddweud
a bod mwy nag un ffordd o'i ddweud!

Cyhoeddwyd y rhan fwyaf o gynnwys y gyfrol yn
Y Faner, Barn, Taliesin, Golwg, Llais Llyfrau a'r *Efrydiau Athronyddol*.

Rhagair

Argraffiadau a phrofiadau o wledydd tramor, yn bennaf, oedd cynnwys fy llyfr *Trwy Ddirgel Ffyrdd* (1997). Nid llyfr taith mohono. Nid ei fwriad oedd manylu ar dirlun, aroglau, lliwiau a seiniau, nac aros yn ormodol efo'r cefndir hanesyddol. Pobol a'u pethau, cyfarfod, cyfnewid profiadau a syniadau, ymgydnabod ag ofnau, a rhagfarnau, dyna fy niléit i. Anturiaeth gynhyrfus ydyw adnabod. Stori a phererindod bersonol oedd hi hefyd. Wrth ddod i adnabod ein gilydd, down i'n hadnabod ein hunain.

Yn fy nghyflwyniad mae'r geiriau hyn: 'Os oes digon o flynyddoedd – ac o egni – ar ôl, fe garwn ddilyn yr un trywydd o fewn ffiniau fy ngwlad fy hun. Mae honno'n nes ata' i ac, efallai, yn fwy anodd i'w chwmpasu'.

Dyna oedd y bwriad.

Ddiwedd Mai y llynedd bu farw Lisa, fy ngwraig. Daeth partneriaeth hanner can mlynedd i ben. Bu 1999 yn chwalfa. Ni fedrwn fynd i'r afael â'r gwahanol gyfnodau, ni fedrwn bwyso a mesur yn iawn na chael atebion digonol i ambell gwestiwn sy'n ymestyn o ddechrau hyd ddiwedd y daith. Ond mi fedrwn ddweud rhywbeth am y blynyddoedd cyntaf. I ryw raddau, mae'r pellter hwnnw yn help. Gall fod yn falm, ond iddo beidio â mynd yn ddihangfa ramantaidd! Dyna'r rhan hunangofiannol sydd yma – i fyny at fy nglaslencyndod.

'Rwyf wedi cynnwys hefyd rai cerddi sydd yn bersonol. Mae *Y Llen, Cân* a *Gethsemane* eisoes wedi ymddangos yn *Cerddi Gwyn Erfyl* (1970). Cynnyrch cyfnod diweddarach yw'r lleill.

Detholiad o erthyglau, darlithoedd, teyrngedau ac adolygiadau yw gweddill y gyfrol hon.

Chwilfrydedd yw'r gair sy'n cwmpasu'r cyfan – profi, pwyso a mesur, gwybod a threiddio i mewn. Po fwya'r dryswch neu'r dirgelwch, mwya'r ysfa. O ddyddiau Aberdeunant hyd heddiw, dyna'r ysgogiad hefyd. Fe'm dilynodd i'r byd academaidd. 'Rwy'n ddiolchgar am ddisgyblaeth yr athronydd, ond bu hefyd yn ddryswch ac yn siom i mi. Aeth y malu mân yn aml yn falu awyr, yn gêm soffistigedig i'r ychydig etholedig – yn gêm i frawdoliaeth glyfar, heb fawr gysylltiad â gwyntoedd croesion oddi allan i'r seminar. 'Rwy'n gynnyrch cenhedlaeth a gredodd mai trwy oleuo'r meddwl a chyfrannu gwybodaeth y byddem yn cyrraedd pyrth y Ddinas Sanctaidd. Daeth sawl bendith yn sgîl hynny. Eto, ni charthwyd allan hen ragfarnau na phechodau. Bûm byw trwy un o'r canrifoedd mwyaf barbaraidd yn hanes y byd.

Wrth ddadelfennu'r cloc a gosod y darnau ar y bwrdd ymhob man, wydden ni ddim sut i'w rhoi yn ôl. Gall yr arbenigwr fod yn frenin yn ei fyd ei hun ac yn alltud yn y byd oddi allan. A dyna f'amddiffyniad dros gefnu ar unrhyw uchelgais academaidd. Hwyrach nad oedd y gallu angenrheidiol yno beth bynnag, ond fe wyddwn nad oedd noddfa yno i mi. 'Doedd yr 'academig dost' ddim yn fwyd nac yn ddiod. 'Tyred yn ôl, hen gyfannwr!'

Fe'm dilynodd drwy fy ngweinidogaeth, gan herio dogma, delwedd a diwinyddiaeth. Bydd ambell emyn na fedraf ei ganu, gweddi na fedraf roi llais iddi, a chonsyrn crefyddol na fedraf golli cwsg o'i weld yn dadfeilio. Y cysur mewn eiliadau felly yw deinamig a dirgelwch creadigol byd yr ysbryd. Mae'n herio ymateb, beth bynnag am ateb. Daw rhywun i ddeall wedyn fod tyndra angenrheidiol rhwng yr hen atebion stoc, ystrydebol a golud 'rhyw annherfynol stôr . . . cyn rhoddi deddf i'r môr'. Tyndra ydi o rhwng yr ysbryd sy'n chwythu lle y mynno ac unrhyw ymgais ar ein rhan ni i'w gaethiwo, ei lunio ar ein delw, i borthi neu gadarnhau'n rhagfarnau a'n mympwyon, ei gyfundrefnu neu ei rewi ar ddwy lechen.

Yr unig dduw sydd yn marw yw hwnnw sydd yn ddim ond estyniad o'n priodoleddau ni.

'Rwy'n perthyn i gyfnod sy'n darfod ac yn teimlo fwyfwy fel un sydd wedi ei ddal rhwng dau fyd, a chael fy rhwygo yno. Teimlo gafael y gorffennol a'r hyn a fu i mi ar yr aelwyd, mewn capel a choridorau a cholofnau academia, a chanonau beirniadaeth. Mae llawer ohono yn annwyl i mi, fel ambell ddodrefnyn o'r hen gartref. Iaith fy nghalon yw honno. Curiad gwahanol sydd i'n disgynyddion. Ac ni fedraf eu gorfodi arnyn nhw. Ac fe gydiwn yn sownd yn ein hen bethau allan o barch ac o deyrngarwch, 'rhag cywilyddio'r tadau'.

Eto, fe gaf drafferth i fapio'r tirlun newydd. A synhwyraf onestrwydd distaw cenhedlaeth ifanc sydd yr un mor betrus.

Mewn limbo felly, mae un cysur: oni bai fod rhyw ymdeimlad o dir safadwy, ni fyddai cryndodau'r ddaear yn gwneud unrhyw synnwyr!

Treuliais ran helaeth o'r deugain mlynedd diwethaf ym myd radio a theledu. Bu'n gyfnod anturus ac arbrofol ac fe gefais bob cyfle a chefnogaeth i durio, i ymholi ac i dorri fy nghŵys fy hun. Gallai'r stiwdio fod yn seiat profiad, ond i'r ysbryd gael rhodio 'lle y mynno', mewn gofod ac amser. Bu'n her ac yn gyfrifoldeb hefyd ac ni theimlaf yn euog am i'r bererindod honno fynd â chymaint o'm bryd a'm hegni. Bu eiliadau. Bu adnabod a charu a hynny yn aml yng nghwmni rhai yn coleddu safbwyntiau tra gwahanol i mi. Bu hefyd, wrth gwrs, gorddi dyfroedd. Dim ond yr empathi a all oresgyn y rhaniadau dyfnaf.

Heb anghofio'r gair ysgrifenedig! Fe hoffwn feddwl y bydd y gyfrol hon yn taflu ychydig oleuni ar grefydd, ar lenyddiaeth a gwleidyddiaeth y ganrif, heb sôn am ei dwyster a'i direidi. Petrusais uwchben nifer y teyrngedau, rhag ofn i rywun feddwl 'mod i'n troi coffáu a hiraeth yn loddest dagreuol. Y bwriad oedd dathlu a llawenhau. Mae nhw'n dal i lefaru ynom ni ac 'wedi'r elom ni'.

Cynnwys

Rhagair 6

Y PLENTYN A'R LLANC

1 *Hynafiaid* 13
2 *Y Cartref* 16
3 *Gêm, Ffair a Phlygain* 21
4 *Y Fam Ddaear* 25
5 *Y Deffro* 29
6 *'A Geiriau Bach . . .'* 33
7 *Ambell Gân* 42
8 *Aflonyddu* 47
9 *Y Storm* 52

ERTHYGLAU AC ATI

Y Tristwch Hwn 59
Cadw dy Grist 67
Islwyn Ffowc Elis 71
Iaith Pridd, Iaith Concrid 75
J. Saunders Lewis 87
Pwy sy'n tynnu coes pwy? 94
D. Tecwyn Lloyd 110
Niclas y Glais, Stalin a Thywysog Cymru 113
Waldo a'i ddehonglwyr 117
Gwynfor 126
Gwaith J. Kitchener Davies 133
Ryan 137

Wynford Vaughan Thomas   140
Alun Llywelyn Williams   143
A Gymri Di?   147
Poenau Gŵr Pen y Bryn   153
Jennie Eirian (Rhan i)   166
         (Rhan ii)   169
Glaw ar Rosyn Awst   184
Barddoniaeth T. H. Parry Williams   188
Moelwyn   202
J. Eirian Davies   205
T. Arfon Williams   210
Emyr Wyn Jones   212
O Fewn y Ffrâm   214
Y Man Canol   223
S4C – I Be? I Ble? I Bwy?   232
Y Rhaglen Nodwedd   244

CERDDI

Gethsemane   251
Cân   252
Yr Ymwelydd   253
Y Bychan   255
R.I.P.   256
Cariad   257
I Pedr   258
Y Llen   259
Ar lannau'r Fenai heno   263

Y PLENTYN A'R LLANC

I

Hynafiaid

Ddechrau'r chwedegau mi es i draw i Lantrisant i gael sgwrs efo dwy chwaer, ar ôl llwybreiddio fy ffordd heibio ci cynddeiriog. 'Roeddwn i'n awyddus i gael tipyn o hanes eu tad. Fe'i ganwyd ym mlwyddyn brwydr Waterloo, 1815 – ganrif a hanner ynghynt! Nhw oedd dwy ferch yr hynod Dr. William Price a roddodd yr enw Iesu Grist ar ei fab, a'i amlosgi. Bu hwnnw'n achos hanesyddol. Fe genhedlodd ei ddwy ferch ag yntau'n bedwar ugain oed. 'Roedd geni a henaint y ddwy yn deyrnged hefyd i rym libido eu tad!

Ni welaf unrhyw arwydd nac awydd o'r elicsir hwnnw yn fy henaint i. Eto i gyd, mae fy heddiw innau hefyd yn ymestyn dros ganrif a hanner. Gallaf gysylltu canol y bedwaredd ganrif ar bymtheg wrth ddechrau'r unfed ganrif ar hugain. Dyna yw cofio dwy nain ac un taid. A minnau, un o'r wyrion, a fu'n rhan o'u hatgof a'u cân bellach yn dad i bedair, yn daid i chwech ac, yn ei dro, bellach yn cysylltu'r naill begwn wrth y llall.

Un taid, ddwedes i. Lladdwyd y llall cyn fy ngeni. Mynd, fel eraill, o ganolbarth Cymru i lawr i weithio yn y gwaith glo. 'Roedd ganddo wraig a phump o blant i'w cynnal yn Llanerfyl, a'r dyddiau'n llwm. Un ffordd o gael y ddau ben llinyn ynghyd oedd mynd am gyfnod i lawr i'r sowth. Fe'i lladdwyd yn nhanchwa Cilfynydd. Flynyddoedd ar ôl hynny bûm yn chwilio am ei enw ar garreg fedd. 'Does dim ohono ar ôl.

Fe fûm am gyfnod go faith yn beio'r de diwydiannol am ladd fy nhaid a thorri calon Nain. Mi wn, erbyn hyn, fod stori o'r fath wedi ei hadrodd ganwaith ar aelwydydd y cymoedd cynnes. Fel nhw, 'rwy'n cael trafferth efo unrhyw ymgais i droi'r dwnjwn du yn gân i Myfanwy Hollywood neu, yn nes adref, yn

> 'O! mor bêr yn y man
> Ni gawn gwrdd ar y lan brydferth draw.'

Mae bod yn dyst, ar ôl hynny, i wich llwch glofa a chwarel, i wroldeb di-dâl dioddefwyr a'r un marw anhysbys hwnnw wedi troi yn ddigofaint cyfiawn yn erbyn y damweiniol di-sens sy'n y cread a thrachwant rhai o'i breswylwyr.

Daeth y nain honno i dreulio'i dyddiau olaf acw yn Aberdeunant gan ffwndro'n hiraethus am gael mynd adref cyn iddi nosi.

Cyn hynny, fel y cyw melyn olaf, ces fy sbwylio'n lân gan y taid a'r nain arall gan ddysgu'n fuan sut i fanteisio ar y maldod hwnnw. Byddai pob cerydd yn cael yr ateb disgwyliedig, 'Gadwch lonydd i'r un bech?' Ar ôl iddyn nhw fynd, mae'n debyg i mi ddweud yn ddagreuol, 'Does na neb ar ôl i fod yn ffeind wrtha i rŵan'. Mae pob rhiant wedi hen gyfarwyddo â gweld trwy flacmel emosiynol o'r fath.

'Roedd y taid a'r nain arall yn bur wahanol i'w gilydd. Hi'n bruddglwyfus a bregus ei hiechyd gan dreulio cyfnodau hir ar wely cystudd. 'Roedd hi'n hoff iawn o wisgo du. Mae'r darlun o taid yn un gwahanol iawn. Cap gartrefol ar ei ben, crys di-goler bob amser ar agor a bwa trwchus o fwstash. (Yn y tŷ, 'roedd yna gwpan sbesial i gorlannu'r mwstash hwnnw fel nad oedd raid iddo wasgu'r blew i sipian y te!) Mae gen i go' clir o fynd yn ei law i lawr heibio'r ffynnon a'r nant a'r llyn bach yng nghefn y tŷ, dan ganu un o ganeuon Sankey a Moody:

> 'Y mae llef o Macedonia, 'Deuwch trosodd
> A dygwch oleuni'r wawr, O dowch!
> O! mynegwch i ni drefn yr iachawdwriaeth,
> Ac i ni o'i dyfroedd rhowch.'

Yna'r cytgan:

> 'Daw torfeydd o'r dwyrain draw,
> O'r gorllewin myrdd a ddaw,
> Gyda'r patriarchiaid glân . . .'

O edrych ar y geiriau yna heddiw, ni fyddai'r geiriau mawr yn ddim ond sŵn i blentyn. Ond mae rhywbeth wedi gafael. Draw fan'cw ymhell tu draw i'r Foel Bentyrch neu'r Berwyn, 'roedd tywyllwch Macedonia yn disgwyl am ein lanternau – rhai tebyg iawn, siŵr o fod, i'r rhai y byddai 'nhad neu Dilys fy chwaer yn eu cario adeg geni'r ŵyn. A fyddai hi ddim yn anodd iawn cysylltu 'iechyd' wrth y nant a'r ffynnon. Wedi'r cwbl, 'roedd bob amser lyffant yn y ffynnon i'w chadw yn lân!

Yn niwedd oes, bu'r taid a'r nain yn gaeth i wely cystudd – y ddau am y pared â'i gilydd. Ar y pryd 'doeddwn i ddim yn sylweddoli beth oedd yn mynd ymlaen na maint yr amynedd a'r ymgeleddu. Ymhlith seiniau'r nos, mi fyddai'r naill neu'r llall (nain yn bennaf) yn gweiddi 'Miriam', 'Miriam' a Mam ar ei ffordd efo'r gannwyll. Yr un fam hefyd a fagodd dri o blant, a ofalodd yn or-gydwybodol am ei gŵr gan droi allan hefyd bob cynhaeaf gyda'i phicwarch neu gribyn ac i'r beudy i odro bob bore. A, rhywsut, mi fyddai ganddi ddigon o egni ar ôl i ddilyn diléit mawr ei bywyd – canu alto mewn capel a chymanfa, pedwarawd a chôr.

'Roedd hi a taid yn agos iawn. Flynyddoedd ar ôl hynny, fe soniodd wrtha i am un noson arbennig pan oedd nain yn gweiddi'n fwy taer nag arfer – 'Miriam'. Clywodd taid yn gofyn: 'Miriam, be gythrel mae hi isio rŵan?' A dyna nain, yr ochr arall i'r pared yn gweiddi: 'Wiliam, ei di byth i'r nefoedd wrth iwsio geiriau fel 'na'. Ateb taid: 'Dwi ddim isio mynd yno os byddi di yno!'

'Rwy'n siŵr mai tynnu coes oedd o ac nid brathu. Ond 'roedd yr ychydig eiriau hynny yn ddigon i gadarnhau agosrwydd Mam a'i thad-yng-nghyfraith.

Bu Mam farw yn naw deg saith oed. Gallai hymian emyn pan oedd geiriau wedi darfod a'r meddwl ar chwâl. Fe gafodd hithau, yn ei thro, yr un gofal hunanaberthol gan fy chwaer. Mi fyddai'r ddwy yn fy wfftio am weld dim byd anghyffredin yn hynny – dim ond gwneud eu dyletswydd. Beth bynnag am eu dehongliad nhw o'u lle yn nhrefn pethau, mi 'roedd y baich yn rhy drwm, a chlorian y cyfnod yn annheg.

Yn hynny o beth, o leiaf, mae diwedd y ganrif yn fwy gwâr na'i dechrau. Ond 'does gen i ond gobeithio nad yw gwerth a chyfoeth y teulu estynedig wedi gwanhau.

II

Y *Cartref*

Un adeilad di-dor oedd Aberdeunant, efo'r stabal, y sied a'r cwt moch yn ymestyn o un ochr i'r tŷ, a'r stordy, y beudy y bing a'r cwt lloi ar yr ochr arall. Byddai'r granari uwchben y stabal, a'r ysgubor uwchben y beudy a'r bing. Byddai'r ceffylau am y pared â ni. Yn y gweryru, sŵn y tresi, brefiadau, sochian ac ambell ochenaid, 'roedd dyn ac anifail dan yr un to ac yn rhan o'r un teulu.

Oddi draw, deuai seiniau nant, defaid ac ŵyn. Draw ymhell rywle, y gylfinir a'r gornchwiglen. A'r dydd yn darfod yn dawel.

'Roedd y tŷ mewn hafn gysgodol yn edrych i lawr ar Gwm Banwy. I'w gyrraedd o Langadfan neu Lanerfyl, gadael y gwaelodion a dringo'r ffordd gul nes cyrraedd llidiart y fferm. Byddai'r ffordd yn cario ymlaen heibio Pantycrai nes cyrraedd y Goetre, a'r ffordd, i bob pwrpas, yn dod i ben er fod llwybr yn cysylltu â ffordd gul arall yn arwain draw i Gwm Nant yr Eira a throsodd i Lanbrynmair a Thalerddig.

Yn y tŷ, mae i bob 'stafell ei llais, sŵn, lluniau ac aroglau. Er fod castiau'r cof wedi goreuro rhai a gyrru eraill i ebargofiant, yma mae rhan o'r ateb i droeon gweddill y daith a'r ganrif.

Yn y gegin, hongiai'r ham, y wialen fedw (na welais ei defnyddio erioed) a gwn BSA dwbl-baril 'nhad. Brain a chwningod fyddai'r targedau. Mi fentrais innau unwaith, pan oedd y tŷ yn wag, a minnau'n dal yn fy nhrowsus cwta. Gwyddwn lle y byddai'n nhad yn cadw cetris. Gweld clamp o wningen wrth ymyl y gwrych. Gwthio'r dryll yn dawel drwyddo. Anelu, tanio. Colli'r gwningen a chael andros o hyrddiad yn f'ysgwydd. Ar y ffordd yn ôl, yn y cae wrth ymyl y tŷ, gweld dwy fechan yn rhedeg ar ôl ei gilydd wrth y twll. Tanio eto – un yn gwibio i'w gwâl a'r llall yn syrthio. Minnau yn ei dal yn fy llaw a'i chorff yn dal yn gynnes. Un cryndod bach cyn llonyddu, a'm llaw yn grud ac yn fedd. Ar wahân i fentro fy lwc yn stondin ffair y Llan bob mis Mai, 'fu gen i 'rioed stumog i danio at ddim wedyn.

Ond yn ôl i'r gegin. Yn y gornel, cadair 'nhad. Ar ei law chwith, silff i ddal ei getyn a'i faco a'r cwpwrdd gwydr llawn llyfrau. Uwch ei ben ac allan o'n cyrraedd ni'r plant mi fyddai'r weiarlés. Mi fyddai'r mwg baco yn ein cadw rhag disgyn ar unrhyw raglen a fyddai'n tarfu ar ddiddanwch diwetydd y pen teulu! Eto i gyd, er gwaethaf y craclo, fe gawsom aros ar ein traed i glywed gornest arwrol Tommy Farr yn erbyn Joe Louis.

Bob nos Sadwrn, byddai'r bath tun a'r sebon meddal, melyn yn ein haros o flaen tanllwyth o dân rhwng sglein du y ddau bentan. Mi fyddai'r corff, beth bynnag am yr adnod, yn barod ar gyfer Ysgol Sul Rehoboth.

Goruchwyliaeth Mam oedd y gegin a'r bwtri. Llenwi'r ffwrn fawr â brigau ac yn y lludw coch – pobi'r bara. Yn y bwtri mi fyddai'r diwrnod corddi'n esgor ar laeth enwyn a menyn. 'Fu 'na erioed eiliadau gastronomig tebyg – gafael yn y talp o fara wedi chwyddo fel bloneg yn goferu dros ymyl y tun, ei blastro â hanner modfedd o fenyn cartre, ffres, a'r crystyn yn crinsian.

Dyna esbonio (yn rhannol beth bynnag) fy niléit mewn arlwy a gwledd. Nid unrhyw snobyddiaeth wrthwerinol, nid unrhyw anfri at y lleisiau hynny sy'n dragwyddol fodlon ar sosej a sglodion, ond am fod bwrdd Mam yn wahanol. Fel ei thair chwaer 'roedd hi'n gadael yr ysgol i weini yn Lerpwl a Phenbedw. Yn ei hanes hi, mynd yn forwyn at feddyg a'i deulu. Fe ddysgodd ei chrefft yno. Ymhlith y darnau papur, mewn llawysgrifen ddigon plaen, o'r hen gartref, 'roedd ei rysetiau hi. Nid cynnyrch unrhyw ysgol goginio nac arweiniad gan feistr y gegin, ond mater o brofi ac arbrofi a darganfod y blas yn ei ffordd ei hun.

Ar wahân i'r corddi, y pobi a'r gwneud menyn yn y gegin gefn (bacitshin i ni!) 'roedd iddo hefyd ei ddrychiolaeth. A 'mrawd a minnau yn crwydro ar nos Sadwrn a dychwelyd yn hwyr, fe fyddai ysbryd gwyn yn aros amdanom ynghrog yn y golau gwan. Ninnau wedi anghofio iddi fod yn ddiwrnod lladd mochyn, a'i weld yn hongian, ei fol ar agor a'i drwyn ym diferu gwaed i'r bwced. (Mi fyddem yn defnyddio pob darn bwytadwy ohono ond ni fwriadwyd i'w bledren erioed fod yn bêl droed!)

Cyn i'r lladdwr ddod ar ei rownd flynyddol efo'i gyllell, 'roedd sochian y mochyn, ei rolio yn y mwd ac yn arbennig bod ar ein traed yn gwylio'r torllwyth yn dod un ar ôl un ac yn crafangio am deth eu mam, – 'roedd hyn i gyd yn rhan annatod o stori'n teulu cyflawn. Yn y diwedd, ei gadwyno wrth ddrws, ei eillio a'i drywanu. Gwaeth na dim oedd ochenaid ei wichian olaf. Rhan o'n tyfu i fyny, mae'n siŵr, ydi derbyn y geni a'r marw, y diniweidrwydd a'r gyllell. Mae'r ddau allan ar y buarth. Ac o'n mewn.

*   *   *

Y llofft oedd yr ystafell ddirgel. Ar y pryd, 'doedd rhywun ddim yn sylweddoli mor bell oedd tarddiad ambell nant na pha mor ddwfn ambell ddarlun ar y muriau. Delweddau cyfnod Fictoria fyddai'n addurno'r lle – rhamant y wisg laes, anogaethau ac adnodau wedi eu cerfio'n flodeuog a lluniau o Iesu Grist yn cario'r oen bach yn ei freichiau neu'n cofleidio plant o bob lliw dan ei gesail. Bugail a Goleuni'r Byd. Er gwaethaf pob melodrama a goraddurn, mae'r darluniau hynny'n aros ar bared y cof. Yno y byddan nhw bellach.

Yn rhannu'r muriau ac yn edrych i lawr arna' i cyn cysgu ac yn disgwyl amdana' i wrth ddeffro – Cenhadon Hedd Y Methodistiaid Calfinaidd o ddau ddegau'r ganrif. O fewn yr Oriel honno, rhyw hanner cant o'r hoelion wyth, i gyd yn edrych yn hŷn na'u hoed, amryw yn farfog a'r cyfan ohonyn nhw yn edrych fel pe'n cario holl bwysau a gofidiau'r Deyrnas yn eu trem.

Stori wahanol iawn oedd hi yn parlwr bach. Ar ambell nos Sul fwy stormus na'i gilydd, byddem yn crynhoi o gwmpas yr *harmonium* yn cario'r enw Alexandre Pere et File, 39 Rue Meslav 39, Paris. 'Mrawd Gwilym yn cyfeilio, Dilys fy chwaer, Mam a minnau yn canu. 'Nhad yn gwrando! Ac unwaith eto, troi at *Sŵn y Jiwbili:*

> Yr oedd cant namyn un o'r praidd mewn hedd
>   Dan ofal y bugail o hyd,
> Ond aeth un ar goll gan grwydro ymhell,
>   A gadael y gorlan glyd,
> Draw, draw i'r mynyddoedd a'r anial maith
> Heb fugail, heb gysgod na phorfa ychwaith . . .

Yna, rhyddhad a llawenydd y pennill olaf:

> Trwy yr eang fynyddoedd a'r anial maith
> Daw yr atsain fel taran gref,
> Llawenhewch! Mi gefais fy nafad hon,
> Llawenhewch, holl deulu'r nef.
> Mae'r bugail yn llawen er colli ei waed,
> Trwy'r nef mae gorfoledd, y ddafad a gaed.

'Dydi'r geiriau na'r miwsig ddim yn arbennig eu crefft. Eto i gyd, i hogyn yn dal yn ei drowsus cwta, ar noson o aeaf pan fyddai'r gwynt yn chwibanu ac yn chwipio'r tŷ, neu'r eira'n lluwchio a ninnau'n pump yng nghocŵn saff y parlwr, 'roedd y cyfan yn anturiaeth ryfeddol.

Daeth y cyfnod hwnnw i ben – mewn mwy nag un ystyr. Diflannodd y parlwr. Distawodd ei gân. A'i luniau fel lluniau'r llofft a'i dodrefn wedi mynd yn rhan o bric a brac cyfnod Fictoria. Eitemau i'r casglwr a'r arwerthwr ydyn nhw. Mae'r blynyddoedd yn ychwanegu at eu gwerth ac yn dileu eu defnyddioldeb.

Ac eto . . .

Yn ei ragymadrodd i'w *Sŵn y Jiwbili* yn 1876, mae John Roberts (Ieuan Gwyllt) yn dweud hyn:

> 'Mae yn dda gennyf weled arwyddion fod lle a natur y Caniadau hyn yn cael eu deall yn well nag yr oeddynt. Yn lle bod y plant – a neb ond y plant – yn eu rantio gyda chyflymder, heb ddim geiriau ond sillau y Sol-ffa, y mae lliaws y cynulleidfaoedd bellach, mewn llawer o leoedd yn eu dysgu ac yn canu gydag ystyriaeth a theimlad'.

Gan mlynedd yn ddiweddarach daeth Dafydd Iwan a'i gân a'i gitâr i ddiorseddu'r *harmonium*. 'Roedd y melodïau a'r cordiau a'r cytgan yn rhyfeddol o debyg. A thyrfa fawr – ifanc yn bennaf – yn treblu'r gân. Rhai o'r alawon wedi eu benthyg a'u haddasu. Rhai yn wreiddiol. Rhai o'r geiriau wedi eu haddasu. Rhai (diolch am hynny!) wedi eu cyfansoddi gan Dafydd ei hun.

Geiriau gwahanol? Ieuan Gwyllt –

> 'Ar delynau aur gogoniant
> Yn y man, yn y man,
> Rhown i'r Iesu beraidd foliant
> Yn y man, yn y man.

> Yn y nef fe beidia'r dagrau
> Yn y man, yn y man,
> Cawn fwynhau pob rhyw bleserau
> Yn y man, yn y man.'

A Dafydd:

> 'Ar fryniau Bro Afallon
> Bydd pawb yn siarad Cymraeg'.

'Dydw i ddim am eiliad yn awgrymu mai efelychu sydd yma. Ond yr un ydi'r patrwm. Yn union fel y dywedodd rhywun mai Calfiniaeth heb Dduw yw Marcsïaeth, fe ddaearwyd, fe seciwlareiddiwyd y byd a ddaw. Fe drodd y ddihangfa 'nefolaidd' yn Afallon wleidyddol a'r iaith a'r gyfundrefn Seisnig yn rhan o ystryw'r Diafol!

Ac wrth ymuno â'r cannoedd ym mhafiliwn Corwen ar ddiwedd yr ugeinfed ganrif, wrth ddathlu'n parhad a chofio Glyndŵr a Llywelyn, gan godi ar ein traed a chlapio dwylo, pa mor wahanol oeddem ni, wir, i'n hynafiaid ganrif ynghynt yn cofio'r Crist a hiraethu am yr 'hyfryd wlad'?

III

Gêm, Ffair a Phlygain

'Roedd un o'n cymdogion ni, William Gittins, Y Felin, eisoes yn hen ŵr yn y tri degau. Ei deulu, ei felin a'i gapel Wesle, Philadelphia, oedd ei fyd. A rhai pethau wedi eu tynghedu i fod yn alltudion o'r byd hwnnw am byth.

Mae gen i reswm da dros gael gwybod am un ohonyn nhw. Dod adre' un p'nawn o'r ysgol a phâr o 'sgidiau pêl-droed budr yn hongian dros f'ysgwyddau. 'Dwy' ddim yn cofio ei union eiriau wrth edrych gyda dirmyg ar y baw a'r 'sgidiau, fe'm gadawodd gyda'r argraff 'mod i'n un o blant Satan!

'Doedd chwarae pêl ddim ymhlith y pethau gwaharddedig gartref. Ar wahân i'r Sul! Ac felly y bu nes inni gael gweinidog newydd i gadw golwg arnom ni. 'Roedd ganddo ef fab, Dewi Machreth Ellis. Eisteddai yn y set tu ôl i ni yng nghapel Rehoboth, Llangadfan. 'Roedd o'n osgeiddig, yn olygus ac yn fyfyriwr disglair iawn yng Ngholeg Aberystwyth. Yn goron ar y cyfan, yr Adonis yma oedd gôl-geidwad Prifysgol Cymru, yn gallu gwarchod y gôl a llwyddo yn ei arholiadau – daear ffrwythlon i eilun-addoliaeth! Yn y man, fy mrawd a minnau yn mynd i'r mans ym Mronaber i de pnawn Sul a Dewi'n mynd â'r ddau ohonom i'r cae i gicio pêl. A dyna chwalu'r tabŵ olaf.

Byddai'r cae wrth ein tŷ ni yn ei dro yn gae pêl-droed ac yn llain criced (yn ogystal â bod yn faes ein mabolgampau). Yn y gaeaf, gosod dau bolyn a chortyn fel gôl, a thri stwmpyn o'r gwrych a lwmp o bren wedi'i lunio i edrych fel bat. Rhywsut, llwyddai'r ddau ohonom ni i gynrychioli timau Everton a Manchester City yn y naill a Notts a Yorkshire yn y llall. (Y nhw oedd meistri'r tri-degau – dim sôn am Forgannwg, Caerdydd na Wrecsam. Dilyn y sêr yr oeddem ninnau.) Byddai'r ddau bolyn a'r cortyn yn y man yn gwbl addas ar gyfer ein naid uchel a naid polyn yn ein gemau Olympaidd. ('Synnwn i ddim na fu i'r Americanwr tywyll ei groen, Jesse Owens, alw heibio ar ei ffordd o'r gemau enwog yn Berlin pan gynddeiriogwyd Hitler gan ei allu i drechu holl draha yr hil Ariaidd!)

Rhyfedd, a dweud y lleiaf, oedd yr ysfa honno i gicio'r hudoles fach gron yn ddidrugaredd, heb sôn am gicio'r driblwr oedd yn ei chyrchu! Yn y man, byddwn yn ei dilyn i ddau dîm gwahanol iawn i'w gilydd – yn yr ysgol uwchradd yn Llanfair Caereinion a thîm cogiau'r Llan. Ar y cyfan, sidêt a disgybledig fyddai perfformiadau'r ysgol – crys gwyn, *shorts* du a sanau du a gwyn wedi'u stwffio efo dau o hen lyfrau sgwennu. 'A gwyllt atgofus bersawr' y dybin at ein 'sgidiau! Yn rhannu'r bws efo ni ar ein teithiau i Lanfyllin, Trallwm a'r Drenewydd fe fyddai tîm hoci'r merched. Byddai honno'n gêm wahanol.

Mi fyddai tîm y Llan, yn y cyfnod hwnnw, dipyn yn llai disgybledig, llai cyfarwydd â chonfensiynau'r chwarae a rheolau'r gêm. 'Doedd cadw i'ch safle ddim o dragwyddol bwys. Mynd yn un haid ar ôl y bêl oedd ein penwendid, a'r taclo weithiau yn ddim ond gwrthdaro cyhyrog yn gadael un ar ei gefn neu yn ornest baffio. Ar adegau felly byddai'r bêl yn amherthnasol. Yn y fath anarchiaeth, gallai unrhyw beth ddigwydd, fel ar y noson yn Nolanog pan ddiflannodd y bêl yn y glaswellt uchel. Pam yn y byd mawr fod rhywun yn cofio eiliadau felly ar ôl yr holl flynyddoedd? Dau ar hugain o hogiau mewn dryswch 'rhwng y myrtwydd' a'r bêl ar goll.

Mae'n siŵr i mi ddysgu mwy am steil, rheolau a thactegau'r gêm yn nhîm yr ysgol, ond mi ddysgais fwy am y natur ddynol, heb sôn am gael llawer mwy o hwyl, efo cogie'r Llan!

Cyn ac ar ôl y gêm ar gae'r Llysun, byddem yn casglu ynghanol y pentref, wrth Siop y Gornel, yng ngweithdy Percy'r crydd neu o flaen y gofadail ar bwys mynwent yr Eglwys. Hanes 'answyddogol' y cwm, y troeon trwstan, y giamocs rhywiol a'r sgandalau, tynnu coes a herio plismon, fyddai ar yr agenda, – direidi diddichell criw o fechgyn ysgol, gweision a meibion ffermydd a thyddynwyr, seiri a gweithwyr garej. Mae'n siŵr ein bod ni'n amrywiol ein gallu a'n talent ond yn ddiddosbarth a diwenwyn. Yn aml iawn, y rhai mwyaf direidus a pheryglus eu buchedd oedd yr anwylaf ohonom! Mae'r rhan fwyaf bellach yn enwau ar feddfeini'r fynwent lle bu rhai ohonom unwaith yn chwarae mig a gwisgo canfas wen. Hynny cyn i'r Brenin Braw go iawn ddod i'r llwyfan a difetha'r sioe.

* * *

Y seithfed o Fai oedd un o ddyddiau mawr y plwyf a'r pentref, sef diwrnod y ffair.('Ffair Ffyliaid' oedd yr enw arni – a thaerem ninnau mai cyfeiriad at y mewnfudwyr o'r plwyfi cyfagos oedd hwnnw!) Er mwyn cael arian ffair, byddai'r tri ohonom ni blant yn mynd efo bwcedi i glirio'r cerrig o'r caeau a chael ein talu fesul bwcedaid.

Roc pinc Sir Fôn, llestri Vaughan Machynlleth, dillad ecsotig o ben draw'r byd. Bargen ryfeddol y dyn gwerthu watshis – ei watsh olaf, a'r un orau o'r lot, i'w chael am ddim. Mi fydd yr un fargen flwyddyn nesaf. A'r un gynulleidfa o gredinwyr. Daw Hwdini allan o'i sach ac yn iach o'i gadwynau yn rhydd. Bydd rhywun bob blwyddyn yn dymchwel *coconut* ac yn taro'r targed neu yn chwilio am dywydd gwell ym mhabell Madam Sera. A cheiniog y bwced o gerrig yn mentro'i siawns wrth sleifio allan o'i rhigol i sgwâr ein ffortiwn. Bydd yr hogiau herfeiddiol yn sefyll ar y swings gan gyrchu tua'r sêr a meirch yr hyrdi-gyrdi'n chwerthin. Fe gawn hefyd ein hesgus o ryfel. Wedi'r oriau cau, y cwffio a'r llindagu. A llanciau o'r plwy arall yn cael y bai. Ond byddai ymrafael a chydio arall yn rhan o'r nos ac olion y naill a'r llall yn tolcio'r cloddiau trannoeth.

* * *

Mae hi'n fore dydd Nadolig. Codi yn y bore bach a chyrchu fel teulu am eglwys y Santes Erfyl. Golau'r lantern ar y barrug wrth fynd heibio'r Goetre Fach a Thŷ Newydd, i lawr yr wtra gulaf y gwn i amdani am y Felin Fach a phont y pentref. A gweld y plwyfolion yn cyrchu fel pryfed tân at borth yr eglwys. Heibio'r beddau ac ywen y mil flynyddoedd oed. Stwffio i unrhyw dwll a chornel a fyddai ar gael.

Eisoes yn y gynulleidfa, byddai partïon Penllys a'r Gad, Mallwyd, Dinas Mawddwy, Llanfair Caereinion, Llanfihangel a Llangedwyn heb sôn am bartïon o'r tri phlwyf. Pob un yn codi yn ei dro – 'sgidiau trymion ar yr alai, lleisiau gwledig wrth yr allor, lleisiau sy'n gallu bod yn gras, lleisiau sy'n cario cryndodau'r canrifoedd Cymraeg.

Yr un fyddai'r drefn bob tro – pitshfforc yr arweinydd a phob un o'r parti yn cario'r llyfrau bach treuliedig yn cynnwys y geiriau. Yr arweinydd yn taro'r nodyn. Y cantorion yn hymian y ddau neu'r pedwar llais. Nodio. Yna:

> 'Teg wawriodd boreddydd na welwyd ei ail
> Er cread y byd na thywyniad yr haul;
> Boregwaith a gofir yn gynnes ar gân
> Pan fo haul yn duo a daear ar dân . . .'

Lleisiau'r ffriddoedd a'r ffair, y ffwtbol ar nos Sadyrnau yn ymollwng i'r geni gwahanol wedi ei wisgo mewn talp o ddiwinyddiaeth astrus:

> 'Y testun llawenydd i'r moliant y sydd,
> Fe aned in Geidwad, do, gwawriodd y dydd;
> Yn Geidwad i deimlo dros frodyr dan faich,
> Yn Grist i'n gwaredu, Un cadarn ei fraich.'

Cyn mynd allan i'r bore newydd, byddai'r cantorion i gyd yn llenwi'r allor i ganu carol y Swper:

> 'Mae heddiw'n ddydd cymod, a'r swper yn barod,
> A'r bwrdd wedi ei osod, O! brysiwn.
> Mae'r dwylaw fu dan hoelion, yn derbyn plant afradlon,
> I wlad y Ganaan nefol, i wledda yn dragwyddol,
> Amen, Amen . . .'

Diwinyddiaeth oes arall wedi ei gwasgu i alaw a chordiau a lleisiau. A'r llwyth yn rhy drwm i'r ffrâm, yn annirnadwy o drwm i'r meidrolion cerddgar hefyd. Yr hyn sy'n aros yw gwawl y lanternau, y barrug a'r sêr, cwmni a chyfeillach tair cenhedlaeth o bererinion, henaint dihenydd eglwys Santes Erfyl a'r ywen, a sŵn traed a lleisiau a wynebau'r canrifoedd.

'Roedd yna angylion, mae'n siŵr. Ond stori'r bugeiliaid o gig a gwaed a'u traed trymion oedd ac yw fy Nadolig i.

A dirgelwch anghyffwrdd y cyfan.

IV

Y Fam Ddaear

'Roedd ffair a phlygain yn rhannu'r un darn o dir, hefyd yn gyrchfan i blwyfolion oedd yn gallu bod yn gartrefol yn y ddwy. Yn ddiarwybod, mi fyddai'r ddeuoliaeth honno yn rhan o'n bychanfyd cynnar ninnau . . .

. . . Allan â ni fel teulu o bump i'r cynhaeaf, y pump ohonom efo picwarch neu gribin yn mynd yn rhes i droi'r gwair. 'Nhad ar y blaen, Mam wedyn, yna ni'n tri. Rownd a rownd nes fod pob rhes yn wynebu'r haul. A chyda lwc mi fyddai'r haul hwnnw yn troi'r rhesi yn fydylau a'r mydylau'n llwyth i'w gyrchu ar y gert i'r ysgubor. Yna, gorwedd ac anadlu oglau'r gwair ar dop y llwyth olaf i gyd, a'r ysgubor boeth yn llawn. A llawenydd wrth y bwrdd wedyn. Trefn a gofal a noson o gwsg dwfn yn y gwely plu.

. . . Dro arall, allan i'r Cae Pella'. Mae hi'n dechrau duo draw dros Fwlch y Fedwen. Gweld y cwmwl glaw yn llwydo pen ucha'r cwm. Ei hel hi tuag adref a'r glaw newydd yn socio'r mydylau gwair. Yn ôl bore wedyn a chwalu'r mydylau i roi cyfle i'r gwynt eu sychu. Cawod, a chawod arall. Yn y diwedd gorfod gadael y cyfan i dduo ac i bydru.

Trefn a mympwy. Cynaeafu a chladdu ar yr un weirglodd.

*   *   *

Am ryw reswm, 'dw i ddim yn cofio yr un torcalon yn y cynhaeaf ŷd. Cyn i'r beindar ddod i rwymo a lluchio allan yr ysgubau o'i grombil – torri, mynd â bach ar hyd y rhesi gwenith a haidd, rhwymo pob ysgub efo rhaff o'r ŷd hwnnw a'u gosod yn styciau taclus. Rhaff arall a chwlwm i sodro'r ysgubau'n sownd, a'r un rhyddhad gorfoleddus pan fyddai'r llwyth olaf yn cyrraedd y buarth.

Wedyn, y diwrnod mwyaf anturus ohonyn nhw i gyd –

diwrnod dyrnu. Mi fyddai hanner dwsin neu fwy o geffylau gwedd a'u ffroenau yn y gwynt yn llusgo'r hen focs mawr hwnnw i fyny'r ffordd gul, serth o'r Goetre fach i fyny i'n buarth, oglau olew a chymylau o us a llwch yn llenwi'r lle, y belt yn ei morio hi rhwng dwy olwyn fawr a'r gŵr ar ben y dyrnwr yn troi'r ysgubau yn rawn.

Yn y gegin byddai Mam yn tynnu'r platiau mawr glas a gwyn o silff uchaf y dresel a'u llenwi â thatws a grefi, llysiau a thafelli o gig eidion i'r dyrnwyr cymdogol.

* * *

Yn ddiarwybod 'roeddwn innau'n derbyn i mewn, drwy'r llygad a'r glust a'r ffroen, ystod o argraffiadau. Byddai'r galon a'r meddwl yn eu hidlo, gan eu troi yn ddiweddarach yn batrymau, yn esboniadau ac yn ddefodau oedd wedi goroesi'r canrifoedd.

Pan oeddwn i'n ddim o beth, mae'n debyg fy mod i'n dueddol o grwydro a chysgu'n sownd ym môn y clawdd efo'r anifeiliaid. Yn sicr, mae gafael daear, pridd, coed ac afon fel pe'n rhan ohonof erioed. Ac yn anochel, cwmni'r amrywiaeth o greaduriaid oedd o'm cwmpas. Yno mi fyddai'r ŵyn yn rhedeg ras o ben y boncyn ac yn ôl. Yna, yn ystod y seibiant, mi fyddai'r cynulliad bach yn trafod materion y dydd i ddod cyn troi unwaith eto i redeg, sboncio a neidio ar gefn ei gilydd (beth bynnag oedd arwyddocâd hynny). Galwad y fam wedyn a'r oen yn hyrddio'i drwyn am y deth a'i hambygio.

Codi carreg i ddatguddio teyrnas y morgrug efo'u rhwydwaith o dwneli a phob un yn cario'i bac bach gwyn i rywle. A hysteria'u symud yn awgrymu fod yr amser yn brin a bod yn rhaid dirwyn y gwaith i ben cyn i'r nos ddod. Ond ai gosod ein hamodau ni arnyn nhw oeddwn i a heb wybod fawr ddim am natur eu dinasyddiaeth a'u rheolau gwaith? Beth a roeswn 'stalwm am gael gwybod mwy o lawer am yr hyn oedd yn mynd ymlaen yn y celloedd a'r llwybrau y tu hwnt i'r llygad noeth! Un peth oedd dilyn 'nhad a 'mrawd wrth i'r ddau geffyl gwedd durio swch a chwlltwr yr aradr i bridd y gwanwyn a throelli gwylanod uwchben y gŵys. Drama ar yr wyneb oedd honno. 'Doeddwn i ddim ond dechrau dirnad y cynnwrf o dan groen y fam ddaear.

Rhyw led filltir o'r tŷ 'roedd Pont Rhyd yr Efail a'r afon Gam yn llifo dani – bwa cul o bont yn mynd yn ôl ganrifoedd, coed yn gysgod a dyfnder afon rhwng dwy graig. A brithyll yn siglo'i gynffon. Yno y bûm i'n pysgota am y tro cyntaf – a'r olaf! Polyn tenau, weiren felen yn gwlwm ar ei flaen a'u symud yn araf, araf am ben y pysgodyn. Mewn lle mor dawel a'r dŵr mor glir, anaml iawn y byddai'r weiren yn cael ei chyfle. Ond fe gafwyd ambell fachiad a phlwc sydyn a brithyll i swper. Rhaid i minnau yma ebychu'n hiraethus, fel sydd weddus i un o'm hoed, a dweud na fu erioed frithyll mor flasus â'r brithyll cyntaf hwnnw! Yno hefyd y byddem yn ymdrochi ar ôl diwrnod poeth yn y gwair a'r ŷd. Gwta ddwy filltir i lawr yr afon 'roedd Llyn y Felin a chriw ohonom ni'n neidio o ben y graig gan fflapio'n breichiau a chredu'n bod ni'n nofio. 'Roedd i'r cynaeafau a'r coed, dŵr yr afon a'r pridd eu harogleuon gwahanol, ac mi fyddai gorwedd ar y glaswellt yn noeth i sychu yn yr haul yn dadluddedu corff ac yn foddfa i'r ffroenau yr un pryd.

Rhan o'r un byd i mi oedd Llyn Gynwydden. 'Roeddwn i'n hoffi meddwl ar y pryd nad oedd neb ond ni'r plwyfolion ac ambell bysgotwr yn gwybod am y lle, a'i fod o gyrraedd yr heidiau Seisnig hynny a fyddai'n tyrru tua'r gorllewin yn yr haf – ac yn dychwelyd, nid fel y brain ar ddwy adain yn dychwelyd gyda'r cyfnos i'w coedwig, ond yn eu bysus 'Midland Red'. 'Doedd dod o hyd iddo ddim yn hawdd. Cychwyn o'r pentref am Gwm Nant yr Eira a throi ar ôl mynd heibio'r Diosg (lle y bu siop fy nain) a chymryd y lôn gul wrth y Frongrin. Dringo'n droellyd i fyny i'r mynydd a chario 'mlaen rownd cornel a rhwng dau foncyn. Yno – llonyddwch y llyn a'r hesg. A byddai'r wtra gul yn cael ei llyncu gan y mynydd.

'Roedd tangnefedd ac arswyd yn perthyn iddo. Caem ein rhybuddio rhag ymdrochi am ei fod, yn ôl coel y fro, mor ddwfn â llawr y cwm. Byddai ofn boddi ynddo'i hunan yn ddigon i'n cadw ar dir sych. Mwy hunllefus fyth fyddai diflannu am byth rywle ar yr un gwastad â'r caeau a'r cartrefi cyfarwydd. A neb yn dod o hyd inni'n claddu efo'n hynafiaid! Fel yna, mae'n siŵr, y daw chwedlau'n ganllawiau. Nant, afon a llyn. Ond 'roedd y môr ymhell. Tripiau Ysgol Sul i Aberystwyth neu'r Rhyl a chwalodd y pellter hwnnw. Byddai'r dadleuon o blaid syberwyd y naill a ffroth y llall ar yr agenda flynyddol ac yn achosi mwy o frwdfrydedd nag unrhyw foeswers Feiblaidd.

Mae rhywun wedi hen anghofio rhialtwch glan môr a'r daith adref ond mae un darlun yn aros. Parcio'r bws wrth yr orsaf yn Aberystwyth a cherdded i fyny am Neuadd y Brenin am y tro cyntaf erioed. Yn ymagor o'n blaen – y ganfas o sidan glas. Môr! A gorwel. 'Doedd dim byd wedi 'mharatoi i ar gyfer hyn. 'Roedd y 'tu hwnt' a'r 'tu draw' yma, rywsut, yn wahanol iawn i derfynau'r Foel Bentyrch neu Fwlch y Fedwen. 'Does yr un daith yn ystod gweddill y ganrif wedi llwyr lenwi na diwallu'r dirgelwch gwyryfol hwnnw. Siŵr mae felly mae hi fod.

Ond o leiaf, ar ôl ail-fyw y gornel yna o'm plentyndod, mae'n bosibl deall pam fod un nefoedd i mi wedi ei daearu rywle lle mae'r môr yn gynnes ac yn lân, y corff yn cael ei faldodi gan haul ac awel, pysgod ffres yn syth o gwch pysgotwr lleol, trochfa yn yr heli, sŵn clychau'r defaid o bell, potel o win gwyn, oer. A gorau oll os gallai rhywun gonsurio hen gân o gof yr ynys!

V

Y Deffro

Swch yr aradr yn troi'r gwyrdd yn goch. Y pridd yn derbyn yr had o law'r heuwr. Ar y buarth, y ceiliog Rhode Island Red yn strytian mewn cylch o gwmpas yr iâr. Naid afrosgo, ychydig hyrddiadau a dyna'r weithred ar ben. A'r ddau yn cario 'mlaen i grafu ac i glochdar fel pe na bai dim wedi digwydd. Y fuwch, yn ei thro, yn gofyn tarw a hithau'n plygu dan y pwysau, y llafn coch yn tyrchu a chyrchu. Plannu ac ymlonyddu. Ar y caeau, byddai'r defaid yn grwn a thrwm ac mewn dim o dro byddai'r gwanwyn yn un sbloet o ŵyn bach.

Y gwlybaniaeth, y caledu a'r cydio yma oedd dyfodol pob ffarm a theulu. 'Roedden ni hefyd yn dod i delerau â'r gymysgedd o obaith cynnes ac o hagrwch egr. Brych o waed a chnawd oedd yn ymlusgo'n llysnafedd allan o'r groth, a'r fam yn ei lyfu'n sych. Danteithion i frain oedd llygaid yr ŵyn marw.

Nid oedd y drefn ddim bob amser yn hawdd i'w deall. Byddai'r gwryw weithiau, o blith adar ac anifeiliaid, yn gwneud ei ran i fagu ac i ddiogelu'r rhai bach nes y bydden nhw'n ddigon cryf i fentro allan i'r byd mawr. Am y tarw, ceiliog y buarth a'r hwrdd, 'doedd ganddyn nhw ddim diddordeb pellach.

Un o'r cyfnodau mwyaf astrus yn fy mywyd i oedd y newid o blentyndod i lencyndod. Fe fu chwilfrydedd cynnar y plentyn, wrth gwrs, o weld a rhoi enw ar y rhannau hynny o'r corff oedd yn ein gwneud ni'n wahanol, heb sôn am y swildod, y cyffwrdd a'r giglan. Ond gwahaniaeth bach gogleisiol yn siâp y corff oedd hwnnw wedi'r cyfan. Yn y man, mi fyddai'r llais yn torri, a chryndodau newydd yn drydan yn y mannau dirgel. A bronnau bach y merched yn aeddfedu'n grwn

Fe agorwyd llifddorau i bob cyfeiriad. Dyna i chi sinema'r Plasa yn y Trallwm, ar ddydd Llun, diwrnod marchnad. Erbyn hyn, er eu hardded, digon prin y gellir cysylltu Patricia Roc, Margaret Lockwood neu Merle Oberon â daeargrynfeydd erotig (beth bynnag am effaith Ronald Coleman, Stewart Granger neu Spencer Tracy ar y genod!), ond mi fyddai'r cusanu, y byseddu a'r ocheneidiau anhraethadwy yn cael dyfnder daear yn fy ngwely plu! Mi fyddai ail-fyw campau'r buarth a'r caeau bellach ynghyd â dychymyg rhemp yn berlewyg yng nghuriad calon a chorff. A breuddwydion a ffantasïau yn staen ar ddillad gwely. Am y tro cyntaf erioed gwyddwn rywbeth am yr ias, am y cyffro a'r ymdawel hwnnw sydd wedi mwydro pob creadur erioed. Yr un dreif, yr un gymysgedd o gnawd ac ysbryd a'r un obsesiynau oedd ynom ni bob un. O'r herwydd byddai llawer o sôn a siarad yr hogiau yn ymdroi o gwmpas gorchest a sgandal. Yno hefyd, mae'n siŵr, 'roedd y dychymyg weithiau'n rhemp a rhyw gymaint o orliwio a brafado yn anochel.

'Roedd yr eirfa'n gyntefig; digon o ddewis lliwgar i gyfleu'r amrywiol brofiadau rhywiol. Un gair yn arbennig – y gair cyffredin, diniwed, 'tamaid'. 'Cael tamaid' oedd cael cyfathrach rywiol. Gair digon diantur a diramant i ddisgrifio'r weithred bleserus honno – 'roedd rhai llai chwaethus. Ond, tamaid? Byddai tamaid o fwyd yn cyfleu byrbryd syml, cyflym. Fyddai o ddim yn air addas i ddisgrifio gwledd diwrnod dyrnu. Onid awgrym oedd yna fod cyfathrach rywiol yr un fath â phryd o fwyd brysiog, heb fawr o waith paratoi arno? Rhaid wrtho ac mi fyddem yn teimlo'n well ar ei ôl nes dod o'r hen gnoi yn ôl i'r stumog eto! A'i fod o, o'r herwydd, mor hanfodol ag anadl neu fwyd a diod. Ac mor gyffredin.

Mi fyddai ambell un, sengl a phriod, o dro i dro, yn crwydro am ei fyrbryd i fannau gwaharddedig. Gallai hynny beri poen mawr i'r rhai oedd yn cael eu brifo a'u bradychu ond goddefol ddigon oedd agwedd y rhan fwyaf. Byddai lladrata defaid, twyllo, rhagrithio, cybydd-dod a chreulondeb yn fwy o sioc i'r sylfeini. 'Mae 'na bethe gwaeth o lawer' fyddai'r ateb i fwy nag un math o fynd dros ben llestri.

Ac eto . . . Yn y tri degau, er yr holl brofiad o weld a deall, er cyfarwyddo ag ystod eang o dechnegau, pranciau a chyffroadau, 'doedd dim canllawiau call ar gael. 'Doedd o ddim yn destun addas ar yr aelwyd nac yn yr Ysgol Sul. Er hynny, fe gafodd dau ohonom ni, fechgyn, gyngor gan y gweinidog mewn dosbarth derbyn – 'peidiwch â gneud dim i unrhyw ferch na fyddech chi'n barod i'w wneud i'ch mam.' Gwn fod ei fwriadau'n gywir ac, o leiaf, fe deimlai fod yn rhaid iddo ddweud rhywbeth. Fe fu gan y gweinidog hwnnw fam, 'roedd o hefyd yn briod ac yn dad. Siawns na wyddai o brofiad fod gwahaniaeth rhwng y ddau gusanu? Oni chlywodd o erioed am Oedipos?

Mae'r drwg yn mynd yn ddwfn. Onid oedd y pulpud ei hun a'r holl ffrâm ddiwinyddol dan farn? Yn ôl honno, fe'n cenhedlwyd mewn pechod. Hil syrthiedig Adda yw pob un. Mae'r 'tamaid' yn angenrheidiol i barhad yr hil ond mae'r weithred ei hun yn aflan, y cnawd yn ddarfodedig a phob rhan ohono wedi ei dynghedu i bydru. Os oedd y cyfan yn tabŵ, nid oedd raid i gyfathrach wrth na thynerwch na sensitifrwydd. Yn sicr, 'doedd hi ddim i fod yn bleserus. A Duw a helpo'r fenyw mewn hinsawdd wenwynig felly. A 'dydw i ddim wedi cael fy argyhoeddi gan apêl na melyster y ffrwythau gwaharddedig!

'Chlywais i erioed fy rhieni yn siarad fel yna, Diolch am hynny.

Mae rhywun yn rhyfeddu at y fath athrawiaeth a dwbl ryfeddu na fuasai'r niwed seicolegol yn ddyfnach. Erbyn heddiw, mae'n haws deall beth oedd natur dryswch fy nglaslencyndod. Ar un llaw – y 'digywilydd gnawd' chwedl Saunders Lewis. A'r llall, y rhamantiaeth Fictoriaidd yn chwilio am y breuddwyd a'r dihalog. Er gwaethaf (neu efallai oherwydd) dadrithiad y Rhyfel Byd Cyntaf 'roedd y chwaeon telynegol a sentimental yn dal yn eu bri. Eifion Wyn yn rhwyfo efo Men, Cynan, yn naturiol, efo dwy – Gwen a merch Megan, Crwys a'i Olwen a Cheiriog yn gwylio'r lloer yn codi efo 'Magi annwyl'! Dyma'r union gyfnod yn ein hanes hefyd sydd yn fwyaf agored i lesmair neu droedigaeth grefyddol. Gwelwodd apêl y bwthyn unnos o garu. Fe gafodd chwilfrydedd faes llafur newydd – cyfathrach, cyfeillgarwch, cyd-ddyheu, cwmnïaeth ac estyn gorwelion adnabod. Er bod y corff yn dal ar dân, 'roedd iddo bellach wres fel gwres aelwyd ac fe ddawnsiai mil o emau bach yn huddugl y simne . . . neidio ar gefn y beic ac i ffwrdd i gadw'r oed. Cyrraedd y bont neu'r llidiart. Gwrid ar y gorwel ac yn y galon. Draw dros y boncyn acw, Dolwar Fach.

> So God spoke to her,
> she the poor girl from the village
> without learning. Play me,'
> he said, 'on the white keys
> of our body' . . .
> . . . I thirst, I thirst
> for the spring water. Draw it up
> for me from your heart's well and I will change
> it to wine upon your unkissed lips'.

'Doedd plwy ficer Manafon, R. S. Thomas, ond rhyw bum milltir i ffwrdd. Yn y capel Methodus yn Llangadfan, byddem ninnau'n canu am roi

> '. . . nwydau fel cantorion
> oll i chwarae bysedd cun . . .'

Rhyfedd, rhyfedd fel y mae'r fetaffor, fel y ddameg, yn ymestyn byd y synhwyrau i gofleidio'r sanctaidd, troi'r nodau cras, afrywiog yn anthem, a gallu sôn am reddf a gras ar yr un gwynt. Fan 'na yn rhywle fe gawn innau hefyd 'wrthrych teilwng o'm holl fryd'.

*   *   *

Yn y tridegau, un o'm ffrindiau gorau oedd Jim Goetre Fach. Byddem yn mynd efo'n gilydd i Ysgol y Llan ac ar ôl hynny i Lanfair. Un diléit oedd chwarae yn y nant ar ymyl y ffordd ger ei gartref. Saer oedd ei dad. Un tro, lluniodd Jim olwyn fechan yn y gweithdy. Y ddau ohonom wedyn yn potshian yn y dŵr i adeiladu gwrthglawdd bach o bridd i greu llyn. Gosod yr olwyn a'i gweld yn troi gyda'r llif. Flynyddoedd ar ôl hynny, daeth Jim yn awdurdod byd ar heidroleg, astudio'r modd i reoli, dosbarthu a diogelu dŵr. Fe gychwynnodd wrth ei draed yng ngweithdy ei dad.

Aem i ymdrochi yn Llyn y Felin a gwyddem yn dda am fwrlwm yr afon Banwy. A phan fyddai'r Twrch a'r Gam yn ei gorlenwi, caeau ac anifeiliaid y dyffryn fyddai'n dioddef. 'Rwy'n cofio unwaith i'r coed a ddadwreiddiwyd chwalu'r bont droed ar y ffordd i'r capel. Hawdd iawn beio'r llifeiriant. Pe bai'r afon yn lletach a'i gwely'n ddyfnach, dichon y gallesid osgoi'r llanast. Byddai'r dŵr wedyn yn ireiddio ac yn ffrwythloni'r tir. A dyn ac anifail yn ddiogel.

VI

"*A Geiriau Bach* . . ."

O'r llyfrau a'r cylchgronau plant, mae yna bentwr sydd wedi gadael eu hôl. Dyna i chi *Teulu Bach Nant Oer* a'u tebyg. Yno 'roedd diddosrwydd y bywyd gwledig wedi ei lapio yn siôl grefyddol, arallfydol, y bedwaredd ganrif ar bymtheg. 'Doedd y fynwent byth ymhell, a marw plant bach yn ddigon cyffredin. Fel erioed, y 'Pam?' nid y 'Sut?' fyddai'r dryswch pennaf.

Hwyrach fod a fynno'r obsesiwn hwnnw rywbeth i'w wneud â'r ffaith mai ofn marw oedd yn fy nghadw ar ddi-hun – y gallwn i beidio â bod cyn dechrau byw go iawn. A naturiol i lenorion, fel gweinidogion, oedd mynd i'r afael ag o. Nid oedd marw oen neu fochyn neu lo bach ond yn rhan naturiol o drefn pethau. A phan na fyddai natur ei hun yn setlo'r mater, 'roedd cathod neu gŵn bach nad oedd neb eu hangen yn mynd mewn sach i'r nant neu'r afon.

Er ei greuloned, 'doedd neb am funud yn meddwl fod angen esbonio na chyfiawnhau'r boddi hwnnw. Ond babanod? Mewn stori ar ôl stori, yr un oedd yr ateb:

> 'Mae nef wen yn amgenach
> Na helynt byd i blant bach'.

Mi fyddai'r bychan wedi mynd at Iesu Grist, yr Iesu Grist hwnnw oedd yn sefyll â lantarn yn ei law ac yn curo wrth y drws, yn cario'r oen yn ei freichiau ac yn cofleidio yn ei gesail holl blant amryliw'r byd. Bugail yn y darlun. Bwgan ar lan y bedd. Y Fo fyddai'n cael y bai am bopeth. Y Fo fyddai'n sbïo arnom ni yn ein direidi neu'n drygioni pan fyddem yn glir o olwg rhieni, gweinidog neu scwlyn. 'Roedd ganddo Fo lygaid y tu ôl i'w ben.

A pha neges oedd hyn i gyd yn ei anfon at blentyn oedd yn dechrau ymdeimlo â dirgelwch rhyfedd a phosibiliadau bod yn fyw? Yn rhy fuan o lawer, 'roedd y bychan mewn peryg' o edrych arno'i hun a'i fyd efo llygaid wedi eu llygru o'r dechrau.

Yna, *Hunangofiant Tomi*. Bu'r awdur, Tegla Davies, yn weinidog Wesle yn Llanrhaeadr ym Mochnant, ac yn un o arwyr 'nhad (a minnau ar ôl hynny). 'Roedd Tomi yn siarad fel plentyn, yn cicio yn erbyn marweidddra a ffugbarchusrwydd pobl capel, yn gofyn ambell gwestiwn dwfn ac yn cael blas ar fyw. Creu byd arall o fewn ei ddychymyg ei hun a wnaeth Tomi. 'Roedd hwnnw'n llawn hud a lledrith. Byd lle y gallai rodio'n rhydd ac nad oedd byth am ollwng gafael arno.

'Roedd llawer o ddireidi ac o dynnu coes hefyd ar ein haelwyd ni. Yn llenwi'r cwpwrdd gwydr – llyfrau 'nhad. Ambell gyfrol o farddoniaeth, mwy o ddiwinyddiaeth ac esboniadau ar gyfer ei ddosbarth Ysgol Sul. I ysgafnhau rhyw gymaint ar yr arlwy, *Llyfr pawb at bob peth*, efo'i gynnwys daearol yn drymach na'r nefol, ac yn ddefnyddiol tu hwnt. Yna, dwy gyfrol, *Hanes y Ddaear a'r Greadigaeth* gan Oliver Goldsmith. Mae'n rhaid fod eu darllen yn dipyn o ymdrech. Wele damaid!

> 'Y mae i'r coed, y dwfr, ac hyd yn nod iselderau y ddaear, eu preswylyddion priodol; tra y mae yr awyr deneu, a'r parthau hyny o encyd ymddangosiadol i ba rai nas gall dyn byth ymgodi, yn cael eu tramwy gan dyrfaoedd o'r bodau harddaf yn y greadigaeth.'

Nid yn traethu ond yn y darluniau y mae'r gamp – y math o luniau y byddai rhywun yn eu torri allan a'u fframio. Creaduriaid ecsotig mewn lliwiau llachar. Y lluniau hefyd oedd yn cynnal diddordeb plentyn yn *Hanes y Merthyron* a *Taith y Pererin*. Yn y cyntaf, arteithiau'r merthyron mewn fflamau, a'r olwynion yn eu dryllio, cerbydau yn eu llusgo a pheiriant yn tynnu ac yn datgymalu'r cyrff yn ddarnau. Ac er fod pererindod ysbrydol Bunyan wedi gosod ei gymeriadau nobl a'r Ddinas Sanctaidd yn sownd ar ein map, 'roedd Apolyon ac ellyllon Glyn Cysgod Angau yn fwy o arswyd hyd yn oed na bygythiad cosb y fagddu yn ein twll-dan-staer!

Prynu llyfr, ei ddarllen, ac, os yn bosibl, cael llofnod yr awdur fyddai un o bleserau 'nhad. Cafodd un llofnod gan awdur dau lyfr: 'Gyda dymuniad gorau yr awdur, W. D. Davies' – hyn yn nechrau'r pedwar degau. *Cristnogaeth a Meddwl yr Oes* oedd un, *Datblygiad Duw* oedd y llall. Ac mae gen i reswm da dros gofio eiliadau tynnu'r ddwy o'r cwpwrdd gwydr. Yn ôl pob sôn, W. D. Davies oedd un o'r myfyrwyr disgleiriaf a aeth o Gymru i

Rydychen erioed. Daeth wedyn yn Athro ifanc yng Ngholeg Diwinyddol Aberystwyth. Yno, bu mewn trwbwl ac fe'i taflwyd allan. Byddai'n dod yn achlysurol i bregethu yng nghapel Rehoboth, ei bregeth a'i bersonoliaeth yn wahanol i bob un arall. Carismatig fyddai'r gair heddiw. Cyfareddol oedd gair ddoe.

Er chwalu o'i fywyd, ni pheidiodd yr ymweliadau. Bu'n byw am gyfnod mewn hen gapel ym Mhont-ar-ddyfi ac yn aml iawn yn mynd o gwmpas y wlad mewn dillad a sandalau benthyg. Os nad oedd bws neu gerbyd arall i'w gyrchu, ni welai ddim o'i le mewn gyrru modur rhywun arall – heb ganiatâd! Crwydrol ddigon oedd o hefyd yn ei berthynas â merched. Fe'i cafodd ei hun yn y man yn un o gleifion Ysbyty'r Meddwl yng Nghaerfyrddin ac yn y cyfnod hwnnw, fe benderfynodd swyddogion Rehoboth estyn galwad iddo ddod yno'n weinidog. Rhoddodd awdurdodau'r Ysbyty eu caniatâd gan rybuddio'r eglwys na fyddent yn gyfrifol am ei ymddygiad. Ond gallai fod yn iachawdwriaeth iddo fo, medden nhw. (Carai ddweud ei fod yn un o'r ychydig efo tystysgrif yn tystio ei fod yn ei iawn bwyll!)

Ar ei ymweliad cyntaf ag Aberdeunant, dyna estyn y ddau lyfr. 'Waste of time, Tomley Jones. Waste of time'. 'Ddywedodd 'nhad ddim byd ar y pryd nac ar ôl hynny. Dadrithiad. Siom. Dros y blynyddoedd, mae'r un atgof hwnnw wedi troi'n fwy nag un cwestiwn. Os gall y fath ddisgleirdeb a dawn ddod i hyn a oes unrhywbeth yn ddiogel? Camp a rhemp. Beth sy'n gyrru'r dalent brin mor aml i hunanddinistr? Ai rhyw grac oddi fewn? Ai diffyg sianeli sy'n ddigon dwfn i gofleidio'r cyfan?

Ar ôl ei 'gwymp' byddai'n galw ei hun yn W.D.P.D. 'P' am pechadur. Mi gofia' i am y llafn o oleuni a ddaeth i'n pulpud, a'r cwmnïwr a aeth â mi am dro i ben y comin. Ni fu'r profiadau hynny yn ofer. A diolch hefyd na chollodd 'nhad mo'i ffydd ynddo.

* * *

Un gornel fach o'n diwylliant Cymraeg oedd y llyfrau trymion. Faint bynnag o ddarllen oedd arnyn nhw, 'does neb yn eu harddel nhw erbyn hyn. Fel offer y fferm, geriach eu cyfnod oedden nhw.

'Roedd haen wahanol iawn – yr ysfa i lunio pennill. Byddai eisteddfodau, a chyfarfodydd bach y capeli a chriw siop y gornel wrthi hi. Penillion parod i ddigwyddiadau trist a thrwsgl, dychanu, drafft go helaeth o ganu maswedd, teyrngedau. Er fod englynwyr a llunwyr telynegion crefftus iawn yn rhan o draddodiad y fro, rhigymu digon anwastad oedd llawer ohono a mydr ac odl yn ei ddal wrth ei gilydd. Perthyn i'r wythïen honno oedd Ewyrth Griffith, brawd nain Diosg. Dwy nodwedd oedd yn perthyn iddo – canu cymdeithasol o glod i'r ardal a thrigolion a ystyrid yn deilwng o deyrnged. Ac yn anochel, llawer iawn o brydyddu crefyddol. 'Roedd penillion o'r fath yn hawdd i'w cofio a'u canu, a swae mydr ac odl yn dod yn naturiol. Yr awen fyddai yn dioddef yn y fath lifeiriant!

'Roedd dod ar draws pentyrrau penillion fy hen ewyrth yn codi sawl cwestiwn. Mae'n amlwg fod y prydyddu slic 'yn ôl y patrwm' yn rhan o draddodiad y fro. Ai'r chwarae yma efo geiriau, mydrau ac odlau oedd y man cychwyn i minnau? Ac nid rhywbeth oeddwn i yn ei glywed a'i ddarllen o 'nghwmpas yn unig, ond yr hen haen yn brigo fel y bydd hen wreiddiau'n gwthio twf newydd drwy'r pridd?

Nid sôn am y ffurf yn unig yr ydym ond am deithi meddwl a ffasiynau crefyddol hefyd. 'Rwy'n meddwl yn fwyaf arbennig am y bwhwman parhaus rhwng dau fyd sydd bron yn obsesiwn. Dyma fy hen ewyrth yn hiraethu ar ôl T. H. Vaughan, Caerffynnon:

> 'Trist a sydyn oedd y newydd
> Am farwolaeth T. H. Vaughan,
> Maldwyn heddiw sydd yn cwynfan
> Gyda galar yn ei thôn'.

Yna, mynd ymlaen yn ysgrythurol i yfed o ddyfroedd Mara, drwy Rosydd Moab at ben y daith:

> 'Dan goronau aur y wlad
> Wedi eilwaith gydgyfarfod
> Fry yng ngwynfyd Tŷ ein Tad'.

Mewn cân arall, yr olygfa o ben boncyn y Plas:

> 'Bro Llangadfan a Garthbeibio
> Wela'i gorwedd ar ei hyd,
> Bro Dolanog welaf eto
> A Phontrobert hardd ei phryd.'

Ond rhaid iddo sôn am fryn arall:

> 'Os yw'r golygfeydd geir yma
> Wedi synnu gwŷr y dref,
> Edrych lawr ar fryn Calfaria
> Synnodd engyl nef y nef.'

Mae'r bwhwman rhwng deufyd hefyd ynof innau er nad yw'n dilyn fy hen ewyrth yn ei ffurf na'i gynnwys. 'Roedd canrif gyfan yn ein gwahanu.

Ymhlith hen doriadau fe ddois o hyd hefyd i bennill yn llaw fy mam gan fardd anhysbys. Mae hwnnw yn bur wahanol i waith ei hewyrth Griffith:

> 'Ond cyn bo hir o groesau'r byd
> Caf finnau ganu'n iach,
> O rhowch im fedd pan ddelo'r pryd
> Ym mynwent Erfyl fach,
> Ac os caf hyn, 'rwy'n teimlo hedd
> A dwedaf i chwi pam,
> Rwyf am gymysgu yn y bedd
> Fy llwch a llwch fy mam'.

Dim dau fyd fan 'na.

*   *   *

Bu ysgol Llanerfyl yn fagwraeth dda. Mae'n wir fod ysgolion eraill yn gwneud yn well na hi yn y sgolarship, Ond 'roedd gan y prifathro, Erfyl Fychan, fel Miss Evans, y rŵm bach, afael gadarn ar werth diwylliant bro a chenedl. Er nad oedd yr iaith Gymraeg yn y cyfnod hwnnw yn fater gwleidyddol nac ychwaith yn fater o bryder, 'roedd hi'n ddigon i ni. Llwyddai hefyd i gydio'r plant wrth ddiwylliant eu hardal ac nid eu dieithrio oddi wrthi.

Dysgu Ceiriog, wrth y llath, gan gynnwys ei fugeilgerdd faith i Alun Mabon,

> 'Roedd Alun Mabon yn ei ddydd
> Yn fachgen cryf a hoyw . . .'

(er gwaethaf amwysedd yr ansoddair, bachgen cyffredin oedd o, fel y rhan fwyaf ohonom ni!). Dewis da oedd Ceiriog. Gallai fod yn sentimental mae'n wir, fel llawer o Gymry alltud, ond llwyddodd i ddiosg dillad duon a thrymder oes Victoria. Yn fwy na dim, 'roedd ei gerddi'n canu ac yn dawnsio. Byddai ambell nodyn lleddf er hynny. Dyna i chi Alun arall, efo'i gerdd i Wraig y Pysgotwr:

> 'Gorffwys don, dylifa'n llonydd,
> Paid â digo wrth dy greigydd,
> Y mae anian yn noswylio.
> Pam y byddi di yn effro?
> Dwndwr daear sydd yn darfod,
> Cysga'n dawel ar dy dywod'.

Ond, 'roedd y cyfan yn ddealladwy, yn rhan o'n tirwedd ac o fewn cwmpawd ein dychymyg. Fe ddysgais i y geiriau yna drwy eu canu i gyfeiliant telyn, ac Erfyl Fychan ei hun yn dysgu Cerdd Dant yn ogystal â Cherdd Dafod yn y tridegau. Ychydig a wyddai faint o bleser y byddai'r ddwy ddisgyblaeth yn ei roi i mi weddill y ganrif. Ychwanegwch at hynny yr hwyl o ollwng y dychymyg yn rhydd wrth lunio hunangofiant esgid neu lyfr, ac anogaeth i drïo'n llaw ar ambell linell o farddoniaeth, – 'doedd hi ddim yn ddiwedd y byd wedyn os byddai'r Saesneg a'r syms yn dioddef! Hwyrach fod y cydbwysedd hwnnw yn cael mwy o chwarae teg yn Ysgol Llangadfan. Digon prin fod y Gymraeg wedi cael cam yno o gofio fod y prifathro'n dad i Enid Pierce Roberts, gynt o Adran Gymraeg Coleg y Brifysgol ym Mangor a thaid i'r Athro Sioned Davies o Adran Gymraeg Caerdydd.

O 'nabod rhai o gynnyrch Ysgol Garthbeibio yn Ysgol Llanfair a ffrind agos iawn i un ohonyn nhw, fyddai'r ysgol honno 'chwaith ddim wedi esgeuluso'i threftadaeth. Ysgolion yr Eglwys yng Nghymru oedd y tair. Golygai hynny ymweliad blynyddol yr Esgob, yn ei goesau du, a phrawf o'n gwybodaeth grefyddol. Byddai'r dystysgrif yn mynd yn fwy cwafriog a lliwgar bob blwyddyn wrth i'n gwybodaeth gynyddu. 'Roedd cael mynd i eglwys y plwy ar achlysuron arbennig yn golygu mwy i mi. Plygain wrth gwrs, ond cael canu yn y côr, syllu ar y ffenestri lliw, odrwydd y codi a'r eistedd, y ddialog o lafarganu rhwng y Person a'i gynulleidfa, a'r hen ywen yn edliw ein byrhoedledd. Ar lawnt y Rheithordy y dysgais hefyd chwarae tennis yng nghwmni tair merch y Person. A chael te-parti. Y math o eciwmeniaeth y byddai plentyn ar ei brifiant yn ei drysori!

Dau brofiad sydd wedi bod yn gryndod a chwŷs i mi erioed ydi gwneud rhywbeth yn gyhoeddus ac eistedd arholiadau. Dyna pam fod un math o freuddwyd yn dal i frigo o'r isymwybod. Bod ar lwyfan neu gae chwarae, mewn stiwdio neu bulpud a gwneud smonach llwyr. Anghofio'r geiriau neu'r nodau, methu'r gic, colli'r sgript. Neu waeth – balog ar agor neu heb ddillad o gwbl! Mae'r esboniad, wrth gwrs, yn syml – yr ofnau y byddwn ni yn ymladd i'w rheoli yn troi'n hunllefau yn ein cwsg.

Wedyn y sgolarship, ac i raddau llai, pob arholiad arall ar ôl hynny. Dieithrwch y Saesneg yn un peth (dyna pam i mi fethu cael y gair *vixen* am y benywaidd o *fox* a rhoi *foxess* i lawr. Ac mi 'roedd pob sens ieithyddol yn dweud hynny!) Yn fwy na dim, pwysau a disgwyliadau athrawon a rhieni. Hwn oedd y drwg. I'r rhai hynny oedd am aros yn ein bro byddai'r pwysau'n llai. Ond O! na fyddai y rhai disgwylgar wedi gallu dweud 'Paid poeni, tydi o ddim o dragwyddol bwys'. Mae ofn gallu byw i fyny â'n breuddwydion, boed bersonol neu deuluol, yn gallu parlysu. 'Roedd llwyddo hefyd yn golygu llai o straen ar goffrau'r teulu.

'Wnaeth y llwynoges fach ddim llawer o ddifrod. Fe agorwyd y porth cyfyng. A minnau ar fy ffordd i Lanfair.

*   *   *

Y 'coffee pot' oedd ein henw ar fws David John Arthur a'n crychai o'r topie. Er nad oedd rhiw Cae'rbachau yn arbennig o serth, byddai'r ymdrech i'w ddringo weithiau'n ormod iddo, a byddai'r peiriant poeth yn poeri stêm. Yn nhrwyn y bws y digwyddai'r ddrama honno. Ymysg preswylwyr ei sedd ôl mi fyddai bwrlwm tra gwahanol, ond diniwed ddigon. Ond pam pot coffi yn hytrach na thecell neu debot? Rhyw dwtsh bach o steil hwyrach? Dro arall byddai lluwchfeydd o eira yn ormod i'w olwynion, a ninnau'n cyrraedd yr ysgol erbyn amser cinio a'n dillad yn socian, a'u sychu yng ngwres y gegin. Buan iawn y deuthum i ddeall fod trafaelio gobeithiol, weithiau, yn fwy pleserus na chyrraedd!

Rhiw Cae'rbachau hefyd yng nghysgod Moel Bentyrch oedd yn agor y ffordd allan o'n cynefin ac i mewn iddi. Er mai ychydig ohonom oedd yn byw ar dir uchel, rhywle yn yr ychydig filltiroedd nesaf oedd y ffin ieithyddol – rhyw dir neb rhwng dau ddiwylliant. Yn yr ysgol honno, ar wahân i'r Gymraeg fel pwnc, stori Saesneg oedd hanes planhigion, anifeiliaid a phobl. Yn Saesneg y dysgais i am hanes fy mhobl fy hun. Yn y man, 'roeddwn i'n cyfarwyddo â'r iaith fain a'r holl olud a berthynai iddi. Er mai plant y topie oedden ni, ac yn falch o hynny, 'rwy'n hoffi meddwl i ni lwyddo i ymdopi ac i gyfathrebu heb golli dim o'n teyrngarwch cyntaf. Ond fe gymerodd o leiaf flwyddyn i mi gyfarwyddo ag iaith ac acenion athrawon oedd â'u gwreiddiau mewn mannau mor bell â Llundain neu Southampton.

'Roedd y drafnidiaeth yn dilyn dyffryn ac afon o'r gorllewin i'r dwyrain – a'r dwyrain hwnnw yn gyfangwbl Seisnig, hyd yn oed o fewn ffiniau Sir Drefaldwyn. O ran diwylliant ac arferion 'roedd yn llawer nes at Sir Amwythig, a'n 'pobol ni' o Lanbrynmair draw i Lanrhaeadr ym Mochnant yn byw yr ochr arall i'r mynydd, ac yn mynychu ysgolion a chapeli gwahanol. O ran pynciau, Cymraeg, Saesneg a Hanes fyddai dewis y rhan fwyaf o blant y topie er fod ambell dderyn brith o wyddonydd disglair yn ein plith. A thros y blynyddoedd, er mai ysgol fechan o gant o blant oedd hi yn y tridegau, fe lwyddodd i ddenu athrawon cwbl arbennig yn y pynciau hynny. A rhestr yr athrawon Cymraeg yn un anrhydeddus. Fe gaem ein hannog i feddwl drosom ein hunain ac i drafod – yn arbennig yn y chweched dosbarth. Perthyn i'r rhyw deg oedd y tair yn fy hanes i, a hynny'n symbyliad mawr! Mae'n deg nodi fod un gwryw'n dysgu Hanes a Ffrangeg ac yn eilun gan y ddau ryw.

Nid paratoi ar gyfer arholiadau yn unig 'chwaith. Byddai chwaraeon yn cael lle amlwg, a digon o gyfle i ganu mewn eisteddfod a chyngerdd. Un o'r profiadau sy'n aros yw actio rhan Judas Iscariot yn y ddrama un act, 'The Sixth Hour', ac yn arbennig y munudau olaf hynny pan oedd Judas, â phwt o raff yn ei law, yn cerdded i fyny at fin y llwyfan efo'i eiriau olaf i sŵn cân ceiliog, 'I come, Master, I come'. Gormod o gowliad i orwelion emosiynol a dychymyg glaslanc dwy ar bymtheg oed efallai, ond ymestyn felly yw cyfrifoldeb pob athrawes.

* * *

Wrth edrych drwy hen adroddiadau a sylwadau yr athrawon, ac edrych gyda chryn euogrwydd ar rai o'r marciau, mae un gwendid yn cael sylw cyson. 'Mwy o grynodeb mewn arddull',

'Tuedd i fod yn amleiriog. Dysged grynhoi ei feddyliau'. 'Careless about details'. 'Gofaled rhag prydferthu'r arddull ar bwys y syniadau . . . ymdreched i fod yn fwy cryno yn ei draethodau'.

'Roedden nhw yn llygaid eu lle, ac yn dal yn feirniadaeth deg o hyd! Hwyrach, er hynny, fod rhyw gymaint o'r bai ar y ffordd o ddysgu, drwy orbentyrru digwyddiadau a dyddiadau fel esgyrn sychion. Yn aml, cofio a chofnodi oedd y cyfan, a llwyddiant yn dibynnu ar ein gallu i ailadrodd fel parot, heb gael y cyfle i durio i mewn i gymhellion ac achosion gwaelodol. O fethu cael y ddrama anturus honno, 'doedd dim amdani wedyn ond ymgolli ym myd ffansi a meddwdod iaith. Byddai creu ffuglen gymaint yn fwy lliwgar na'r realiti. A phwy a ŵyr, yn fwy real hefyd!

VII

Ambell Gân

'Myfi yw bugail Hafod y Cwm,
　Ffa la la la la la la,
Mi gana'n llon, er mod i'n llwm,
　Ffa la la, . . .
Mae gennyf wraig a thri o blant
Yn byw yng ngwaelod isa'r nant,
　Ffa la la . . .
O! rwy'n hapus
　Ffa la la . . .'

Dyna fi'n ôl ar yr aelwyd ac un o'r caneuon cyntaf i mi glywed Mam yn eu canu. Er bod y geiriau'n hapus braf, digon pruddglwyfus oedd yr alaw a'r 'ffa la la'. Ieuad anghymharus fel yn hanes cymaint o'n canu. Er hynny, bu'n wythïen werthfawr. Ynddi, mynegwyd ein hiraeth a'n hwyl, ein caru a'n torcalon. Ym mhrofiad y bugail hefyd, gyfrinach ei lawenydd:

'Mynd heibio'n syth wna gŵr Plas Nant,
Mae'n berchen eiddo llawer cant,
Ond 'rwy'n ddedwyddach nag yw ef
Ynghanol praidd y bryn a'u bref,
Ffa la la, O! rwy'n hapus,
Ffa la la la la'.

Cwm o dyddynnod, o ffermydd bach a mawr, o dir bras a sâl, oedd o, cwm o feistri a gweision, o feibion ac o fugeiliaid. Ac mi fyddai unrhyw blentyn yn gallu deall y neges, boed dlawd neu gyfoethog. A hynny heb foesoli na phregethu.

　　　*　　　*　　　*

Canu oedd nefoedd Mam, ac fe roddodd ran ohoni i'w thri phlentyn.

Yn hyn o beth 'doedd Aberdeunant ddim gwell na gwahanol i

sawl aelwyd arall efo piano neu harmoniwm, neu'r ddau, yn ddigon cyffredin. Mynd i lawr i'r Felin at William Erfyl i baratoi ar gyfer 'steddfodau Llanerfyl a'r Foel. Yntau'n pwmpio'i ffordd trwy'r cyfeiliant a chael y nodau'n gywir. Wedyn canu deuawd am y gwanwyn efo Olwen, Deunant Fach, a oedd yn byw led cae o 'nghartref. Rhyfeddu at allu dau lais i doddi i'w gilydd a chreu patrymau a chordiau, codi a gostwng, cryfhau a thawelu. Cydanadlu a chydsymud. Byd newydd yn cynganeddu ac yn cydymdeimlo. Ac Olwen a minnau'n mynd adref efo'n gilydd gan hymian canu. 'Roedd Gwilym bedair blynedd yn hŷn na mi ac eisoes wedi dechrau cystadlu:

'Cenwch im gân am y llanc nad yw mwy;
Tybed ai fi oedd ef . . .'

A phan dorrodd y ddau lais, mynd i'r afael â'r hen ddeuawdau poblogaidd, Y Gwŷs i'r Gad, Y Ddau Wladgarwr, Y Bardd a'r Cerddor. Ac un arall a glywais yn ifanc iawn ac na fedrwn wneud na phen na chynffon o'r geiriau:

'Lle treigla'r Caveri yn donnau tryloywon
Rhwng gerddi lle chwardd y pomgranad a'r pîn . . .
Eisteddai Hindŵ ar lawr i alaru . . .
"Fy ngwlad. O! fy ngwlad lle gorwedd fy nhadau".'

'Dim digon o gythraul yn y tenor' oedd dyfarniad un beirniad. 'Roedd angen llai o hwnnw wrth hiraethu mewn pedwarawd am 'Y Bwthyn bach to gwellt' efo Meri Wini, Mam a Gwilym! (Fe geisiodd fy chwaer fod yn rhan o bedwarawd y teulu unwaith, ond wrth ganu emyn yn y sêt fawr yng nghapel Rehoboth, llewygodd yn yr ail bennill, a dyna ddiwedd ar ei pherfformiadau cyhoeddus!)

Wedi i'r llais aeddfedu, difyr oedd y nosweithiau hynny ym Mhencapel, o dan gyfarwyddyd Sidney Roberts (neu Mrs. Harri i ni). Trïo'n llaw ar ganu penillion y tro yma efo criw o hogiau fyddai'n deall Cynan i'r dim:

'Gwen annwyl, tyred dithau'n ôl
I'r lle mae hedd ar fryn a dôl . . .
Pechasom, ond bu breichiau'r yw
Ar led yn ymbil gyda Duw . . .'

(a finnau, cyn gweld y copi gwreiddiol yn credu mai 'breichiau rhyw' oedd ym meddwl Cynan!).

William Erfyl, Mrs. Harri a'u tebyg – heb fawr addysg ffurfiol, ond wedi ymlafnio, i geisio rhoi ffurf a rhyw gymaint o warineb i'r deunydd crai. I mi, byddai gweddill y ganrif wedi bod yn dlotach hebddyn' nhw.

. . . a heno mae hi'n noson Eisteddfod y Foel. Llwyd o'r Bryn o'r Sarnau, Sarnau efo'i "R" yddfol a'i daran o lais, neu Pat O'Brien o Lanrhaeadr ym Mochnant, dandi bach o arian byw . . . Dic Puw, byr ei gorff, taran o lais tenor – 'Lend me your aid' neu 'Ysbryd y Mynydd' . . . Bob Lloyd wedi dod ar gefn ei feic o'r Bala a'i gôt law ar yr handlbar, yn Iago fab Satan ar ei liniau ar y llwyfan, y gantores o'r sowth yn cael y brif wobr a lifft yn ôl i'w chartref gan y beirniad (rhannu'r ysbail, fel petai) . . . adroddwr bochgoch, ffyrnig yr olwg o'r ochr arall i Fwlch y Fedwyn yn rhoi i ni ei fersiwn o Gadair ddu Birkenhead:

> 'Ugain mil o eisteddfodwyr
> Yn y babell fawr, AR DÂN'.

Ac wrth daranu'r ddau air olaf, yn codi ei ddwyfraich tua'r nefoedd.

Yr unig dafarn yn y cwm oedd Cann Office yn Llangadfan a byddai cefn y neuadd yn llenwi'n fygythiol erbyn un ar ddeg y nos. Gan amlaf, byddai hiwmor y Llwyd neu Pat yn ddigon i reoli'r noson. Ond ddim bob tro. 'Roedd Mrs. Francis, y Plas, wedi dewis canu 'Y Golomen Wen'. Ar dudalen olaf y gân, mae hi'n canu'r geiriau 'Golomen Wen' sawl gwaith a'r piano yn ateb gyda'r un nodau. Ar ôl yr ail 'Golomen Wen' ganddi a chyn i gyfeiliant y piano gael ei gyfle, daeth llais clir o'r cefn, a'i 'Golomen Wen' yntau'n ateb y datgeinydd. Ni fu erioed ddeialog gerddorol mor annisgwyl â honno. Ond fe gollwyd y cleimacs. Uchafbwynt y cyfan fyddai'r gystadleuaeth gorawl. Y Foel o dan arweiniad egnïol Iori'r Bwlch, ac Edward Jones Ty'nllan a'i fys. cam yn llywio'r dehongliad. Mynd adref yn yr oriau mân wedi cael cam ofnadwy.

Yn ystod y tridegau, fe ddaeth gramoffon i'n tŷ ni, Columbia dderw, efo dau ddrws yn agor yn y blaen, a handlen ar yr ochr. Dyna hefyd a ysbrydolodd 'mrawd a minnau i fynd allan i'r sied a chreu ein gramoffon ein hunan. Troi berfa a'i thin i fyny ac un ohonom yn mynd dani a'r llall yn cogio troi'r handl. Yn y naill gramoffon a'r llall, ceid digon o amrywiaeth. Gallai Gwilym fod yn Chaliapin neu'n Morlais Morgan, minnau yn Caruso, Tudor Davies neu William Edwards, Rhydymain.

'Roeddem ni eisoes wedi cyfarwyddo â darnau operatig mewn steddfod neu gyngerdd. Bellach, dyma gantorion gorau'r byd ar ein haelwyd. Yn ôl y disgwyl, fe gafwyd casgliad helaeth o emynau a chantorion Cymreig a hynny'n ychwanegu at ein diddanwch yn ystod nosau'r gaeaf. Daeth talpiau cyfan o operâu Verdi, Mozart, Wagner, Gounod, a byd oratorio Handel a Mendelssohn yn rhan naturiol o'n canu ninnau. At ein galw, 'roedd toreth o felodïau, a'u chwibanu neu eu canu mor naturiol ag alawon ac emynau Cymru. Yn y nodau hefyd, 'roedd chwaon y gwledydd pell, o ddisgleirdeb gwres a goleuni'r Eidal i seiniau tywyll, dwfn erwau diderfyn Rwsia. A'r cyfan yn loddest i'r dychymyg. O blith y cantorion, 'roedd gan y ddau ohonom ni hefyd ein ffefrynnau ac yn ceisio cyfiawnhau'n dewis. 'Roedd hyn yn golygu talu sylw, nid yn unig i'r gân, ond i ansawdd y llais. 'Doedd yr un dau lais yn hollol yr un fath, ac fel ymhob celfyddyd arall, yr elfen bersonol, unigryw, yma oedd yn rhoi cymeriad a lliw iddo.

Erbyn i ni gyrraedd yr arddegau byddem hefyd yn cael crap ar ystyr dehongli cân a chymeriad. Yn hanes Gwilym, fe arweiniodd hyn, maes o law, at yrfa broffesiynol fel canwr ac athro cerdd. I mi, er i mi gael hyfforddiant lleisiol, ni chefais wers piano erioed, a sol-ffa yn fwy cyfarwydd na'r hen nodiant.

Fe agorwyd ffordd i fyd o bleser ac o gysur gan ddau ddrws bach yr hen Golumbia honno. A chael, ar ôl hynny, fod i offeryn cerdd yn ogystal â'r llais ei le a'i swyddogaeth.

> 'Ambell i gân a leinw fy mron.
> Pan syrthiwyf i lawr dan aml i don'.

Yr un aelod o'r teulu na fyddai'n cyfrannu o'r brwdfrydedd oedd 'nhad. Rhoi ei draed i fyny, cetyn a llyfr fyddai ei ddiwetydd o. Ac eto, un dydd Llun fe brynodd record. Gan wybod am ei ddiddordebau, o gael miwsig o gwbl, gallwn ddisgwyl corws neu emyn dôn – unawd hyd yn oed, ond iddi fod yn perthyn i'r un steil. Fe gododd y clawr, troi'r handl a:

> 'Cigarits and whisky and wild wild women
> They drive me crazy, they drive me insane
> Cigarits and whisky . . .'.

Iawn petai Bob Roberts, Tairfelin wrthi,–

> 'Rwy'n ddigon bodlon os ca'i bwt
> O getyn a thybaco . .'

Ond sigaret, wisgi a merched nwydwyllt? 'Nhad? Ond cig a gwaed oedd yntau, ac yr oedd iddo hefyd ei ffantasïau, mae'n siŵr. 'Rydw i'n falch o'r pnawn Llun hwnnw.

Tipyn llai enigmatig oedd hoff ddewis Mam. Yr Albanwr, Syr Harry Loader:

> 'Keep right on to the end of the road,
>   Keep right on to the end . . .
> If your tired and weary still journey on
>   Till you come to your happy abode
> Where all you love and you're dreaming of
>   Will be there at the end of the road.'

Y fath gymysgedd catholig ynghanol cynyrfiadau glaslencyndod! Hwyrach mai dyna un rheswm pam na fûm i erioed yn gallu derbyn disgyblaeth yr un gŵys neu'r un idiom.

VIII

Aflonyddu

'Roedd nhad yn gadael yr ysgol yn bedair-ar-ddeg i fynd adref ar y ffarm. Dyna oedd y drefn. Ni ofynnais iddo erioed ai dyna oedd ei ddewis. Mae'n rhaid nad oedd yn gwestiwn priodol. Ni theimlais erioed ei fod yn gosod unrhyw bwysau i ddilyn unrhyw lwybr arbennig. Er hynny, o edrych yn ôl, 'roedd ambell fynegbost. Aeth Gwilym a minnau ymlaen i Ysgol Llanfair, Dilys gartref ar y ffarm. Yn y man, dyna fu hanes 'mrawd hefyd nes iddo ddewis mynd yn fyfyriwr i Fanceinion. 'Ches i erioed fy annog i gymryd diddordeb yn y ffarm – er helpu mewn beudy a chynhaeaf.

Yr unig un a wyddai'n hollol i ba gyfeiriad i fynd o'r dechrau oedd Dilys. Bod efo'r anifeiliaid oedd ei bywyd. Mynd allan efo 'nhad yng ngolau'r lantarn yn oriau mân y bore i ymgeleddu'r ŵyn bach newydd a'u mamau, rhoi enw a siarad efo pob buwch a llo. Dyna oedd ei diléit. Gallai hulio bwrdd a threfnu tŷ ond dyletswydd groes i'r graen oedd hynny.

Nid oedd dim i fod i ymyrryd â'm gwaith cartref a byddai 'nhad yn chwysu i geisio helpu gyda'r syms. Mi fyddai ganddo hefyd wybodaeth fanwl am gefndir addysgol ambell weinidog, athro neu feirdd a llenorion a hynny'n aml yn mynd â ni allan o Gymru – prifysgolion Rhydychen a Chaergrawnt, heb sôn am Leipzig, Heidelberg neu Freyburg. Felly, 'roedd yn rhaid llwyddo yn Llanfair er mwyn i minnau eu dilyn. Byddai'r cyw melyn olaf yn gwneud i fyny am yr hyn a gollodd ef.

Ymhlith y papurau a'r llyfrau yn y gist a gludwyd efo mi o Aberdeunant, 'roedd digon o dystiolaeth. Yn naturiol, llyfrau cownt, pris anifeiliaid, taliadau a chyfraniadau capel. Wedyn, pentwr o lythyrau yn rhoi gwybodaeth fanwl am ambell gymeriad neu ddigwyddiad o orffennol y fro; traethodau eisteddfodol ar amrywiol bynciau, a phregethau Rehoboth neu gyrddau mawr. A'r cyfan mewn Cymraeg naturiol.

Plentyn diwedd y bedwaredd ganrif ar bymtheg oedd ef. Erbyn

i ddiwygiad '04-'05 gyrraedd Maldwyn, byddai yn ei arddegau cynnar. Ychydig iawn a soniai am y cyffroadau rhyfedd hynny ac nid oedd dim o'i gwmpas yn awgrymu iddo gael ei ysgwyd yn bersonol. Nid oedd ganddo ei awr pan newidiodd popeth. Digon prin y gallai dreulio'i oes heb sôn amdani pebai'n bod.

Beth bynnag am effaith y diwygiad ar Gwm Banwy, fe gafodd o leiaf un disgrifiad dramatig o'i effeithiau; hynny newn llythyr i Aberdeunant yn llenwi 36 o dudalennau llyfr nodiadau bychan sydd bellach wedi llwydo, a'i groen o 'oil cloth' wedi dechrau cyrlio o gylch ei ymylon. O Gwmbyr, Aberhosan, ger Machynlleth y daeth y llythyr. Dyddiad Chwefror 18fed 1905. 'Roedd yr awdur yn berthynas, John Richards (tad W. J. Richards a fu mewn cadair olwyn am y rhan fwyaf o'i oes ac awdur yr emyn 'I ble yr af yn nydd y ddrycin fawr, a'm tristwch mawr?'). Dyma ddarn yn sôn am effaith y diwygiad ar Aberhosan, Machynlleth, Llanwrin a Phonterwyd:

> '. . . erbyn hyn mae y cloff yn llamu fel hydd a thafod y mudan yn canu yma . . . hen feddwyn a chablwr ac un hen wrthgiliwr tua 60 oed wedi bod yng ngwlad y moch ar cibau am ddeg mlynedd ar ugain *(sic)*. Roedd hwn wedi gwario bob peth a feddai yn y wlad bell nes yr oedd bron heb ddillad i gadw'r corff rhag anwyd heb son am wisg i giddio *(sic)* noethni ei enaid, ond roedd golwg hardd arno y saboth, yn cael ei dderbyn wedi cael siwt o ddillad newydd ac fe allai fod honno yn rhyw ddangoseg o wisg newydd ei enaid . . .'.

Do, fe ddigwyddodd rhywbeth! O'i ddarllen eto, mae rhywun yn syfrdan gan y defnydd o ddelweddau ac ymchwydd sigl a swae iaith a'i arddull. Mae'n rhaid fod rhywbeth, wedi'r cwbl, wedi goroesi yn nirgelwch ein celloedd o un genhedlaeth i'r llall. Bu 'nhad yn athro Ysgol Sul am hanner can mlynedd ac yn flaenor. Gallai fod yn winglyd-aflonydd wrth wrando ambell bregeth a deuthum i ddeall yr arwyddion yn gynnar. (Deuai ambell gyffyrddiad annisgwyl o'r pulpud, megis y Sul hwnnw pan oedd y Parch. W. Crump Jones yn traethu. Saethodd ei ddannedd gosod allan, ac wrth geisio'u dal a methu, landiodd y set ar flaen trwyn 'nhad. Ffordd arall o daro deuddeg!)

Holi'r bennod mewn Cyfarfodydd Ysgol Sul oedd un o'i bleserau pennaf a byddai'n gwneud hynny mewn gwahanol gapeli o wahanol enwadau. Yr un fyddai'r patrwm bob tro – dechrau efo cwestiynau ffeithiol am gynnwys y bennod. Wedyn, lledu'r maes a chanolbwyntio ar ei hystyr a'i neges. 'Roedd ganddo'r ddawn a'r direidi i gyffroi ymateb ac i dynnu allan wahanol safbwyntiau. (Gwnâi holwr radio neu deledu da!).

Ar ei liniau yn y cyfarfod gweddi, byddai'n cau ei lygaid yn sownd a chwŷs yn sgleinio ar ei dalcen, fel pebai'n ymladd brwydr fewnol efo fo'i hunan neu â'i Dduw. Nid ymlonyddu yn sicr. Eiliadau dirdynnol oedden nhw, fel petai'n rhan o gyfathrach breifat iawn ym mhlygion ei ystafell ddirgel. 'Roedd ei anghysur yn anghysur i minnau. Cofio'r ymbil yn hytrach na'r geiriau, a'r teimlad na fedrwn ei ddilyn na gafael yn ei law ar ei daith.

Perthyn i'r un clwstwr o brofiadau anniffiniol oedd yr oedfa gymun. Capel bychan ynghanol coed, allan o gyrraedd y ffordd fawr ac wrth ymyl afon oedd Rehoboth. Byddai'r bwrdd cymun wedi ei orchuddio gan liain gwyn. O'i symud yn araf, ddistaw, 'roedd cwch o arian yn cario cwpanau bach gwydr, coch. 'Marsiandïaeth Calfari'. Ac ar y lan arall, dau blât arian eto yn llawn sgwariau bach o fara gwyn.

> 'Y Gŵr a fu gynt o dan hoelion
> Dros ddyn pechadurus fel fi
> A yfodd y cwpan i'r gwaelod . . .'

Byddai'r twll crwn yn y set o flaen fy nhrwyn yn disgwyl am ei gwpan gwag.

> 'Gras ein Harglwydd Iesu Grist . . .'

Ac adre'n pump heibio i dafarn Cann Office, dros bont y Stonws, heibio Tŷ Gwyn a dringo'n serth nes cyrraedd y tŷ. 'Roeddwn i'n ôl ar lwybrau cyfarwydd.

Un waith bu i'r cyfarwydd hwnnw droi yn ddieithrwch ac yn ddirgelwch. Noson olau leuad oedd hi a minnau wedi bod mewn cyfarfod pregethu. 'Does gen i ddim atgof o'r bregeth na'i neges. Am yr unig dro yn fy mywyd, mi es ar fy nghliniau yn y cae o flaen y tŷ wedi fy llethu'n llwyr. 'Doedd dim o droedigaeth John Richards Cwmbyr, dim ond gormes byd tawel, anferthol o 'nghwmpas i ymhob man. Dim unrhyw deimlad o euogrwydd pechadur na syched am faddeuant, dim ymgreinio o flaen y Mistar Mawr nac unrhyw fflach i'm dallu. Dim ond eangderau lleuad a sêr a churiad calon y fam ddaear. Dichon fod esboniad seicolegol a chorfforol i'r cyfan. Gall dyddiau glaslencyndod fod fel gwanwyn cryf – y suddion yn llifo, y synhwyrau i gyd ar dân, y nefoedd a'r ddaear yn datgan gogoniant. Yna ymdawelu'n ddigwestiwn.

Ond 'roedd o hefyd yn gyfnod o chwilfrydedd, o ofyn cwestiynau ac o amau popeth. Fe berthynai'r ddeuoliaeth yma i 'nhad hefyd. Meddwl aflonydd oedd iddo, yn herio, tynnu coes a phrofocio a rhai nad oedd yn ei adnabod yn dda byth yn siŵr a oedd o ddifri. Byddai'n dod â'r un elfen i'r aelwyd.

Ffrind mawr i ni fel teulu oedd Evan Jones, Llysun – lleoliad fersiwn deledu 'Lleifior', Islwyn Ffowc Elis (bu raid defnyddio'r camera yn ofalus gan fod y ffermdy gwreiddiol wedi ei losgi). 'Roedd yr awdur yn ei adnabod yn dda a 'synnwn i fawr nad oedd rhywfaint o'i stamp ar Harri Vaughan. 'Roedd un gwahaniaeth rhwng y ddau. Bu Harri Vaughan yn gynghorydd sir ac i bob ymddangosiad yn mwynhau bod yn 'brysur bwysig' ac yn geffyl blaen. Bu Evan Jones hefyd yn cynrychioli ei bobl yn y cynteddau hynny ond fe gafodd lond bol yn fuan. Heddychwr wedyn – un a anfonodd ei fab i Ysgol Uwchradd Towyn a'i dynnu oddi yno yn ddiseremoni pan glywodd fod corff o gadlanciau o fewn yr ysgol. 'Doedd y tad ddim am weld ei fab Gwynfor yn cael ei foldio'n filwr.

'Be wnaeth chi, Evan Jones, pebai'r Germans yn landio ar eich tir chi?'
'Rhoi nhw i weithio yn y gwair, siŵr'.

Nid y math o ateb y byddai'r aelodau o'r 'Home Guard' yn ei werthfawrogi a hwythau'n hanner ofni a hanner disgwyl eu gweld yn disgyn ar y dolydd yn eu parasiwt! Boneddigeiddrwydd naturiol hefyd a dyfai allan ohono yn hytrach na chlog i'w gwisgo yn ôl y galw. Bu yntau yn y sêt fawr ac yn athro Ysgol Sul arna' i. Bu farw'n hanner cant oed a hynny mewn cyfnod dyrys pan oedd mawr angen ei gwmni a'i gefnogaeth. Noson fawr fyddai honno pan ddôi ar ei dro i Aberdeunant. Fel yn ei ddosbarth byddai'n herio a chyffroi'r dyfroedd – gwleidyddol a chrefyddol. Byddai mwy nag un gyfathrach rhyngom. Cyn bod teliffon, byddai'n gosod lliain gwyn ar un o'i wrychoedd i ddweud wrthym fod dyddiau'r cynhaeaf gwair wedi dod!

*   *   *

Chwilfrydedd. Profi ac arbrofi. Ymserchu a gwahanu. Cyfannu a chwalu. Credu ac amau. Pair felly oedd fy nglaslencyndod. Sbectol yr ugeinfed ganrif ar hugain sydd gen i, sydd yn ei osod rhwng yr hyn a aeth ar hyn a ddaeth. Yn gorff ac yn feddwl, byddai rhyw bethau yn darfod, eraill yn newid gan bwysau o'r tu allan neu oddi fewn, a derbyn neu wrthod y newydd sbon. Fel 'na mae hi ymhob oes. Yn y capel weithiau byddai'r pregethwr yn rhygnu 'mlaen, yn llwythog gan eiriau blinedig neu annealladwy; yr emyn yn 'oedi'n nychlyd . . . mewn blys mynd trwy ac ofn . . .' a gweddi yn methu dod o hyd i'w therfyn gan atgoffa Duw anghofus, trwm ei glyw, o'i ddyletswyddau. Byddai Gwen wedi bod yn lodes lac, yn disgwyl babi, a'r hetiau duon yn dangos y drws iddi. A ninnau yn meddwl y byd o Gwen. Yn ein ffroenau byddai oglau *moth balls*. Ewch o 'ma am eich bywyd. 'Does dim llawenydd yma.

Yn y capel weithiau, mi fyddai'r ffenestri'n arian byw a Beibl mawr y pulpud yn diferu o aur. Mi fyddai Duw yn 'cofio y dryw yn y drain' ac mi fyddai Mam yn ifanc a hardd yn canu a chanu. 'Duw, cariad yw'. Ac mi fyddai gan Iesu Grist fwy na digon o gariad ar ôl bob amser . . .

(IX)

Y Storm

Pymtheg oed oeddwn i fis Medi 1939 pan gyhoeddodd Neville Chamberlain fod yr heddwch rhyngom a'r Almaen ar ben. 'Roedd Hitler wedi ymosod ar wlad Pwyl ac wedi anwybyddu pob apêl ar iddo ymatal. Dyna ddechrau'r Ail Ryfel Byd. Erbyn i mi gyrraedd y deunaw oed fe fyddai wedi rhwygo rhengoedd ffrindiau ysgol, yn eu plith Frank a Denzil o Lanfair, Emlyn o Feifod, a Gwynoro o'r Foel. Hyd yn oed ynghanol 'mwynder Maldwyn', fe gaech ambell fwli yn yr ysgol, ond hogie clên, ffeind oedden nhw, na fwriadwyd iddyn nhw erioed wisgo lifrai'r brenin na dileu bywyd. Y bwli fyddai'n cynhyrfu'r dyfroedd, yn lluchio'i bwysau o gwmpas ac yn cael pleser sadistig o greu ffrwgwd rhwng ffrindiau. Pedlera poen oedd eu busnes ac anaml iawn y bydden' nhw'n cael eu dwyn o flaen eu gwell.

Cyfnod o ddryswch meddwl, o dyndra ac o wrthdaro oedd o. Aeth rhai o'r dosbarthiadau uchaf yn Ysgol Llanfair i'r Llu Awyr, ac yn dod adref yn eu lifrai glas, cymen. Mae'n siŵr mai dyna un rheswm pam i minnau gael fy hudo gan ramant a ffantasi'r ddwy adain. 'Roedd fy llyfrau ysgol (a'r llyfr emynau!) yn llawn ohonyn' nhw ac fe wyddwn am siap a chyflymdra pob un Spitfire, Hurricane, Beaufighter, Wellington, Flying Fortress, Tomahawk, Messerschmitt, Heinkel, Junkers neu Dornier. (Mi fyddai marciau hanes dipyn yn uwch pebai gennyf grap cyffelyb ar fanylion a dyddiadau!).

Gwibiwn yn fy nghrud bach to gwydr gan wau patrymau a chynffon wen a chwarae mig rhwng cymylau. Disgyn a 'sgubo'n isel dros Aberdeunant, i fyny dros y Pencoed a thrwy Fwlch y Fedwen, draw am gadair Idris a'r machlud a'r môr. (Mae'r chwiw honno yma o hyd – fedra i ddim peidio codi 'ngolwg pan fydd eroplen yn mynd heibio, heb sôn am yr aflonyddu wrth ddilyn y llinyn arian dros y gorwel). Yn y byd go iawn, 'roedd yr aderyn metal hefyd yn hebog. 'Roedd fy nghefnder yn y Llu Awyr. Fe'i collwyd o uwchben Berlin. Nid anturiaeth amhersonol rywle draw dros y don oedd rhyfel, ond ergyd, gofid a gwaed.

*   *   *

Rhywle rhwng y pumed a'r chweched dosbarth y daeth y penderfyniad o fynd i'r Weinidogaeth a dechrau pregethu. Mae'n amhosibl i mi heddiw roi ateb boddhaol i'r cwestiwn, 'Pam?' Er y pyliau o wrthryfel a diflastod, ac er mor amrwd oedd fy nghredo, mae'n rhaid fod y rhyfel wedi chwarae rhan fawr yn y penderfyniad. Pa mor annelwig bynnag oedd fy niwinyddiaeth, 'roedd ac y mae'r adnod 'Duw cariad yw' yn ganolog ac yn ddigon i mi. 'Roeddwn i'n cael llawer iawn o drafferth efo iaith pulpud, emyn, gweddi a 'siarad' crefyddol. A mwy fyth efo'r math o ddelwedd sy'n perthyn i gapel a phregethwr. 'Doeddwn i ddim am i'm ffrindiau feddwl 'mod i'n wimp neu'n wlanen a 'mod i wedi peidio â bod yn fi fy hunan (pwy bynnag oedd hwnnw!).

'Doeddwn i ddim yn cael unrhyw drafferth efo geiriau Iesu Grist. Ynddyn' nhw, 'roedd yr adnod tri gair yn cael ei daeru. Y Bregeth ar y Mynydd oedd manifffesto'r Deyrnas. Fe fedrem ddweud fod caru gelyn a'i fendithio yn amhosibl ac anymarferol, ond eu cyflawni oedd yr anhawster ac nid eu deall.

Yn yr un cyfnod, listio hefyd fel Gwrthwynebwr Cydwybodol, Conshi! A'm gosodiad yn y Tribiwnlys yn Wrecsam yn un syml, yn naïf o syml – 'mod i'n derbyn pob un o'r Gwynfydau yn ddiamod, gan ychwanegu na fedrwn i byth fod yn ffyddlon i'r weinidogaeth honno pebawn yn gwrthod canllawiau ei Meistr. 'Roedd eraill yn gallu byw efo'r ddilema. 'Fedrwn i ddim. 'Fedra i ddim heddiw 'chwaith.

Wna i fyth anghofio'r Tribiwnlys hwnnw. Gŵr trahaus oedd Syr Evan Jones o Ffestiniog gyda'i gwestiwn arferol: 'Be fyddech chi yn ei wneud pebai'r Germans yn ymosod ar eich mam?' Cofio hefyd gwrteisi y Barnwr Samuel a thynerwch y Cynghorydd H. R. Thomas o Sir Fflint. Fe es i yno fy hunan. Ambell dro, byddai gweinidog neu gyfaill yn mynd i dystio i gymeriad yr un ar ei brawf. (Mi fuaswn i wedi gwerthfawrogi cyflymdra meddwl y Prifathro Gwilym Bowyer:

Cadeirydd: 'Ers faint ydech chi'n adnabod y gŵr yma?'
G.B.: 'Dwy flynedd'.
Cadeirydd: Ac mi rydech chi'n honni ei adnabod i dystio i'w ddilysrwydd ar ôl cyfnod mor fyr?'
G.B.: 'Rydech chi'n honni hynny ar ôl chwarter awr'.)

* * *

Nos Fawrth, gorffen arholiad olaf yr hen "Higher School Certificate" a bore Iau, cychwyn am Buxton yn swydd Derby. Yno, cael lifrai milwr a'r llythrennau NCC ar ysgwydd a chap – Non Combatant Corps. Treulio tri mis mewn barics yno ynghanol gwahanol gatrodau ac wedi cysylltu ag un arbennig, y 'Pioneer Corps'. Hyd y gwelwn, 'roedd tri prif ddosbarth yn perthyn i hwnnw – rhai â rhyw nam corfforol arnyn' nhw, eraill yn gyndroseddwyr, neu yn dod o wledydd eraill. Dyma'r milwyr a gâi y tasgau mwyaf annifyr a pheryglus yn y fyddin.

Os ydw i'n cofio'n iawn, 'roedd deuddeg ar hugain ohonyn' nhw ymhob caban, ac un ohonom ni, yr NCC, yn eu plith. Er ein bod ni yn cael ein hyfforddi i fartshio'n iawn, doedd ganddon ni ddim gwn na bidog. Mae gen i ryw syniad fod ein gosod ar wahân felly ynghanol milwyr 'go iawn' yn gwbl fwriadol. Yn gyson yn ystod y tri mis, byddem dan bwysau i newid ein meddwl. Ac nid pwysau perswâd yn unig. Yn cysgu uwch fy mhen, efo'i wn a'i fidog, 'roedd Gwyddel digon hynaws. Bob nos Wener, byddai'n boddi ei ofidiau a throi'n gas. Yn naturiol, y conshi o Gymro fyddai'r target.

Ar ôl cyfnod byr mewn barics yng Ngharlisle a stordy tanciau rhyfel tanddaearol ger Manceinion, ces fy nanfon i Lundain ar gwrs i'm paratoi ar gyfer gweddill fy 'ngwasanaeth milwrol' mewn gwersylloedd carcharorion rhyfel.

'Does dim byd wedi peri mwy o wewyr meddwl ac o hunanholi i mi na'r bennod yma yn fy mywyd. Yn nechrau'r pedwar degau, nid oedd anferthedd yr Holocaust na gwir natur Natsïaeth wedi eu datguddio. Bellach, o gael y gwir, nid cwestiwn damcaniaethol, slic oedd 'Be wnaech chi pebai . . .? Cwestiwn am ddyfodol gwarineb a rhyddid oedd o. 'Roeddwn i yn ddigon ffodus i gael fy ngeni mewn gwlad a fyddai'n rhoi'r hawl i mi wrthod galwad y wladwriaeth i'w hamddiffyn neu i ymgyrchu trosti yn erbyn trais a gormes y megalomania. Ond, onid cefnu ar bob cyfrifoldeb moesol oedd troi'r foch arall? Pam y dylai unrhyw un o'm ffrindiau diniwed gael eu lladd er mwyn cadw fy nghroen a'm cydwybod i yn lân? Pebawn i yn perthyn i wlad lai goddefgar, mi fuasai fy nghefn at y wal, mwgwd tros fy llygaid ac ergydion rhes o filwyr yn cyhoeddi diwedd bradwr arall. A thybed ai ofn marw, yn hytrach nag ofn lladd, oedd yn ysgogi'r safiad yn y lle cyntaf?

Loes ychwanegol oedd gwybod yn iawn fod y rhai a adawodd y cwm yn gymaint heddychwyr â minnau. Hwyrach fod rhai ohonyn' nhw yn chwilio am dipyn o anturiaeth ond nid gwaedgwn mohonyn' nhw. Yn sicr, 'does gan yr un heddychwr yr hawl i'w osod ei hunan ar bedestal moesol nac edliw i eraill eu diffyg rhuddin. (Bu'r mwyafrif mawr o'm cydnabod yn rhyfeddol o rasol iawn yn eu hanghytuno â mi.)

Wrth edrych yn ôl, mae'n amlwg fod mwy nag un gwrthdaro ac anghysondeb. Wrth reddf (a rhyw gymaint o ddisgyblaeth meddwl) 'rwy'n amheus o bob safiad absoliwt ym myd crefydd, gwleidyddiaeth ac iaith, a gweld gwerth cyfaddawd y llwybr canol a pheryglon yr unllygeidiog. 'Mae mwy nag un ffordd o gael Wil i'w wely', medde ni. Eto, yn nhribiwnlys Wrecsam, ni fedrwn ac ni fynnwn ystyried unrhyw lastwreiddio, am na fedrwn weld sut y gellir gosod cyfyngiadau ar gariad a maddeuant.

'Roeddwn yn ôl yn nosau y parlwr bach yn Aberdeunant, a thaith bugail i ddannedd y storm a'r tywyllwch i geisio'r namyn un cant a aeth ar goll. Wedyn, 'roedd yr holl gyfarfod a chyfathrachu'r Testament Newydd yn dechrau gwneud synnwyr, a'r prosesiwn hwnnw yn ymestyn o goeden Sacheus i ffynnon y wraig o Samaria, i sgandal Magdalen, i gyffes canwriad wrth droed y Groes, a'r gŵr o Ethiopia yn ei gerbyd ar ei ffordd yn ôl i'w wlad yn darllen Esaiah ac yn dod i ddeall, adnabod a derbyn 'y Gŵr cynefin â dolur'.

Efo'r carcharorion o'r Eidal a'r Almaen, fe gefais innau estyn breichiau a gorwelion na wyddwn i ddim amdanyn' nhw. Unwaith y mentrwn ni allan o'n ffosydd a'n hamddiffynfeydd a cherdded i dir neb heb na bidog na gwn, fe ddaw i ninnau hefyd lawenydd adnabod, cymod a chariad. Ac yn ystod gweddill y ganrif, ar fwy nag un cyfandir, fe ddigwyddodd y wyrth. 'Dydi hi ddim yn daith i'r sinic na'r mewnblyg, nac ychwaith i'r trahaus. Teyrnas Diniweidrwydd ydi hi.

'Meddianwn hi'.
Etifeddwn hi.

Pebawn i yn cael cyfle arall i ymddangos gerbron y Barnwr Samuel, mi fuaswn i'n hoffi ymddiheuro iddo ef a'i banel. Y gorchymyn 'Na ladd' oedd fy nghyfiawnhad i, un o'r amryw orchmynion negyddol. PAID! Meddylfryd cyfreithiol addas i Lys Barn. Cynnyrch fy oes oeddwn i. Paid! Neu fe gei dy gosbi. Paid! Neu fe gei dy ddiarddel. Paid! Neu fe fydd tân uffern yn dy aros. Yn Wrecsam, mi fuaswn wedi hoffi bod yn ddigon aeddfed fy marn a'm profiad i newid y pwyslais. A dyfynnu Awstin Sant, 'Câr Dduw, a gwna fel y mynnot!'

Nid sôn am wahardd ac atal ond am ollwng yn rhydd, nid cyfyngu ond ehangu, nid mynd yn ôl i'r *ghetto* ond mentro allan i holl liwiau'r cenhedloedd. Cyfannu nid dadelfennu. Caru nid casáu. Maddau nid pwdu. Siambr gras ac nid siambr sori. A chwilio, fel Ann Griffiths, am y 'dyfroedd byw'.

Mae unrhyw Dduw neu eglwys sy'n ddim ond tabŵ yn haeddu marw.

ERTHYGLAU AC ATI

Y Tristwch Hwn

Fe'n rhybuddiwyd lawer gwaith gan feirniaid llenyddol nad busnes beirniadaeth yw gosod llinyn mesur moesol neu ddiwinyddol neu athronyddol ar yr hyn y mae'r bardd neu'r llenor yn ei ddweud, ond yn hytrach geisio penderfynu a yw yn ei ddweud yn *dda*, ac fe gyfyd hyn ystyriaethau ynglŷn â'r grefft o fynegi. Nid wyf am drafod o gwbl a yw'r disgrifiad yma o swyddogaeth beirniadaeth yn gywir – nid yw lawer o wahaniaeth am y tro. Ond fe all rhywbeth gael ei ddweud yn dda er nad yw'n werth ei ddweud o gwbl. Ac yn y fan hyn, cystal i mi roi fy safbwynt. Fe fedrai rhywun ddweud, wrth reswm, fod unrhyw beth sydd yn cael ei ddweud yn dda YN werth ei ddweud. Ond mae yna ddau ddimensiwn i werthfawrogiad – lefel y dweud effeithiol, caboledig – a hefyd yr ymdeimlo a'r ymgydnabod â'r PETH y cais y bardd ei drosglwyddo YN y dweud caboledig. Credaf fod pob mawredd yn cyflawni'r ddau ofyn. Fe all saer greu cwafers celfyddydol ar ddarn o bren sâl. 'Fyddem ni ddim yn amau crefft y saer, ond fe fyddem yn synnu na ddefnyddiai well pren i wneud cyfiawnder â'i ddawn. Ei ddewis o bren yn hytrach na'i dechneg a fyddai'n taflu amheuon a yw'n saer ai peidio. Ond rhag ofn nad yw'r eglureb yn deg, dyna'i mentro hi i ddweud yr hyn sydd wedi mynd bellach yn fwrn ar un o leiaf sydd yn caru barddoniaeth.

'Rwy'n cyfyngu fy nadansoddiad i farddoniaeth yr Eisteddfod Genedlaethol, yn fwyaf arbennig i Awdlau a Phryddestau'r deuddeng mlynedd diwethaf – a'r gwir alaethus yw mai cwmwl o felancolia yw cynnwys y rhan fwyaf ohonynt. Sylwer i gychwyn ar yr awdlau. Mae'n wir y gellid dadlau fod gormod o'r testunau'n hanfodol negyddol i ddechrau ac nad oes bosib' gwneud dim byd â hwy ond bod yn gwynfannus a digalon. Ond digon prin fod hynny'n wir. *Llef un yn Llefain, Y Dringwr, Yr Argae, Y Dyffryn, Dwylo, Icarus.* 'Does dim rhaid trafod yr un o'r rhain yn nhermau mynwent, ond bron yn ddieithriad dyna a ddigwyddodd. Fe fedr y llef fod yn gryfach na'r anialwch, – y mae'r Argae yn cadw rhag boddi yn ogystal ac yn cronni, – mae'r dyffryn yn gartre' i borfa fras. Nid oes yr un testun sydd yn anorfod drist. Fe wyddom beth oedd thema'r Awdl fuddugol yn Llanelli, – offeiriad a ddadrithiwyd. Wrth ei gwt yr oedd SEIRIOS yn sôn am y chwalfa fawr a ddaw o ddwylo'r gwyddon. Yna A487 yn mynd â ni i Landinodedd-y-beddau, un arall yn llefaru profiad awyrennwr a gollodd ei fywyd, a'r llall yn proffwydo dydd adfail-esgyrn. Dyna'r goreuon yn y gystadleuaeth. A gwyddom beth a ddigwyddodd yn hanes y Bryddest hefyd. Dadrithiad offeiriad eto. Nid oes rhaid i'r Cwmwl fod yn symbol o dristwch, ond dyna a fu tranc Cymru, tranc y byd, tranc gobaith. A dyna'r stori o flwyddyn i flwyddyn. Yng Nghaerdydd, pan roddwyd dewis i'r Awdlwyr o ddau destun, canodd saith i *Dydd Barn a Diwedd Byd,* ac un i *Forgannwg.* Yr un flwyddyn, yr oedd dewis hefyd yng nghystadleuaeth y Goron. Canodd pedwar ar hugain i'r testun *Unigedd* a phump i *Margam.* Yn y Rhyl, rhoddwyd dewis eto yng nghystadleuaeth y Gadair – canodd pymtheg i'r *Ffordd,* wyth i'r *Gwanwyn.* Ffordd y bedd a fu hi i amryw ohonyn' nhw yn ôl y feirniadaeth – yn llythrennol ac yn ffigurol. Gwelir y gogwydd yn glir – tuedda mwyafrif llethol y beirdd i fynd ar ôl y testun sydd yn gwahodd myfyrdod dagrau. Ac wrth fynd yn ôl gwelwn mai ymson mewn mynwent yw pryddest Caernarfon, mai marwolaeth Cwm Carnedd yw Awdl Môn (lle 'roedd y testun yn agored). A phan gafwyd testun fel *Cymod* – i herio'r beirdd negyddol – dyma bedair llinell o ddiweddglo'r gân fuddugol –

> Mae'r Plas yn nwylo'r Beili olaf
> A'r drws ynghlo ers llawer dydd,
> Ysbwriel stormydd wedi tagu gwddf y bargod
> A'r distain pwdr yn rhydd.

A hyd yn oed efo teitl fel *Adfeilion,* fe fedrid bod wedi cyfiawnhau'r chwalfa yn hytrach na chrïo uwch ei phen – wedi'r cwbl nid oedd Rhagluniaeth David Charles yn tynnu i lawr heb godi.

Ond pa les pentyrru enghreifftiau? Bodlonaf ar fanylu ar un enghraifft yn unig – fe'i galwaf yn ddelwedd yr hen wraig. Fe'i ceir i ddechrau yn Llanrwst:

> *Gwreigan fusgrell o'r daflod wair*

a'i

> *Hen ddwylo clapio menyn,*
> *Hen fysedd fel ceinciau coed.*

Fe ddaeth eto i Bwllheli yng nghwmni bardd arall:

> Gweld hen wraig yn gwrcwd du
> Ar deirtroed stôl y sodren pan fo fflam
> Lantar-ar-fachyn yno'n chwarae meim
> Â'i chysgod.

Fe'i cawn wedyn gyda'i chwiorydd wedi cael bardd newydd eto yng Nghaernarfon:

> Gwyn fyd y gwragedd
> Esgyrniog cwmanllyd
> A'u migyrnau glasgoch
> Llosg-eira.
> Barclodiau bras a'r twb golchi,
> Canys eiddynt yw teyrnas o dlodi glanwaith mawreddog.

Ac o'r diwedd mae'r hen wraig yn gadael y Gogledd ac yn ei mentro hi i'r Brifddinas – i Gaerdydd:

> Bu ei dwylo hi
> O dymp i dymp yn rhwbio'r misoedd melyn
> I wrid y dodrefn.

Ac o'r un bryddest:

> Hen ddwylo piws
> Ar drywydd cynffon sosban golchon stond
> Wrth dalcen twlc y moch, a thawch a surni
> Yn gymysg â'r mwg a chwŷs y garreg.

Tybed ai'r un hen wraig ydi hi er iddi newid ei chariadon awenyddol?

Gellid dangos yr un patrwm neu'r un wythïen ddelweddol wrth bortreadu'r hyn sydd y tu ôl i'r dwylo a'r llygaid hen, neu'r fangre unig, leddf-ddadfeiliedig, lle mae'r hen wraig yn byw. Estheteg y murddun, dyffryn yr esgyrn sychion yw'r cynhyrfiad gwaelodol.

O sylwi'n fanylach, fe ddichon y gwelir fod yr un clwy wedi gafael yn y delyneg a'r soned. Mae geiriau T. E. Nicholas am y gystadleuaeth soned i Griffith Jones Llanddowror yn Llanelli yn arwyddocaol – fe ddyfynnaf ddwy frawddeg yn unig o'r feirniadaeth:

> 'Digalon yw llawer o'r sonedau, gwaith Griffith Jones wedi darfod heb neb i barhau'r gwaith da. Credaf i mi hoffi'r ddwy soned orau am fod gobaith ynddynt.'

Fe ddywed rhywun efallai am y geiriau yna nad gwobrwyo gobaith yw gwaith beirniad ond gwobrwyo'r gorau, ond pwy, mewn difrif, sydd yn mynd i feio'r beirniad? A rhyfedd i'r eithaf yw gweld yr hen Gomiwnydd annwyl hwn yn chwifio baner Optimistiaeth a Gobaith o flaen trwyn gweinidogion ac offeiriaid dadrithiedig!

Yr ydym eisoes wedi dechrau medi cynhaeaf y tristwch hwn ym mywyd eisteddfodol Cymru. Lle bynnag y cynigir cadair am bryddest, fe fydd tua thri chwarter y beirdd yn rhygnu ar yr un tant â'u meistri. A'r trychineb yw, mai beirdd ifanc yw'r rhan fwyaf ohonynt. Gellir deall pam fod yr arddull yn aml yn debyg i arddull y Parch. W. J. Gruffydd neu T. Glynne Davies, ond mae'n anodd deall pam y mynnant hefyd gyfrannu o'u themâu, a hwythau gan amlaf ond rhyw ugain i bump ar hugain oed, ac yn canu fel hen bobol. Ond aeth yr ifanc i gredu mai dyna yw *deunydd* barddoniaeth. Ac efallai yn yr un eisteddfod fe geir yng nghystadleuaeth yr adrodd dan un ar hugain oed, ac yn sicr yn y Prif Adroddiad, yr un detholiadau marwnadol a'r un geiriau 'er cof am' yn cael eu canu gyda'r delyn. O'r herwydd, yr eisteddfod, nid y capel, bellach, yw cartre'r dagreuol.

Yn awr nid wyf am wadu dilysrwydd y weledigaeth na diffuantrwydd y beirdd ond mae yna beryg.' 'Roedd y portread a'r delweddu yn newydd ac yn ffres yn *Adfeilion* T. Glynne Davies, ac arbenigrwydd mawr a rhiniol i'w ganu. 'Roedd angen bardd i ganu fel yna i'r testun yna – *unwaith*. Ond unwaith yn unig y medrwch chi wneud peth fel yna. Ac ym myd yr awdl drachefn, pwy a wad rym y darlun hunllefus hwn yn un o'r awdlau anfuddugol –

> *Ni wêl y radar M am Mari*
> *Uwchlaw'r foel ni ddychwel i'r Fali*
> *Eithr fin nos bu'i therfyn hi – yn yr hesg*
> *Rywle yn llesg a'r oel yn llosgi.*

Os ceisiwch chi ddweud yr un peth dro ar ôl tro, fe greir *cliché* neu ystrydeb sy'n mynd yn fwrn ac yn anghelfydd. 'Roedd pwy bynnag a ddechreuodd ganu (os bu dechreuad rywdro) y *lah, te, doh, te, lah,* yn gwneud hynny'n orfoleddus drist ond fe fagodd griw o blant anniddorol iawn yn y Llyfr Emynau. Ac yn y man fe eir yn sentimental gan mai hanfod teimladrwydd yw morio ar y teimlad yn hytrach nag yn y profiad cyflawn neu'r sefyllfa a'i cynhyrfodd. A phan ddown ni i'r tir yma, nid tristwch gwir a gawn ni, ond parodi arno. Yn wir, 'rwy'n disgwyl clywed unrhyw flwyddyn am griw o fyfyrwyr beiddgar yn cymryd un o'r darnau hyn yn destun bwrlesg yn yr Eisteddfod Ryng-Golegol. Fe fydd hynny'n brawf digonol fod y ddaear wedi colli'i sancteiddrwydd ac wedi mynd yn sathredig. Ond nid y nhw fydd wedi gwneud hynny iddi, ond y beirdd eu hunain.

Arferid credu ers talwm fod gan y bardd ryw ddawn neu athrylith a'i galluogai i weld yn ddyfnach na neb arall i hanfod bywyd, fe'i galwyd yn weledydd ac yn broffwyd, ac i Shelley 'the poets are the unacknowledged legislators of the world.' Dywed arall nad yw'r bardd yn gwneud dim ond rhoi mynegiant i brofiadau cyffredin, ond mai'r gamp yw rhoi mynegiant cofiadwy i'r profiadau hynny. Yr hyn sy'n gyffredin i'r ddau safbwynt yw'r statws uchel a roddir i'r bardd yn y gymdeithas, naill ai yn rhinwedd arbenigrwydd ei weledigaeth neu yn arbenigrwydd ei fynegiant.

Yn awr, nid yw'r naill beth na'r llall yn wir am y farddoniaeth yma. 'Rwy'n berffaith sicr nad yw'r profiadau mynwentaidd hyn yn brofiadau cyffredinol, ac yr wyf yr un mor sicr nad oes i'r fath ganu ychwaith unrhyw weledigaeth arbennig. Ym myd y bryddest, dibynna'r effaith bron yn ddieithriad bellach ar rym a chyffro delweddu beiddgar a thrawiadol. Unwaith y dadelfennir y ddelwedd nid yw'r gwirionedd a fynegir trwyddi yn bwysig nac yn newydd. Ac ym myd yr awdl, cynhelir sawl portread eithaf arwynebol gan gynganeddu cain ac o ddewis geiriau gofalus. Ond meddech chi, *Dyna yw Barddoniaeth*. Ond 'rhoswch funud. Yn ei sylwadau ar un o'r Awdlau buddugol ceir y geiriau hyn gan Thomas Parry –

'Y mae'r bardd yn haeddu ei sgwrio am baladr ei drydydd englyn:

Toeau'n llawn craciau a rhics – agennog
San Ffaganaidd relics.

Nid yr odl yw'r tramgwydd, ond y syniad babanaidd mai rhyw le i luchio a chuddio sbwriel y genedl yw'r Amgueddfa Werin. Os na fu'r bardd yno, y mae'n gywilydd iddo; os bu, a llefaru ynfydrwydd fel yna, y mae'n fwy cywilydd iddo.'

Yn awr, nid barn ar grefft sydd yna, ond barn ar farn y bardd. Ac fe ddywed y beirniad fod y farn honno'n *anghywir*. A dyna a

garwn innau ddweud. 'Nid yr odl yw'r tramgwydd ond y syniad.'
Mae'r beirdd cystal crefftwyr â neb a fu o'u blaen, ac fel crefftwyr
yn tra rhagori ar y bwndel a arferai gystadlu yn eisteddfodau'r
ganrif ddiwethaf. 'Roedd gan y rhai hynny destunau mawr ond
fawr o ddawn. Heddiw y mae doniau cynhyrfus – ond fawr o
destun. Ni welaf fod i'r awen fasochistaidd yma barhad o gwbl.
Mewn un ystyr bwysig, teimlwn fel gweiddi 'Nid yw hyn yn *wir*.'
    Ac arall-eirio Thomas Parry – babaneiddiwch yw troi ein
Cymru'n San Ffaganaidd relics. Ac er mwyn popeth, na thwyller
ni gan y rhygnu tragwyddol yma am gapeli gwag a diflastod byw.
Nid anlladrwydd yw pob caru, nid plant siawns pob plant. Am
bob tŷ sydd yn furddun mae dau sydd yn cael eu trwsio a'u
moderneiddio. Am bob gweinidog sydd yn torri'i galon, mae dau
sydd ddim. Am bob un o'r plant sydd ar balmant y byd mae dau
gartre'n saff. Ac am bob lliw llwyd mae clwstwr o liwiau'r enfys.
Yn lle gweld hen wraig fethedig (ac y mae llai o'r rheina gyda llaw
nag erioed, mae'r rhan fwyaf ohonyn' nhw'n llwyddo'n rhyfeddol
i guddio'i henaint a'u lludded – yn fwy felly na'r beirdd), fe fedrid
gweld hefyd y plant yn dod adref o'r ysgol. Yn wir, ers pryd y
peidiodd y wyrth o fyw â bod yn ysbrydoliaeth cân? Chwarter
canrif yn ôl cafodd Prosser Rhys farc coch am ei bryddest *Atgof*, –
oherwydd iddo fentro rhoi mynegiant i'r cyffroadau synhwyrus
hynny rhwng llanc a llanc. Ond mae'n well gen i filwaith y
meddwdod abnormal hwnnw na'r diffeithwch o galonnau sydd
wedi peidio â churo o gwbl. Fe welir felly nad rhyw brotest foesol
yw hon. A anghofiodd y beirdd ddiffiniad Williams Parry o'u tras?

> *Onis ganed o'r hen anachubol, annynol wrach*
> *A'n synna â'i sioe o sêr ac â'u sbloet o fachlud,*
> *Nes toddi'n llymaid y lleddf, nes sobreiddio'r iach*
> *Heb ymddiddori dim yn ein byw crebachlyd.*

    Y mae gennym genedl ifanc o dan ein dwylo. Fe gredaf fi y
carai chwerthin a llawenhau a gorfoleddu. Fe roddodd 'Mab y
Bwthyn' fynegiant i'r dyhead hwnnw ar ôl y Rhyfel Mawr Cyntaf,
ond nis cafwyd o gwbl ar ôl yr ail. Yn hytrach crëwyd confensiwn
sydd yn credu mai naïf i'r eithaf yw byw heb ryw gymhlethdod, ac
mai diffyg dyfnder yw bod heb ryw ddadrithiad neu'i gilydd. Fe
gredwn ni fwyfwy mai dosbarth sy'n diflannu bellach yw'r bobl
hapus sy'n mynd ymlaen efo busnes byw heb ei ddadansoddi i

farwolaeth, neu gariadon sy'n aros yn gariadon weddill eu hoes. Yn y cylchoedd cyfrin, deallus, rhaid trafod parhad unrhyw werthoedd gydag elfen o amheuaeth os nad o ddirmyg. Ym mhob pren y mae pry, ac ni fedrwn dderbyn diwrnod o heulwen heb ychwanegu 'ond mae hi'n siŵr o ddod yn law.' Neu a newid y ffigur, yng nghwmni Gwilym R. Jones – chwilio am gwm tawelwch a wnawn ni, heb ei gael. Ac er fod yna ddihareb yn dweud mai gwell teithio'n obeithiol na chyrraedd, nid ydym ni yn teithio nac yn cyrraedd, ond yn hytrach 'din-droi yn y niwl.' Fe fedrid ychwanegu enghreifftiau o fyd y nofel ac yn arbennig o fyd y theatr gyfoes a'r sinema a'r teledu. Rhaid troi pob golygfa garu'n beth rhad, awgrymog, fwlgar. Rhaid i'r bechgyn ifanc s'mera'n hirwallt mewn esgidiau miniog ar gornel y stryd. Nid gwên ond crechwen sydd ar wefusau, ac y mae'r llygaid yn galed neu yn wag. Nid oes neb yn mynd i unman, a phan ddaw'r llen i lawr, y neges a adewir ar ôl yw nad oes neges i fod. Y mae celfyddyd sydd yn cyfiawnhau'r diamcan, dybia' i, yn fwy gwenwynig na'r gelfyddyd sy'n cyfiawnhau'r drwg. Fe fedrwch ddadlau ac ymladd yn erbyn y drwg, fe'ch parlysir gan y diamcan.

Nid dweud yr wyf am funud mai swyddogaeth beirdd ac artistiaid yw rhoi i'r darllenydd neu'r gwrandawr ryw lesmair tragwyddol o deimlo'n braf ac ar delerau iawn â'r byd o'i gwmpas – rhyw Ddafydd i lesteirio pruddglwyf Saul. Gall y math hwnnw o optimistiaeth ddi-sail fod yn waeth na dim byd. Nid wyf ychwaith am weld llwyr ddileu'r lleisiau hynny sydd ymhob oes yn canu i 'hiraeth a siom, amheuon blin.' Ond fe garwn i ac eraill glywed ambell lais hefyd yn cyhoeddi y

> *daw, ysgatfydd, ambell awr*
> *Yn llawn o ryw orfoledd mawr.*

A chaniatáu fod angen yr adwaith realistig gignoeth yma yn erbyn yr hen ramantiaeth feddal, tybed a wnawn ni gydweld bellach ei fod wedi mynd yn rhy bell, ac yn gwahodd adwaith yn ei erbyn yntau?

I grynhoi. Mi fedr y canu y cyfeiriais ato fod yn ffuantus. Mae'n bendant yn unllygeidiog. Nid yw'n crynhoi o'i fewn fywyd ac egni. Canu llesg ydyw – fel 'M am Mari,' collodd arweiniad Radar ei hyder – a llosgodd allan ar yr hesg. Ac os derbynnir diffiniad John Gwilym Jones yn Llanelli, mai'r unig lais anfoesol mewn celfyddyd yw'r llais sy'n dweud nad yw bywyd yn werth ei fyw, yna y mae llawer iawn o farddoniaeth y blynyddoedd diwethaf yma yn sylfaenol anfoesol hefyd. Uwchlaw popeth, mae'n gwbl amddifad o greadigrwydd Duw – nid oes iddo na ffydd na gobaith na chariad. Credaf fod Euros Bowen yn dweud yr un peth yn union wrth sôn am un o'r cerddi gorau i'r 'Ffoadur' yn y Rhos –

> Un peth sy'n arbennig ynghylch y bryddest hon yw ei bod yn peri i ni ymglywed â gwerth bywyd. Mae'r ddaear ei hun yn ystyrlawn, heblaw fod bywyd yn werth ei fyw.

Y flwyddyn hon yn Llandudno, testun yr Awdl yw *Genesis*. Testun y bryddest – *Y Bont*. Mae rhai ohonoch chi'r beirdd eisoes wedi dechrau mapio tir eich myfyrdodau. A fydd plentyn eich Genesis yn farw-anedig? A tybed sawl pont fydd yn gyfan?

Ionawr 1963

Cadw dy Grist!

Mae'n debyg fod yna bobl sy'n gwrthod ymaelodi mewn eglwys am eu bod yn methu credu rhyw bethau y disgwylir iddynt eu credu am yr Efengyl, ac yn fwyaf arbennig, am yr eglwys. Mae 'na rai eraill sydd yn methu rhoi unrhyw siâp diwinyddol ar y pethau a gredant, ac am eu bod mewn dryswch, yn cadw draw, gan gredu nad lle i bobl mewn dryswch ydyw eglwys. A gwn am ddosbarth arall drachefn sy'n cadw draw am eu bod nhw wedi neu yn gwneud rhywbeth sy'n groes (yn eu barn hwy) i ofynion yr eglwys, ac yn peidio ymuno am eu bod yn credu mai lle i bobl dda yw capel. Heb sôn am y llu cyfeillion sydd allan am nad oes ganddyn nhw mo'r diddordeb lleiaf yn yr hyn sy'n mynd ymlaen. Nid gwrthod y maen' nhw ond methu tiwnio i mewn i donfedd lle mae iaith crefydd yn cario ystyr ac arwyddocâd.

Gellir doethinebu'n hir uwchben y 'nhw' yma, gallwn eu hanwybyddu, eu fflangellu, eu nawddogi, neu fynd allan i'w 'hachub' a methu. Ond rhywbeth arall sydd yn fy mlino i (a gwn ei fod yn poeni eraill hefyd) — rhywbeth nad oes a fynno yn arbennig â diwinyddiaeth na phechod nac esgeulustod nac anhawster iaith. Nid mater o fethu neu o wrthod credu ond o deimlo'n anghysurus yng nghwmni'r math o greadur sy'n cael ei greu yn aml gan y gred Gristnogol; gwrthryfel yn erbyn y mold neu'r ddelw draddodiadol o'r hyn yw Cristion, a'r hyn a olygir yn gyffredin wrth fod yn dda ac yn dduwiol ac yn ysbrydol.

Ac yn y pumed a'r chweched dosbarth, wrth feddwl am fynd i'r weinidogaeth, yn dianc mewn braw rhag y 'barchus, arswydus swydd,' nid am fy mod yn teimlo'n arbennig o ddrwg (er bod pob glaslanc yn cael pyliau mawr o deimlo'n aflan!) ond am fy mod yn cael hwyl wrth fod yn normal ac yn hapus ac yn fi fy hun ynghanol hogiau'r llan a merched yr ysgol. Ugain mlynedd yn ddiweddarach, 'rwy'n dal i geisio dianc rhag y 'barchus arswydus swydd,' ac yn dal i gredu fod yna rywbeth *phoney* yn yr hyn a elwir gan gonfensiwn yn 'ddilyn Iesu Grist.' Gan fod yr anfodlonrwydd a'r anniddigrwydd yn aros, rhaid bellach geisio ei ddadansoddi ymhellach, rhag ofn fod eraill hefyd yn yr un cwch.

Ond rhag ofn i'r cyfan fynd yn ddim ond mynegiant o'r hyn a wrthodir, dyma gychwyn gyda phwt o gyffes ffydd annigonol ac annheilwng – fy mod yn credu yn Iesu Grist a bod Ei ysbryd yn ysbryd achubol. Ynddo Ef y mae'r cariad sy'n iacháu a'r sancteiddrwydd sy'n glanhau, ac fe gredaf fod a fynno'r ysbryd hwn â phopeth sy'n bod ac yn digwydd; ei fod yn ysbryd sy'n dehongli, yn goleuo ac yn bywhau. A charaf feddwl nad oes dim byd sy'n bwysicach i mi na cheisio gwneud rhywbeth bach i ddod â darn o gymdeithas o dan ddylanwad yr ysbryd hwnnw. Yn y goleuni hwn hefyd yn unig y gallaf ddehongli'n iawn le a swyddogaeth dyn yn y greadigaeth ynghyd â'i gelfyddyd a'i wleidyddiaeth a'i adloniant a phob amryfal weithgarwch a dawn.

Eto 'rwy'n cael trafferth i bontio'r gagendor rhwng credu hynna a'r patrwm o ymddygiad ac o ymarweddiad y disgwylir i mi fel aelod o eglwys (a gweinidog) yn aml i gydymffurfio ag ef. Mae 'na'r fath beth yn bod â siarad sanctaidd (heb sôn am y peswch a oedd yn gysylltiedig ag o gynt!), y cerddediad sobr, araf; y dillad llwyd, yr het a'r ambarél; y wên nawddogol, ffurfiol; y gallu i ddyfynnu'r adnod iawn yn y cyswllt iawn; y diplomat mewn storm (a elwir yn ddoethineb!); y parablwr rhwydd ymhob amgylchiad; 'y glân ei ddwylo a'r pur ei galon'; y presenoldeb neis, benywaidd sy'n plesio pawb ac yn gymeradwy yng ngolwg pawb; y dyn bach teidi sydd i fod yn addfwyn efo pawb ac yn gocyn hitio i bawb am ei fod yn 'dilyn Iesu Grist.' Mewn geiriau eraill, ysgerbwd wedi ei ddiberfeddu o bob hiwmor a dyndod a gwreiddioldeb ac sydd yn dragwyddol lawn o 'siarad nefol, fel preswylwyr pur y wlad.'

Fe garwn i weld dileu am byth y rhagdybiad trychinebus fod bod yn sant mewn rhyw ffordd yn gyfystyr â bod yn llipa-ferchetaidd (neu fel y dywedir yn slic weithiau – fod pechaduriaid yn fwy diddorol na saint). Y sant i mi yw'r cymeriad cyhyrog a chynhyrfus hwnnw sy'n mynd i'r afael â thymestl ei natur ac yn llwyddo i raddau i roi lledneisrwydd gwâr ar y bwystfil, ond sydd hefyd yn rhoi'r argraff nad yw fyth yn gwbl ddiogel oddi wrth ei wylltineb ei hun. Ac weithiau daw ambell fflam o'r cynfyd allan drwy'r crystyn. Dyna pam nad yw byth yn nawddogol na diamynedd o'r gwan, a dyna paham nad yw fyth yn rhedeg i ffwrdd mewn syndod pan wêl ddrygioni. Nid yw'r rhaniad i 'saint' a 'phechaduriaid' yn gwneud unrhyw fath o sens iddo! Ond mae yna deip o gymeriad sydd yn rhy ddifywyd (ac efallai yn rhy lwfr hefyd) i bechu, ac ni ddylid fyth geisio ei osod fel patrwm o'r bywyd da, gan fod bywyd da yn rhagdybio bod yna *fywyd*! Ac yng nghysgod hyn hefyd ni ddylid mwyach gymryd yn ganiataol fod y bachgen bach neis a boneddigaidd yna yn yr Ysgol Sul, a gafodd aelwyd gysurus a chysgodol, a phob anogaeth bosib' gan ei dad a'i fam, yn ddeunydd delfrydol i'r Weinidogaeth. Ac yntau druan bach yn ei gael ei hun yn ddwy ar hugain oed yng ngofal eneidiau, a'i unig hyfforddiant ar gyfer y gwaith yw ysgol ramadeg ac ychydig o Goleg Prifysgol a/neu Diwinyddol, (–os nad ydech chi'n credu y gall yr Ysbryd Glân wneud iawn am yr holl ddiffygion). A'i helpo. Yn ei gynulleidfa fe fydd mwy nag un a brofodd *blitzkrieg* y môr, ac yntau'r gweinidog erioed wedi gadael cysgod yr harbwr ac efallai erioed wedi mentro codi'r angor. Yn y gelfyddyd anodd o fyw, pwy yn hollol yn y sefyllfa yna sydd yn dysgu pwy? Efallai, wedi'r cwbl, nad yw'n syn fod cymaint yn gadael y 'barchus, arswydus swydd,' gan roi'r bai ar y gynulleidfa. Ond hwyrach nad yw'r helyw ohonom ni weinidogion wedi ein cyflyru i ddioddef unrhyw fath o ddrafft.

Yn hanesyddol, efallai fod a fynno marwolaeth gynnar Iesu Grist â'r *death wish* sydd mor barod i setlo fel memrwn ar ein holl weithgarwch Cristnogol, gan dagu llawenydd a gorfoledd.

Ond yn ddyfnach na'r ymarweddiad, mae yna wrthryfel hefyd yn erbyn parablu'r profiad. Nid yw amlder geiriau yn unrhyw arweiniad i na dyfnder nac unplygrwydd y profiad a ddisgrifir, ac fe'n temtir weithiau i fynd i'r eithaf arall ac ymdawelu'n fendigedig mewn môr o ddistawrwydd. Ac fe synhwyrodd y byd ers tro (fel yr Iesu ei hunan) nad yw'n parodrwydd i siarad am brofiadau ysbrydol mawr ddim yn warant o gwbl fod y cymeriad a'u cafodd yn meddu ansawdd ysbrydol uchel. Adwaith yw hyn, hwyrach, yn erbyn y gor-rwyddineb geiriol a fu, a'r ysbryd nawddogol, ffroenuchel, 'cadwedig' a chwbl anffodus a geir yn agwedd rhai Cristnogion tanbaid tuag at 'bechaduriaid'; ond rhaid deall yr adwaith cyn gweiddi am fwy o 'ddoniau cyhoeddus' a mwy i dystiolaethu. Nid ydym, mewn gwirionedd, fyth yn rhyw barod iawn i sôn am eiliadau mawr ein bywyd, ac nid anhawster cael geiriau addas yn unig sy'n gyfrifol am y cyndynrwydd hwn, ond rhyw deimlad ein bod ni'n gwneud yn gyhoeddus rywbeth nad oes gan y cyhoedd hawl iddo. Nid yw'r milwr a fu yn y tân fyth yn hoff o adrodd y stori, ac fe wyddom o brofiad nad y rhai sy'n gallu ymorchestu neu or-fanylu ar faterion serch neu ryw (boed mewn barics neu mewn nofel) sydd yn llwyddo i roi mynegiant effeithiol ac ymarferol i'r egnïon hynny. Yn wir, tueddwn i ddweud amdanynt eu bod yn chwilio am ryw fath o *compensation* mewn dychymyg a geiriau am eu bod yn methu ar lwybrau cyfathrach normal. Dyna pam, mi dybia i, fod cymaint o nofelau serch yng Nghymru yn perthyn i awduron adolesent, a dyna pam fod sawl nofel feiddgar (a thelyneg serch o ran hynny) wedi eu tagu gan briodas! Ac yn amlach na pheidio, diolch am y briodas! Os oes awgrym o wirionedd yn hyn i gyd, pam fod yn rhaid fwlgareiddio'r 'profiad ysbrydol' drwy gredu fod gan bob Twm, Dic a Harri hawl arno a diddordeb ynddo? Gwn fy mod yn dweud hyn oll yn nannedd tystiolaeth apostolion ac efengylwyr yr oesoedd, am eu bod hwy yn teimlo rhyw gomisiwn i ddweud beth a ddigwyddodd iddyn nhw. Ond y mae awgrym o'r llall yn nysgeidiaeth Iesu Grist, ac efallai fod y cyfnod hwn yn fwy newydd nag y sylweddolwn, ac na fedrwn ni mwyach gymryd yn ganiataol fod un mold o brofiad, pa mor orfoleddus bynnag ydi o, yn gwneud y tro i bawb. Efallai, yn wir, ei fod yn an-ail-adroddadwy.

    Mae rhai cannoedd o ieuenctid canol yr ugeinfed ganrif wedi profi fod ganddyn nhw ddigon o arwriaeth i gyflawni hyd at ddioddefaint. Nid yr hyn sy'n anodd yng ngofynion Crist sy'n llethu ein goreuon, ond ein myrdd defodau diystyr, ein sŵn wylofus, a'n tuedd i gredu mai gair arall am bendefigaeth ysbrydol yw STARTSH.

1964

Islwyn Ffowc Elis

Teyrnged ar achlysur lansio'r gyfrol 'Naddion' yng Ngholeg y Brifysgol, Bangor, 28 Tachwedd, 1998.

Dyfyniad i ddechrau o'r gyfrol – geiriau Islwyn o'r cylchgrawn *Barn* yn 1964:

> 'Mae'r grefft yn praffu ac yn nychu, a'r gwynfyd yn mynd a dod. Fe ellir dysgu trin geiriau fel y gellir dysgu trin paent a sgrifennu hen nodiant. Nid prinder na gwelwder geiriau ydy poen sy'n methu llenydda, ond trai yr hyrddiadau mawr o awydd, y tonnau ysblennydd o dosturi a dig sy'n taflu geiriau'n gadwyni llwythog, llachar ar y traeth gwyn. Chwythu'i blwc; dyna arswyd penna'r llenor, a'i groes.'

Ryden ni yma i ddiolch am y grefft. Diolch am y cadwyni o eiriau ar y traeth gwyn. A dathlu y fath doreth a'r fath hunanddisgyblaeth a'r fath ymroddiad yn ymestyn dros hanner canrif.

Mae hefyd gadwynau sydd wedi cydio'r ddau ohonon-ni yn reit sownd dros yr un cyfnod. Y ddau ohonon-ni a'n golygon ar y weinidogaeth ers dyddiau ysgol. Yn Aberystwyth wedyn, Islwyn yn diwinydda yn y Coleg Diwinyddol, finne'n athronyddu drws nesa.' Dau heddychwr. Dau genedlaetholwr. Yn dwlu ar drin geiriau. Yn feibion fferm ym Mhowys – Aberwhil ac Aberdeunant. 'Roedd gan Islwyn ei Soar, finne fy Rehoboth a'r ddau dad yn flaenoriaid.

Y fo yn mynd yn weinidog i Lanfair Caereinion, chwe milltir o 'nghartre. Finne'n mynd yn ôl traed Merêd i Goleg Harlech. Y ddau ohonon-ni yn trïo gwneud sens o'n ffydd a'n galwedigaeth. Beth i'w ddweud a sut.

Dyddiau Llanfair oedd y dyddiau 'nabod go iawn. A dwy o ferched glân Meirionnydd, Eirlys a Lisa, yn rhan hanfodol o'r stori.

'Roedd y ddau ohonon-ni yn cael trafferth efo'r gwrthdaro rhwng gofynion a disgwyliadau'r weinidogaeth ar un llaw, a'r weledigaeth anturus oedd yn mynnu chwalu pob cyfundrefn a dogma. A chofio mynd i lawr i gyfarfod pregethu – Robin Williams, ffrind mynwesol Islwyn yn bregethwr gwadd. Robin mewn gwisg olau, tei lliwgar, sgidiau brown, cyfoes. A'r bregeth yn delynegol ddiogel y tu fewn i'r ffrâm draddodiadol. Islwyn yn llywyddu mewn cot ddu, trowsus streip ddu a llwyd. Rai wythnosau wedyn, gwrando ar Islwyn yn pregethu ar "Abraham a aeth allan heb wybod i ble yr oedd yn myned". Ac yn arllwys ei enaid ymchwilgar, aflonydd. 'Dwn i ddim be wnaeth cynulleidfa Seilo o'r neges ond mi 'roeddwn i'n amenio. Un a'i gonfensiwn y tu allan. A'r llall o'i fewn.

Anturiaeth Abraham. Islwyn yn dewis mynd yn *free-lance*. A'r tyndra. Gwêler y gyfrol (*Naddion*), tt. 69-89. Tair erthygl o'r *Drysorfa* 1955 yn trafod argyfwng y Weinidogaeth. A nodyn – "ni chyhoeddwyd fy mhedwaredd ysgrif yn y gyfres". Pam tybed? Ddaru o erioed amau Crist na'i gariad ond mi gafodd ei lethu a'i ddadrithio gan ofynion allanol y "barchus, arswydus swydd". Gŵr swil, ddim yn licio ffys na sebon, na nyrsio pobol iach. Ond beth bynnag ddwedodd Islwyn am yr argyfwng hwnnw – ac am yr ymroddiad bugeiliol – mi wn i un peth. Yn Llanfair a Niwbwrch, yn y BBC a'r Cyngor Llyfrau, yng Nghaerfyrddin a Llanbed' – bu ei fugeilio'n gyfeiliant i'w fynegiant llenyddol, yn ofal dros fyfyrwyr a phlwyfolion. 'Roedd hynny yn golygu goruchwyliaeth lenyddol, foesol a gwleidyddol. Gan ledu yn y man i raglen o brysurdeb diarbed. 'Roedd ei weledigaeth bob amser yn sownd wrth yr ymarferol.

A fo, o bawb, yn ymgeisydd dros y Blaid ym Maldwyn. Pan oedd y 'Welsh Nash' ymhlith y gwahangleifion! Mynd o un festri a neuadd i'r llall. Ac mi fûm innau'n rhan o'r syrcas wrthodedig honno. A cholli'n rhacs. Rhywle yn yr hen sir maen nhw'n deud fod 'na slogan i'w gweld o hyd yn y glaw a'r gwynt. ELIS efo L fawr, a rhyw wag bellach wedi ychwanegu V: ELVIS. Ond fu'r V fawr erioed yn rhan o'i natur!

Y cyfnod hwnnw oedd man cychwyn *Blas y Cynfyd* a *Lleifior*. 'Roeddwn i'n nabod Lleifior a Harri Vaughan a'i fyd. Mi gafodd bro'r Wyddgrug ei Daniel Owen. Gwynedd ei Kate Roberts, Caradog Prichard a Rowland Hughes. Y De diwydiannol ei Rydwen a'i Islwyn Williams. Ac mi gafodd Powys Islwyn Ffowc Elis.

Troi argyfwng ac anniddigrwydd yn greadigaeth ac yn deyrnas. Ac fe gafodd y mwynder hwnnw ei lais a'i ddrama. Fe luniodd gymuned ei galon. Fe greodd fyd. Byd oedd yn cynnwys yr Almaenwr Karl. A *Cysgod y Cryman*. Lledodd ei blwy wedyn i fyd ffuglen wyddonol *Y Blaned Dirion* a'r *Gromlech yn yr Haidd*. Fe gawsom wyll Ceridwen Morgan ac antics *Mbonga* ym mherfeddion Affrica.

A chyfrol newydd ymhob hosan Nadolig pedair cenhedlaeth, – yn rhieni, plant, wyrion, gorwyrion.

Yn cydredeg â'r cyfan – fel y gwelwn ni yn y gyfrol *Naddion* – erthyglau, nodiadau golygyddol, storïau a sgyrsiau. I fyny i'r naw degau.

Ac wrth gwrs, *Wythnos yng Nghymru Fydd*! Er i'r hen wraig yn y Bala gael ei llusgo'n ormodol o Steddfod i Steddfod gan droi ei hunllef weithiau'n felodrama, 'does neb a wad arswyd ei anghofrwydd yn y llanw Seisnig wrth iddi glywed y Drydedd Salm ar Hugain.

"PWY WYT TI, 'MACHGEN I?"

"CODAIS A MYND ALLAN O'R YSTAFELL. YR OEDDWN WEDI GWELD ÂM LLYGAID FY HUN FARWOLAETH YR IAITH GYMRAEG."

Tynged yr IAITH yn wir. Ac o glywed y geiriau yna eto, mae mynd allan o'r ystafell honno yn mynd â ni yn ôl at Ystafell Cynddylan . . .

Yr hyn sy'n aros, o'i adnabod yn ei berson ac yn ei waith, ydi ei gariad tuag at ei bobol, ei wlad a'i hiaith. Hynny, a synwyrusrwydd wedi ei diwnio i guriadau calon ac enaid. 'Dydw i ddim yn mynd i drïo dadansoddi'r anwesu geiriol yma, na rhyfeddod sigl a swae ei frawddegau. Dim ond dewis dwy enghraifft wrth gloi. Darn o farddoniaeth ydi un. Rhyddiaith y llall. Ond wrth wrando – fe sylweddolwch fod y ddau yn un.

PERTHYN

Mae'r glaw'n diferu trwy goed y cwm
    Ac mae'r afon yn llwyd ei lli,
Ac mae'r gwynt yn hen ar y ffriddoedd crwm,
    Ac maent oll yn fy nabod i.
Maen nhw i gyd dan do, yr ardalwyr swil,
    Ond er na wela i ddim un

Mi wn eu meddyliau; yr un meddyliau
   Sy'n fy meddwl i fy hun
Yn torri'r iaith, yr un hen iaith
   Sy'n wewyr trwy'r un hen waed
Wrth gerdded dros yr un hen ddaear
   Sy'n gyffro o dan ein traed.
Ac yn y cyfanrwydd di-atom hwn,
   Y tawelwch diferol gwyrdd,
Lle nad oes fyd ond y byd a wn
   A hysbys, gynefin ffyrdd,
Rydw i gartre. Dyna'r unig ffordd o'i ddweud.
   Rydw i'n perthyn i'r popeth di-ri
Sy'n cydio amdana i'n dynn, ac maen' hwythau
   Yn symud a bod ynof fi.

Wedyn 'Cyn Mynd' o *Cyn Oeri'r Gwaed*. O gael dim ond mis i fyw – i ble fydde fo'n mynd?

"Mi awn eto i Soar. O bob Soar sy'n sefyll yn llwyd ei furiau yn hafnau Cymru, nid oes ond un Soar i mi. Nid yw fy nhaid yng nghornel y sêt fawr heddiw gyda'i farf wen a'i gap melfed du, ond mae'r un hen wich yn yr organ a'r un aroglau paent ar y sedd dan fy nhrwyn yn y weddi. Maen nhw'n dal i ganu yn Soar a'r drysau'n agored ar nos o Fehefin, a'r gwenoliaid yn trydar yn y bondo. Minnau'n canu alto'n grwt gyda'r merched ac yn morio yn y la-ti-do ar ddiwedd 'Capel Tygwydd'. Yr wyf yn dal i weld Mynydd yr Olewydd yn y coed drwy'r ffenestr a'r Iesu'n dysgu'i ddisgyblion wrth y ffens yn y llwyn. Mae'r Apostol Paul gerbron Ffelics yn y sêt fawr a Phalesteina'n llond y capel. Mae pregethwr y pnawn yn hir a'r cloc wedi blino gormod i symud ei fysedd. Mae'r gynulleidfa'n codi i ganu a minnau, a'm llais yn torri, yn canu tenor wythawd yn rhy isel ac yn meddwl am y row yn yr ysgol drannoeth am fethu gorffen y Maths. Soar. Byddai'n drueni imi droi wrth y drws a methu mynd i mewn rhag torri'r lluniau sanctaidd ym mhyrth fy nghof. Ond hwyrach mai troi a wnawn. Gallwn fynd â Soar gyda mi, beth bynnag sy dros y goror yn y byd a ddaw. Soar yw fy nhystysgrif fod i mi, pa mor gymhleth bynnag wyf heddiw ac anodd fy nhrin, garu 'Ngwaredwr yn annwyl pan oeddwn i'n ddim-o-beth rhwng ei furiau ef".

Iaith Pridd – Iaith Concrid

Mae'r ymchwil neu'r hiraeth am y baradwys goll yn rhan o brofiad pawb. Mae'n hiraeth os ydym ni'n credu i ni gael y baradwys honno unwaith, a'i cholli ac yn methu â'i hail ddarganfod; yn ymchwil os ydym ni'n meddwl ei bod hi ar gael ond na chawsom ni, hyd yma, mo'r allwedd iddi. Mae pob math o hen haenau chwedlonol sy'n cyfeirio at hyn. Mi fodlona' i ar gyfeiriadaeth seml iawn:

O Lyfr Genesis mae dwy stori sy'n berthnasol i'n seiat ni. Stori Gardd Eden ydi un, a'r modd y danfonwyd Adda ac Efa allan ohoni am anufuddhau. Mae'r syniad o ardd sydd yn rhy dda a dilychwin inni sydd hefyd ar ein cydwybod am na fedrwn ddygymod â hi – mae'r syniad hwnnw'n dal yn fyw ac yn egluro cryn dipyn ar rai gogwyddiadau ym meddylfryd Cymru heddiw. Y stori arall yw stori Arch Noa a'r gorchymyn a gafodd i gasglu at ei gilydd gyda'i stoc i'r arch a gadael i'r gweddill foddi yn y dilyw mawr. Athrawiaeth Etholedigaeth yw hon yn ei ffurf gyntefig, elfennol. Cymdeithas Adfer yw'r mynegiant ieithyddol/ gwleidyddol o'r stori honno heddiw, a'r Mudiad Efengylaidd ei mynegiant diwinyddol/crefyddol. Y tu ôl i'r ddau (ac mae'n nhw'n rhyfeddol o debyg yn eu methodoleg, beth bynnag am eu buchedd) mae'r bwhwman am yr absoliwt dibechod a'r anogaeth hefyd am gefnu ar y rhai sydd naill ai'n gwrthod neu'n methu mynd, neu ddim yn *cael* mynd, gyda nhw i'r arch.

Wedyn, yn athroniaeth Rousseau, mae'r 'Cytundeb Cymdeithasol' iddo fo yn rhagdybio cyfnod cynnar pan oedd dyn yn byw mewn 'Cyflwr naturiol' cyn iddo golli ei ryddid a chyn iddo gael ei lygru. Fe glywais yn rhywle mai'r athrawiaeth yma am y cynfyd honedig rhamantaidd, chwedlonol hwnnw sydd y tu ôl i gerdd Waldo, *Geneth Ifanc*.

> Geneth ifanc oedd yr ysgerbwd carreg.
> Bob tro o'r newydd mae hi'n fy nal.
> Ganrif am bob blwydd o'm hoedran
> I'w chynefin af yn ôl.

Rhai'n trigo mewn heddwch oedd ei phobl,
Yn prynu cymorth daear â'u dawn.
Myfyrio dirgelwch geni a phriodi a marw,
Cadw rhwymau teulu dyn.

Rhoesant hi'n gynnar yn ei chwrcwd oesol.
Deuddeg tro yn y Croeso Mai,
Yna'r cydymaith tywyll a'i cafodd.
Ni bu ei llais yn y mynydd mwy.

Dyfnach yno oedd yr wybren eang,
Glasach ei glas oherwydd hyn.
Cadarnach y tŷ anweledig a diamser
Erddi hi ar y copâu hyn.

Yn nes adref, 'rydym ni'n reit gyfarwydd â'r lleisiau hynny sy'n sôn am y Chwyldro Diwydiannol fel melltith a lle y sonnir yn annwyl am y cyfnod pan oedd y wiwer fach yn gallu neidio'i ffordd o un goeden i'r llall bob cam o Bontypridd i Gaerdydd.

Mae'r bwgan yn cael ei ddiffinio mewn dulliau gwahanol ond yr un yw'r patrwm – boed bechod, boed Seisnigrwydd, neu ormes gwladwriaethol neu ormes diwydiannol. Yn y canol mae'r dyn a alltudiwyd o'i Eden. Dywed rhai seicdreiddwyr, wrth gwrs, mai'r dyhead am gael mynd yn ôl i groth ein mam yw'r cyfan.

*   *   *

Y mae a fynnom ni yn fwyaf arbennig ag un agwedd i'r gwrthdaro neu'r gwrthgyferbynnu yma rhwng y wlad a'r dref a rhwng y byd amaethyddol a'r byd diwydiannol. Mae R. Williams Parry yn astudiaeth ddiddorol yma. Dwy gerdd gyntaf *Cerddi'r Gaeaf* yw *Y Ddôl a aeth o'r golwg* ac *Eifionydd*. Diflaniad gwynfyd, diflaniad diniweidrwydd, sydd yn y ddwy. Ond sylwer ar y soned i'r *Peilon* a luniwyd yn 1940:

Tybiais pan welais giang o hogiau iach
    Yn plannu'r peilon ar y drum ddi-drwst
Na welwn mwy mo'r ysgyfarnog fach,
    Y brid sydd rhwng Llanllechid a Llanrwst.

> Pa fodd y gallai blwyfo fel o'r blaen
>   Yn yr un cwmwd â'r ysgerbwd gwyn?
> A rhoi ei chorff i orffwys ar y waun
>   Dan yr un wybren â'i asennau syn?
> Ba sentimentaleiddiwch! Heddiw'r pnawn,
>   O'r eithin wrth ei fôn fe wibiodd pry'
> Ar garlam igam-ogam hyd y mawn,
>   Ac wele, nid oedd undim ond lle bu;
> Fel petai'r llymbar llonydd yn y gwellt
>   Wedi rhyddhau o'i afael un o'i fellt.

Yma mae'r ysgyfarnog fach wedi dod i delerau â'r peilon – yn rhan o'r tirlun yn hytrach nag yn elfen ddieithr ynddo.

Ond yr hyn a wna diwydiant i'r *ddaear* yn hytrach nag i'r *gymdeithas* sy'n blino'r bardd ac er bod cysylltiad amlwg rhwng diwydiant a'r bywyd trefol, mae'n bosibl eu gwahanu. Mi 'rydym ni, yn wir, yn sôn am ddau beth gwahanol.

'Gawn ni yn y fan hyn gymryd dau hunangofiant. I ddechrau, *Hen Atgofion* W. J. Gruffydd:

> Y gwir yw na bûm yn byw mewn cymdeithas er pan adewais Landdeiniolen i ddyfod i Gaerdydd, chwarter canrif yn ôl. Trigo yr ydwyf yma – cysgu, gweithio a bwyta – ac nid byw. Pan oeddwn gartref yn y pentref lle magwyd fi, yr oeddwn yn rhan o un gymdeithas fawr. Gwyddwn y cwbl am Elin Owen y tŷ nesaf a'i gŵr Gruffydd Owen, y Llongwr; pan glywn chwerthiniad tu allan i'r ffenestr, gwyddwn yn ddibetrus o enau pwy y daeth . . .
>
> Y mae'n newid go fawr erbyn hyn. Saeson ac Ysgotiaid yw'r rhan fwyaf o'm cymdogion a hen waed Morgannwg yn rhedeg yn bur denau erbyn heddiw drwy wythiennau hyd yn oed y rhai sy'n eu galw eu hunain yn Gymry . . . Nid oes neb o'm cwmpas yn siarad yr un iaith â mi nac yn meddwl yr un pethau; pobl heb wreiddiau ydynt i gyd, ac ni chleddir yr un ohonynt gyda'i dadau. Ar ryw olwg, y mae'n brafiach byw mewn lle fel hyn; y mae'r fath gyfandir rhyngof a'm cymdogion fel nad ydynt yn ymyrryd dim â mi; ac ni byddaf yn hoffi ymyrwyr. Ond gresyn o beth yw i Gymro fod yn alltud yng Nghymru, ac alltud heddiw yw pob Cymro sy'n byw yng Nghaerdydd a'i maestrefi.

Hwyrach mai'r cymal allweddol yn y fan yna yw: *ac ni chleddir yr un ohonynt gyda'i dadau*. Fe ddown ni'n ôl at yr awgrym eto.

Un a gafodd ei fagu yn swbwrbia Caerdydd oedd Alun Llywelyn-Williams. Ochr yn ochr â Gruffydd, i'm chwaeth i beth bynnag, mae'n fardd mwy sensitif-eneidiol na'i hen athro ac yn rhyfedd iawn mae llawer mwy o flas y pridd ac arwyddocâd lle ac eiliad yn ei waith. Ond sylwer ar ei eiriau yn ei hunangofiant, *Gwanwyn yn y Ddinas*:

> Rown i'n naturiol, fel pob crwtyn a llanc ifanc ymhob oes yn adweithio'n reddfol yn erbyn syniadau'r genhedlaeth hŷn, ac ymhlith y syniadau hynny roedd yr ymlyniad wrth yr iaith yn ymddangos yn arbennig afresymol a dibwrpas. Wedi'r cwbwl, rown i'n tyfu i fyny mewn byd gwahanol iawn i'r oes a benderfynodd holl osgo meddwl fy rhieni, ac roedd fy niddordebau'n anochel yn ddieithr iddyn nhw, ar bob gwastad. Chafodd fy Nhad erioed gyfle pan oedd e'n grwt i ddilyn campau a chatastroffïau tîm criced anwastad Morgannwg, a doedd enwau f'eilunod i yn y maes hwnnw, Bates a Bell ac N. V. H. Riches a Mercer a Ryan, yn golygu dim iddo fo. Chafodd o erioed wylio cyffroadau'r chwarae rygbi ar faes Parc yr Arfau, heb sôn am adnabod gwynfyd chwarae'r gêm ei hunan, a chafodd o erioed fynd i'r Pictiwrs na gwastraffu'i amser gyda'r teclyn newydd rhyfeddol, y set radio. Pethau fel hyn oedd yn llanw fy mryd i, a mynd gyda'm ffrindiau i chwilio rhyfeddodau'r ddinas, i lawr i'r dociau i weld y llongau'n cael eu llwytho a'u dadlwytho a mentro'n wyliadwrus i ganol peryglon anhysbys ond atyniadol Tiger Bay; neu'n syml i grwydro'r prif strydoedd ac edmygu'r adeiladau mawr cyhoeddus a'r parciau ysblennydd. Rown i'n falch o ddinas Caerdydd. Credwn mai hi oedd y ddinas brydferthaf a mwyaf diddorol yn y byd, a breuddwydiwn am ffyrdd i'w gwella a'i harddu fwyfwy a dyrchafu ei bri. Gofidiwn nad oedd adeilad gwych yr Amgueddfa ddim wedi ei orffen, a cheisiwn ddychmygu'r dyfodol gorffenedig. Rwy'n tybio nad oedd rhai o leiaf o'r teimladau hyn ddim yn hollol ddieithr i Nhad. Byddai'n dangos imi lain o dir ym Mharc Cathays yn awr ac yn y man a dweud wrthyf mai ar y fan hon y disgwyliai weld adeiladu ryw ddiwrnod Senedd-dŷ i Gymru.

(Rhaid ychwanegu ar yr un gwynt fod yr awdur wedi croniclo yn yr un hunangofiant wynfyd mynd i Bwllglas yng Nghlwyd pan oedd o'n hogyn – ond nid fel dihangfa o'r ddinas).

* * *

Yn ddiweddar daeth y pwnc yma i'r brig yn sgîl erthyglau ac anogaethau. Adferwyr megis Emyr Llewelyn, Alan Llwyd a Gwynn ap Gwilym yn cyhoeddi bod tynged yr awen Gymraeg ynghlwm wrth y fro Gymraeg, a bod rhywbeth afiach, aliwn ac afnormal mewn byw mewn dinas fel Caerdydd neu mewn ardaloedd fel Cwm Rhondda neu Abertawe, ac o ran hynny – Bangor hefyd. Mae'r gwerthoedd a'r gwareiddiad Cymraeg hefyd, hyd y gallaf i ddeall eu dadl, yn hanfodol wledig. Yr oedd coroni un o drigolion y ddinas, Siôn Eirian, a gosod *Y Ddinas* fel testun y Gadair a'r prinder awdlau a gafwyd a'r safon anfoddhaol – 'roedd hyn yn ormod. Yn wir 'roedd cael 'Steddfod yng Nghaerdydd o gwbl yn dipyn o gabledd!

Iaith Pridd/Iaith Concrid. Dwy iaith? Dau fyd? Os oes yna wrthdaro rhwng pridd a choncrid, a'r hyn y mae'r ddau yn sefyll drosto, beth yn hollol yw'r gwrthdaro hwnnw a pham ein bod yn cael ein temtio i ddweud 'naill ai/neu' yn hytrach na derbyn y ddau?

*   *   *

Beth ydi pridd? Beth ydi concrid?

Pridd yw bywyd a bwyd. Allan o'i ddirgelion cemegol fe ddaw porfa a chynhaeaf. Mae ganddo ran allweddol ym mhob un o dymhorau'r flwyddyn. I raddau, pridd sy'n diffinio'r tymhorau. Fe ddaw cawod a haul yn eu tro i'w olchi a'i lanhau, eira a rhew i'w galedu a'i baratoi ar gyfer gwanwyn arall. Ynddo hefyd mae hi'n bosibl gosod gwreiddiau. Ynddo fe allwn gael ein claddu efo'n teidiau.

Mae yna rywbeth yn mynd ymlaen o hyd yn y ddaear ac, o'r herwydd, mae'n sefyll dros y creadigol a'r peth hwnnw mewn bywyd sy'n gallu ei adnewyddu ei hun. Mae iddo ei arogl a'i liw. Llwyd pan mae'n dlawd, coch fel rhedyn pan mae o'n fras ei fyd. Hebddo 'fyddai yna ddim lili'r maes na dameg yr heuwr. Ac y mae pob pridd yn wahanol. 'Dydi pridd Tregaron ddim yr un pridd â phridd y Bontfaen. O'i ddadansoddi, fe wyddom fod hanes canrifoedd a chyfuniad o'r holl elfennau a hwsmoniaeth neu ddiofalwch dyn yn rhan o'i stori.

A phan fyddwn ni'n sôn am rywun mwy cnawdol neu fwy

synhwyrus na'i gilydd 'rydym ni'n hoffi sôn am 'o'r ddaear yn ddaearol', 'blas y pridd' a sylwadau cyffelyb. Mae'n arwyddocaol mai garddwr ac nid contractor oedd yn diwallu anghenion Lady Chatterley! Yna pan fyddwn ni'n marw fe safwn uwchben twll yn y ddaear gan luchio llond dwrn efo'r geiriau, 'Pridd i'r pridd, lludw i'r lludw', gan gyflwyno'r peth a ddaeth allan ohoni yn ôl i'w gofal . . .

Mae concrid yn wahanol. Yma 'does dim yn tyfu. Hwyrach y gall rhywbeth dyfu trwyddo ond ddaw dim ohono. 'Dydi o ddim yn gallu'i adnewyddu ei hunan. Mae'n farw.

Mae o hefyd yn rhyngwladol. Concrid ydi concrid ydi concrid. Mae na ffordd ddiffiniedig o'i wneud, o'i drin, o'i falu a'i roi wrth ei gilydd.

I Robert Williams Parry:

> Rho awr o wallgofrwydd tu ôl i'w fur,
> Gwna ddaeargrynfeydd dan gadarn Concrit Philistia.

Yma mae'r concrid wedi mynd yn rhan o arfogaeth lugoer y Philistiaid – y lefelwyr mawr – yr unffurfiaeth sy'n mynnu cydymffurfio â'r fformiwla fyd-eang.

*   *   *

Yr ofn felly yw'r ofn o golli dirgelwch a rhyfeddod ac unigrywiaeth. Cofiwn i'r diweddar Athro J. R. Jones sôn am Farbareiddiwch Technolegol – sef gallu'r dechnoleg honno i wneud miloedd o ddarnau sydd yr un fath â'i gilydd. Gwareiddiad y *functional part*. O golli un, cawn un arall yn ei le. (Cyfaddasu hyn at Gymru yn fwyaf arbennig oedd ei amcan o.) Gwelwn berthnasedd ei rybudd i ninnau hefyd. Ofn ein cael ein hunain mewn byd sydd yn hunanesboniadwy, yn ddarostyngedig i ddeddfau set a phenderfyniadaeth hanesyddol . . .

Gwaith llaw dyn yw concrid. Mi fedr drin y pridd, ei gyfoethogi neu ei lygru ond fedr o mo'i lunio. Mae pridd yn hŷn na'r creadur sy'n byw arno. Yn baradocsaidd, felly, gall pridd nid yn unig gynrychioli marwoldeb ond hefyd y diderfyn . . .

Wrth ddadansoddi'r gwrthdaro ychydig yn fwy manwl mae'n ymddangos imi fod yna gymysgu dadleuon braidd. Mae'r ddadl yn ymwneud ag o leiaf dair elfen sydd ddim bob amser yn cael eu gwahaniaethu oddi wrth ei gilydd.

(i) Cwestiwn yr iaith a'r math o iaith sydd ganddon ni. Cysylltir hon o hyd mewn rhai meddyliau â'r bywyd gwledig. 'Rydym ni'n hen gyfarwydd â'r hiraeth am y Gymru uniaith – lle 'roedd y Gymraeg, am ei bod hi ar ei phen ei hun, yn gyhyrog ac yn llawn o ddywediadau ac idiomau a oedd yn codi'n uniongyrchol o'r cefndir gwledig a chrefftus hwnnw. Cawsom ddadleuon awduron fel Iorwerth Peate a Kate Roberts yn dweud mai diflaniad y bywyd hwnnw oedd man cychwyn dirywiad yn hanes ein iaith, a soniwyd unwaith yn rhagor am fynd yn ôl at ein gwreiddiau. Gorchwyl anodd a dweud y lleiaf. Felly iaith y pridd yw'r iaith Gymraeg yr ydym ni wedi arfer meddwl amdani – a phrofiad y gwerinwr gwledig hwnnw a'i gwnaeth yr hyn yw.

Mae iaith swbwrbia a chwm diwydiannol yn wahanol. Tuedd yr elfen draddodiadol, geidwadol, yw edrych ar unrhyw ffordd wahanol o'i siarad ac unrhyw fewnlifiad o dermau iddi ac o gystrawennu mwy uniongyrchol, *functional*, fel dirywiad a llygredd. Gwneir sbort am ben plant Bryn-taf a Rhydfelen am fod eu dulliau wedi newid. Iaith ydi hi sy'n perthyn i blant â'u cefndir ran fynychaf yn ddiGymraeg yn y cartrefi. Y cwestiwn y mae'n rhaid i ni ei ofyn yma yw hwn: SUT MAE GWYBOD PAN FYDD IAITH YN DIRYWIO A PHA BRYD MAE HI'N NEWID NEU HYD YN OED YN DATBLYGU? Wedi'r cwbl, mae'n siŵr fod pob cyfnod wedi gweld dyfodiad geiriau sy'n cynrychioli idiom a gogwydd diwydiannol a ffasiynau'r cyfnod hwnnw fel bygythiad i'w pharhad a pharhad ei phurdeb. Ond 'fedr iaith ddim aros yn ei hunfan a ddylem ni ddim ddisgwyl i'r Gymraeg fod yn wahanol.

Os mai mater o ieithwedd yw hi, felly, gallwn ddweud gydag elfen gref o chwithdod ac o hiraeth fod darn o brofiad ac o fyw yn marw gyda diflaniad yr 'hen ffordd Gymreig o fyw'. Ni fydd ein plant yn gwybod beth yw cwlltwr na llofft stabal na phlu'r gweunydd. Ar yr un pryd daeth dimensiwn newydd i'w lle. Gallwn ymateb yn emosiynol ddigon i'r newid, ond 'does a fynno hynny ddim oll â thynged bardd neu lenor. Mae'n wir fod yna eiriau sy'n marweiddio llinell o farddoniaeth megis 'Maggie annwyl' Ceiriog gynt, ond cafwyd digon o enghreifftiau yn ein canrif ni gan feirdd fel J. M. Edwards, T. H. Parry-Williams, Rhydwen Williams a James Nicholas, Gwilym R. Jones, Gwyn Thomas, Siôn Eirian a Geraint Jarman, sy'n dangos posibiliadau iaith i ddygymod fel ysgyfarnog Williams Parry â bodolaeth y peilon . . .

Mae ceisio caethiwo bardd neu lenor i un agwedd o fywyd yn groes i bob greddf, yn groes i holl dystiolaeth y gorffennol ac yn groes i athrylith iaith i'w hadnewyddu a'i chyfaddasu ei hun. Iawn i unrhyw fardd yng Nghymru ddweud nad yw ef yn bersonol yn gallu canu ond *i'w* fychanfyd ef ac *yn* ei fychanfyd. Ei ddewis neu ei ragfarn, neu ei anianawd, neu ei fympwy, neu ei siom sy'n esbonio hynny. Ac mae ganddo dragwyddol heol i ganu o fewn ei gyfyngiadau. Ond diffiniad mympwyol ydyw wedi'r cwbl ac ni roddodd neb yr hawl iddo estyn amodau ei fyd ar awen neb arall. Mae gormod o lawer o gategoreiddio dogmatig yn mynd ymlaen yng Nghymru heddiw: 'Dyma *yw* barddoniaeth', 'Dyma Wir Fardd' ac ati – heb fawr ymdrech yn aml i geisio cyfiawnhau gosodiadau ysgubol a phenagored o'r fath.

(ii) Ond nid yw'r mater yn cael ei osod fel yna bob amser. Yn y trafod diweddar am yr angen i gefnu ar y bywyd trefol a dychwelyd i'r wlad ceir dau ragdybiad y dylem ni edrych yn fanwl arnyn nhw. Uniaethir tynged y Gymraeg wrth y bywyd gwledig fel ei chaer olaf. Dyma Arch Noa beth bynnag am Arch y Cyfamod. Ar yr un gwynt clodforir y bywyd gwledig hwnnw am ei agosrwydd gwerinol – lle mae hi'n bosibl hefyd byw bywyd llawn trwy gyfrwng y Gymraeg. Mae'r wlad felly'n gyfystyr â'r gymdeithas glòs a'r dref yn oer ac amhersonol. Y mae'n gymdeithas sy'n bwyta enaid rhywun. Eir gam ymhellach. Clywir islais o ddirmyg wrth sôn am y dosbarth canol neilltuedig a breintiedig yn Rhiwbeina a Llandâf sydd wedi symud ymhell o'u cynefin ac wedi mynd yn ysglyfaeth i gyfeddach a materoliaeth estron. Yn y wlad ar y llaw arall 'does neb yn sôn am gar modur na morgais na photel o win na *Steak au poivre*. Yn glo ar y cyfan, portreadir y ddinas fel rhyw Babylon sy'n llygru moes ac yn puteinio dawn.

Meddai Gwynn ap Gwilym yn ei bryddest dda iawn a ddaeth at y brig yn Steddfod Caerdydd:

Heddiw, yn ein tai modern-semi
Yn y stad newydd nesaf i'r faestref nesaf i'r dref
hiraethwn am ddyddiau Gwales,
am gynhaeaf y mefus a'r rhosynnau,
am y blynyddoedd mêl . . .

Yr un mŵd a feddwodd ein tadau ym Mab y Bwthyn:

O! Wynfa goll, O! Wynfa goll,
Ai dim ond breuddwyd oeddit oll?
Paham y cefnais ar y wlad
A'r bwthyn bach lle bu fy nhad
Yn eiriol drosof? A phaham
Y diystyrais ddagrau mam?
Gan Dduw na chawn i heddiw'r hedd
A brofai'r hogyn gyrru'r wedd!

O! gwyn fy myd pan oeddwn gynt
Yn llanc di-boen ar lwybrau'r gwynt!
Os bwthyn bach oedd gan fy nhad
Myfi oedd brenin yr holl wlad;
Myfi oedd piau cân y gog
A chân yr ŷd a chân yr og
A'r mwyar gwyllt, a'r llwyni cnau
A llawer ogof ddu a ffau,
A llawer pwll yng ngwely'r nant,
A nythod adar wrth y cant.

O! Wynfa goll! O! Wynfa goll! Eden. Os ydych chi am antidot ar ôl y cyffur yna, darllenwch bryddest Harri Gwynn i'r *Bannau*. Fe aeth yntau'n ôl ond arall oedd ei gân. Fe gafodd ei ddadrithio, ei ddadfythu. Wrth gwrs, pa mor sgitsoffrenig bynnag ydym ni wrth drafod testun fel hwn, rhaid nodi bellach nad gan bobl y wlad y mae monopoli ar burdeb na delfryd na glendid iaith. Mae'n bosibl bod mor fydol faterol ar y stondin laeth ag ydi hi yn y casino. A 'dwi ddim yn siŵr ychwaith i ba raddau y mae pob un o griw Adfer yn agos at y werin gyffredin ffraeth sydd o'u cwmpas. 'Dyw byw yn y wlad ddim yn gwneud dyn yn werinol – a 'dyw byw yn y ddinas ddim o anghenraid yn ei wneud yn snob. Mae hi'r un mor hawdd cyfeillachu yn Gymraeg a chael seiat pererinion yn Abertawe ag ydi hi yn Nhalgarreg. Mae dyn yn ffurfio'i frawdoliaeth lle bynnag y mae'n byw ac ar ei bod hi'n haws byw bywyd cyflawn Cymraeg mewn rhai cylchoedd na'i gilydd, ni ddylid bellach gymryd yn ganiataol fod un gornel o'r wlad yn ddiogelach na'i gilydd.

Cwestiynau cymdeithasegol yw'r rhain ac nid yw'n amlwg o gwbl fod yr artist yn dibynnu ar ei ysbrydoliaeth nac amodau ei greadigrwydd ar ystyriaethau fel hyn. Gwell gen i'r syniad rhamantaidd am yr artist fel un sy'n siŵr o ganu'i gân os oes ganddo gân i'w chanu. Gall foli, gall ddilorni, lle bynnag y mae. Gall dderbyn y pridd yn ecstatig fel Alan Llwyd neu Dic Jones neu Gerallt Lloyd Owen, neu fe all gasáu'r concrid. Gall foli strydoedd dinas a fflamau'r ffwrneisi neu lawenychu uwchben llwyth olaf y cynhaeaf neu wfftio at weld y cynhaeaf hwnnw'n pydru. Boed Caradog Evans ym mherfeddion Sir Aberteifi, neu Caradog Prichard ym Methesda (a Llundain) – gall yr ymateb fod yn gwbl wahanol. Y GREFFT NEU EI DIFFYG SY'N BWYSIG.

(iii) Erys y bygythiad diwydiannol er hynny i'n blino. Ar y cyfan mae'r bardd o Gymro wedi moli'r pridd, wedi ymwrthod â'r concrid. Nid yw eto wedi gweld posibiliadau celfyddyd yn y byd technolegol o'i gwmpas. Nid dweud ydym nad oes yno destun cân ond mai cân brotest ydi hi ar y cyfan. Gweld y bygythiad eto. Dyma Gwenallt –

>   Mor agos oedd y ddaear gynt
>   Mor agos â chymydog, ac yn siarad tafodieithoedd y Gymraeg;
>   Rhoddem arni lun, a dwyn ohoni liw,
>   Lliw gwenith, haidd, siprys a cheirch;
>   Tonnem ei gwallt hi â swch yr aradr,
>   A chribo ei ysglein ar ogedi cloncoig:
>   A chlywai'r beirdd rhamantus yn y dinasoedd
>   Sŵn y nant fel hiraeth pell,
>   Ac yn unigedd anhygyrch y mynyddoedd
>   Codent lety i'r angylion rhwng deufyd.
>
>   Trowyd y ddaear yn labordy mawr,
>   Troi'r beudy yn ffatri a'r fuwch yn gocos yn cnoi cil;
>   Ac ni ddaw'r teirw ffroenuchel mwyach
>   I neidio'r fuwch boeth ar y buarth;
>   Darfu eu hen domennydd hwy,
>   Y mae'r gemeg dramor yn diffrwytho'r pridd.

Nid yw'r ddaear mwy yn siarad iaith gartrefol dyn:
Cystrawen peiriant yw'r parabl; gramadeg x, y, z:
A throes y cymydog yn anghenfil pell;
Anghenfil a'i safnau hydrogenaidd
Yn barod i lyncu hwsmonaeth a gwareiddiad dyn.

    Pilonau lle bu'r angylion
    A'r concrit yn cronni'r nant.

'Rydw i'n dod yn ôl at y concrid. Concrid ydi pob concrid. Y pridd *hwn* ydi pridd. Mae yma rywbeth nad oes a fynno ddim oll â'r wlad neu'r dref ond â'r math o raib ac o ormes technolegol ac o ystyriaethau pragmataidd materol sydd mor aml yn gynnyrch gwareiddiad a roddodd ei bwysau i gyd y tu ôl i effeithiolrwydd trefn, consyrn rhyngwladol hwylus a ffyniant economaidd; lle mae pob anghydffurfiaeth llwyth neu genedl yn cael eu hystyried fel idiosincrasi peryglus. Mewn hinsawdd felly fe all y fflach artistig gael ei llethu a'i diwreiddio o fywyd ac o lawenydd. Rhan bwysig, greda' i, o gelfyddyd ydi'r cyfle sydd iddi i fynegi gobaith a gorfoledd y greadigaeth. 'Ddylem ni ddim bod yn hapus mewn sefyllfa lle mae mwy a mwy o'r gelfyddyd honno fel petai'n gelfyddyd y dadrithiedig a'r syched am afonydd y dyfroedd byw.

Ond beth bynnag y cyfnewidiadau sydd ohoni, mae cwmpas y teimladau dynol yn aros – fel gwely llyn – yn ddigyfnewid.

Ceisiwn osgoi dau eithaf. Peidiwn â sentimentaleiddio'r gwledig na dwyfoli'r dinesig. Peidiwn â chael ein caethiwo gan y traddodiadol a pheidiwn â cholli pen efo'r arbrofol. Mae gwendid yn y ddau eithaf. Mae llawer iawn o farddoniaeth y pridd yn ein canrif ni wedi gor-ramantu cefn gwlad a chreu rhyw fath o iwfforia ffug o gwmpas y gwladwr. 'Roedd y peth yn newydd ac yn gwbl ddealladwy ar ôl y Rhyfel Mawr Cyntaf. Bellach mae rhywbeth ffuantus mewn moli unochrog ac englynion teyrnged i ambell gymeriad cefn gwlad ac i'w ddiwylliant o ran hynny. Mae'r cyfrolau a gawsom ni yn ddiweddar ar atgofion a gwaith beirdd gwlad yn werthfawr ac yn flasus ond cenedl afiach yw honno sy'n methu â chael blas ar ddim ond ei hatgofion o hen ŷd y wlad.

Ar y llaw arall, 'rwy'n teimlo yr un mor anhapus efo rhai o'r lleisiau ifainc hynny sydd ar y cyfan yn crynhoi o gwmpas

Caerdydd sy'n credu bod rhywbeth sbesial mewn bod yn ddinesig a'r math o arddull-byw sy'n perthyn iddi. 'Dyw defnyddio jargon y byd modern ddim yn gwneud dyn yn artist. Mae yna ffug-fohemiaeth glyfar-slic ar gael sydd mor ffals â dim a berthyn i'r lleisiau gwledig ar eu gwaethaf. 'Dyw'r ecstasi'n aml yn ddim ond *pose* blinedig.

Mae angen pob llais posibl arnom ni. Ym myd cerddoriaeth byddai'n dlotach heb Symffoni Fugeiliol Beethoven. Ond byddai hanes cerddoriaeth hefyd yn anghyflawn heb gordiau mwy cymhleth ein dyddiau ni. A 'dyw'r artist cyfoes ddim llai o artist am nad yw yn dilyn Turner neu Richard Wilson.

Yr unig ofyn sydd arnom ni yw diffuantrwydd ein gweledigaeth a disgyblaeth ein crefft. O fewn y canllawiau hynny mae tragwyddol ryddid. Peidiwn â phoeni yn ormodol fod tyndra a gwrthdaro. Mae'n aml yn boenus, ac yn arwydd o fywyd. Cydnabod bodolaeth a phwysigrwydd y ddwy elfen yw'r man cychwyn.

J. Saunders Lewis*

Yn *Cyfansoddiadau a Beirniadaethau Eisteddfod Genedlaethol Aberteifi, 1942* fe geir beirniadaeth gan yr Athro G. J. Williams ar *Draethawd Beirniadol ar waith unrhyw fardd Cymraeg*. Y buddugol, efo traethawd ar Saunders Lewis, gyda chanmoliaeth uchel y beirniad er yn anghytuno â rhai o gasgliadau'r awdur, oedd D. Tecwyn Lloyd.

> 'Y mae ganddo'r cymwysterau hynny y disgwylir eu gweld, meddwl clir a threfnus, gwybodaeth eang, a dawn i weled yr hyn sydd yn arwyddocaol ac yn bwysig, i ymglywed â chyfrinach meddwl y bardd, ac i ddadansoddi tueddiadau meddwl y cyfnod.'

Yr oedd G. J. Williams wedi 'nabod ei 'dderyn yn dda. Hynny, yn 1942.

Yn yr un gyfrol o Gyfansoddiadau ceir beirniadaeth Saunders Lewis ar *Detholiad o Ganeuon gwreiddiol yn ymwneud â bywyd ardal*. 'Roedd deuddeg wedi cystadlu. Ar waelod y rhestr fe osodwyd *Lleifiad* yn canu i Wallasey a Lerpwl (bro enedigol S.L.). A sylw'r beirniad:

> 'Nid dyma'r math o ardal a olygir gan y testun. Yr hyn a ddeallaf i wrth 'ardal' y testun yw bro Gymreig sy'n magu teuluoedd a chartrefi a'u gwreiddiau yn y fro. Ni allai neb fwrw gwraidd yn Wallasey, y *suburbia* dristaf honno. Ni allodd hi roi arbenigrwydd na chymeriad ardal chwaith ar ganu *Lleifiad*. Gwnâi'r tro i ddisgrifio llwydni unrhyw alltudiaeth ...'

Cysyllter hyn wedyn â geiriau tad S.L. pan oedd yn weinidog gyda'r Presbyteriaid yn Liscard Road, Seacombe, a'r mab yn fyfyriwr ym Mhrifysgol Lerpwl:

---

* John Saunders Lewis. Y gyfrol gyntaf D. Tecwyn Lloyd. Gwasg Gee £15. Dyddiad cyhoeddi: 19/11/88

' 'Drychwch chi, Saunders, ddaw dim byd ohonoch chi nes dowch chi'n ôl at eich gwreiddiau'. A dyna un o'r pethau personol a ddywedwyd wrthyf fi am *(sic)* fy nhad yr ydw i'n eu cofio nhw yn fyw iawn hyd heddiw'.
(Cyfweliad efo Aneirin Talfan Davies ar Deledu'r BBC, 1961.)

Yn awr, dyma ni wedi cael yr astudiaeth gyntaf o flynyddoedd cynnar S.L. Cyfrol sy'n dod â ni i fyny i'r tridegau. Fe gafwyd eisoes bum cyfrol ar ei waith, tair yn Gymraeg, dwy yn Saesneg, gyda llond gwlad o erthyglau. Ond ar wahân i gyfeiriadau gwerthfawr *Bro a Bywyd* (golygydd Mair Saunders) ac atgofion S.L. ei hunan, tenau fu'n gwybodaeth o'r blynyddoedd cynnar. Ac, yn wir, yn ôl D.T.Ll. 'roedd S.L. yn bur warcheidiol o'r cyfnod hwnnw:

'. . . bûm yn gohebu ag ef ond anaml y bu hynny; digon aml, serch hynny, i wybod nad oedd yn croesawu dim chwilota i hanes ei ddyddiau cynnar! Yn wir, un tro, rhoes sgript ei ddrama *Dwy briodas Ann* imi i'w chyhoeddi yn *Taliesin* am gydsynio â'i ddymuniad taer arnaf beidio â chyhoeddi pennod ar ei fagwraeth yn Wallasey yn y gyfrol gyfarch Saunders Lewis (1975)'.

Gall hynny awgrymu fod ganddo rywbeth i'w guddio. Tebycach esboniad ydi nad oedd ganddo mo'r syniad lleiaf beth y byddai chwilotwr chwilfrydig yn debyg o'i ddarganfod. Oni fyddai gennym i gyd yr un ofn? O ystyried, mae hi'n sefyllfa gomig. S.L. yn nhawelwch swbwrbiad Penarth a D.T.Ll. draw fan 'cw ar drywydd . . . be? Efo pwy fydde fo'n siarad? Pa ddogfennau? Pa gyfrinachau ysgol? Pa gynyrfiadau glaslencyndod? Pwy fyddai'n cofio be?

A'r hyn sy'n taro'r darllenydd ar unwaith yw trylwyredd yr ymchwil. Mae'r cefndir teuluol manwl yn arbennig o werthfawr ac arwyddocâd ei berthynas â'i dad ac â'i gefndir yng Nghymru. Arwyddocâd colli ei fam yn gynnar, wedyn, a gofal llysfam. Y mae'r awdur yn gweld canlyniadau deublyg y golled honno. Aeth S.L. i chwilio am 'batrwm o ferch sydd yn wraig, yn feistres, yn fam . . . Blodeuwedd, Belisent, Siwan, Iris, Esther, Dora, Beti . . . mewn gair merched dramataidd ydynt, creadigaethau – a faidd dyn ei awgrymu? – un nad adnabu ei fam ei hun . . .'. Ond hyd yn fwy arwyddocaol na hynny yw'r awgrym llwythog:

'Mae'n demtasiwn dweud mai dehongliad Cymro alltud, a aeth ati yn odidog fwriadus i fabwysiadu gwlad ei dadau a'i deidiau fel mamwlad, yw'r holl athroniaeth a pholisïau gwleidyddol a diwylliannol a greodd ac a ledaenodd ef wedyn trwy gyfrwng Plaid Genedlaethol Cymru a phob math o gyfryngau eraill. Fe'i siomwyd, wrth gwrs; llysfam ac nid mam fu Cymru iddo'.

A dyna gydio wrth thema gyfarwydd yr S.L. a gafodd ei wrthod gan ei genedl. 'Chafodd o ddim hyd yn oed ei fabwysiadu ganddi.

Cawn ddarlun o'r dyddiau ysgol cynnar yn Liscard a'r awdur yma wedi mynd i'r drafferth o gysylltu â chyfoedion cynnar a gofiai'r bachgen Saunders – neu Sandy i'w gyfoedion. Turio trwy gylchgronau'r ysgol a dod o hyd i'r erthyglau a'r cynyrfiadau llenyddol cyntaf a darganfod iddo ysgrifennu dan ffugenw mewn cylchgronau poblogaidd. A chael ei dalu! Addysg ddosbarth canol, Seisnig, imperialaidd a Saunders yn disgleirio fel myfyriwr ac yn garismatig fel areithiwr. Yna 'mlaen â ni i'r Rhyfel, prifysgol Lerpwl, a'i symud tuag at yr Eglwys Babyddol. Dyma gyfnod ymffurfio o'i athroniaeth a'i weledigaeth wleidyddol a'i ganonau llenyddol heb sôn am y profiadau cyfriniol a gâi wrth grwydro bryniau Bidston a'r cyffiniau.

Mae *Bro a Bywyd* ei ferch Mair yn llenwi'r darlun cynnar hwnnw. Addas iawn i'r ddau gyhoeddiad ymddangos o fewn blwyddyn i'w gilydd. Nid yw D.T.Ll. wedi gafael ym mhwysigrwydd Sir Fôn i Saunders y plentyn. Dyma gefndir ei hen daid, William Roberts, Amlwch – gŵr merch Gwern Hywel a thras Modryb Ellen o Lanfaethlu a ofalodd am y teulu ar ôl colli'r fam:

> 'Yr wyf yn cofio Llanfaethlu yn well nag y cofiaf y lleoedd y buom ni'n byw ynddynt yn Wallasey hyd at y Rhyfel Byd yn 1914'.
> (Llythyr at Elsie a Gwyneth Bodednyfed, 1979).

Ac fe â ymlaen i greu darluniau telynegol hyfryd o'r atgofion hynny mewn llythyrau pellach.

Trwy gyfrwng erthyglau a llythyrau cawsom ddarlun gweddol lawn o brofiadau rhyfel S.L. Mae ymdriniaeth D.T.Ll. o'r profiadau hynny yn gampus. Ond o'r cyfan, i mi, yr un profiad ysgytwol yw'r darlun hwnnw ohono nad yw yn llyfr D.T.Ll. ond a recordiwyd yn ei *Atgofion* gan Wasg y Dryw ac a gyhoeddwyd yn yr *Empire News* ac yn *Bro a Bywyd*. Yma, mae'r swyddog

Saunders Lewis yn dod wyneb yn wyneb ag Almaenwr ifanc ar gyrch yng ngolau'r lleuad, a'r Almaenwr heb ei weld:

> 'Troes yr Almaenwr ei wyneb tuag ataf. Ni welai ef ddim. Aeth tri munud heibio. Saethais i ddim. Fedrwn i ddim. Un peth yw lladd â dryll o bell neu ladd â bidog yng ngwres brwydro rhuthrol. Peth arall yw saethu at fachgen bach hapus a'i ddryll ar lawr bedair llath oddi wrthyf . . .'

Ar wahân i drylwyredd y gwaith a'i ddisgleirdeb mynegiant yr ydym bellach wedi hen gyfarwyddo ag ef, yr hyn sy'n gwneud y gyfrol yn gyfraniad mor bwysig yw treiddgarwch meddwl ac ehangder gwybodaeth a diwylliant yr awdur: hyn yn ei alluogi i werthfawrogi ac i feirniadu. Gosodir yr amcan yn glir yn y rhagymadrodd:

> 'Yn ystod ei oes, bu'n wrthrych condemnio cras i rai ac addoli brwd i eraill. O dan holl ffroth y condemnio a'r addoli, mae gwir sylwedd y dyn ei hun. Ceisio gweld hwnnw a wnaf i yma'.

Yr oedd S.L. yn gymeriad cymhleth. Beth wnewch chi, er enghraifft, o Babydd sydd hefyd yn gallu dweud ar ôl cyhoeddi ei nofel *Merch Gwern Hywel*:

> 'Y mae'r nofel hon yn gwbl glir oddi wrth athrod ar neb ac mi fydd y Methodistiaid yn meddwl fy mod i wedi dyfod yn ôl yn gyfan gwbl atynt.
> Nid dyna'r gwir. Nes i'r gwir ydi nad ydwyf i erioed wedi ei gadael'.
> (Llythyr at Elsie Bodednyfed 24.11.1963. *Bro a Bywyd*.)

'Roedd angen clamp o awdur i fynd i'r afael â'r gŵr bychan gwydn, enigmatig a chawraidd hwn, gyda'i ffrâm hollgynhwysfawr, ei angerdd, ei ddireidi, ei allu i ysgwyd cynulleidfaoedd gyda'i greadigaethau llenyddol a'i angerdd gwleidyddol, ei breifatrwydd a'i unplygrwydd. Mae cael ymdriniaeth gytbwys wedi mynd yn rhywbeth amheuthun. Yr hyn a gawn ni'n rhy aml bellach yw gosodiadau ysgubol a rhagfarnllyd o blaid neu yn erbyn. Mae rhywbeth yn fendigedig neu'n uffernol. Ac yn hanes S.L. yn arbennig fe'i polareiddiwyd yn hanner addoliad neu'n wrthod dilornus. Ac wrth gwrs 'roedd elfennau yn ei fywyd a'i waith yn gwahodd hynny. 'Roedd ei grefydd, fel ei wleidyddiaeth, yn cynnwys elfennau a oedd i lawer o blith ymneilltuaeth a radicaliaeth Cymru yn hymbyg, a'i ddehongliad o hanes yn amheus.

Ar wahân i'w adeiladaeth syniadol, 'roedd holl ymarweddiad S.L. yn gofyn am drwbwl! Anaml y deuai allan o'i gragen. 'Doedd o ddim yn gymysgwr rhwydd, byth braidd i'w weld ar lwyfan na maes, a llawer ohonom â storïau amdano'n anghyffwrdd ac ar dro yn swta ac anfoesgar. 'Ddaru o erioed geisio poblogrwydd trwy fod yn neis ac yn wên deg. Mae yma ffenomenon ddiddorol. 'Rydym ni newydd fod yn coffáu un arall o alluoedd creadigol mawr – John Gwilym Jones. 'Roedd o hefyd wedi codi to ar ôl to o ddisgyblion yn ei hanner addoli ac yn barod iawn i fynegi'r addoliad hwnnw'n gyhoeddus. 'Chododd neb, hyd y gwn i, law feirniadol yn ei erbyn na gweld unrhyw grac yn ei gyfraniad, ei gefndir na'i gymeriad. Er iddo yntau hefyd goleddu achosion amhoblogaidd ac anffasiynol, mi 'roedd Pabyddiaeth S.L. yn fwy o fwgan i Gymru nag anffyddiaeth John Gwilym Jones.

Fel yn hanes cymaint o'n prif lenorion a'n hysgolheigion mae pob cyfeiriad atyn nhw yn huawdl-ganmoliaethus – fel pe bai'r cawcws academig yn diogelu yr eiddo'i hunan. Ac er i wŷr disglair fel yr Athro Henry Lewis a Syr Ifor Williams fod yn llai na grasol tuag at S.L., eto, hyd y gwn i, ni ddywedwyd dim i danseilio'i statws.

Eto, yn baradocsaidd, 'roedd yr union elfennau anghyffwrdd yma yn rhoi i S.L. ei apêl a'i awdurdod. Wrth ddewis ei ymddangosiadau a'i ddatganiadau'n fwriadol ac anfynych (fel darlith Ann Griffiths yn Y Drenewydd) 'roedd o fel pe'n diogelu'i hygrededd ac yn dyfnhau'n chwilfrydedd ni. Mae 'na fantais weithiau wrth beidio â bod yn un o'r hogia! Ac fe ellir dadlau fod rhai o'r Cymry disgleiriaf wedi colli rhyw gymaint a awdurdod ac o awra trwy gymysgu gormod, trwy ymddangos yn or-fynych, ac ymateb i ormod galwadau nes deiliwtio'r gwin!

Wynebodd D.T.Ll. yr elfennau yma yn ddewr ac yn onest. Y mae tystiolaeth fod ei wrthrych yn adweithiol, yn annemocrataidd, yn wrth-Iddewig. Ac yn sicr, fe fydd rhaid wynebu hyn eto yn yr ail gyfrol. A sôn am y gyfrol sydd eto i ddod, nodaf yma broblem sydd gan yr awdur. Erbyn canol y tridegau, 'roedd safbwyntiau S.L. fwy neu lai wedi eu crisialu. Yn ei ymdriniaeth mae D.T.Ll. dro ar ôl tro yn gorfod ymatal yn ei ddadansoddiad gan ychwanegu 'fe ddown yn ôl at hyn eto'. Mae hyn yn rhwym o arwain i ryw gymaint o ailadrodd ac o anniddigrwydd, ac eto, o ddewis trafod y gwrthrych yn gronolegol, anodd gweld sut y gellid gwneud yn wahanol.

Mae'r darlun sy'n aros ar ôl y gyfrol gyntaf yma yn un cymysg. Mae hefyd yn peri anesmwythyd. Yn y broses o ddarganfod ei wreiddiau ei hun, fe orfodwyd S.L. i chwilio am ystyr ac am gyfeiriad i'w genedl. Fe'i gwelodd hi fel llawforwyn yn nwylo'r Duw alltud a addolai. Canlyniad y bererindod honno oedd creu Plaid Cymru, Cymdeithas yr Iaith, canonau beirniadaeth lenyddol a dehongliad i hanes sy'n dibynnu ar ein parodrwydd i dderbyn ei gynseiliau diwinyddol. I rai, 'roedd *Canlyn Arthur* yn garreg filltir. I eraill yn garreg fedd. Ac nid ydym eto wedi dechrau sôn am ei ddramâu, ei farddoniaeth, Cwrs y Byd na Phenyberth. Oherwydd ehangder ei ganfas ac angerdd ei enaid 'roedd ei ragoriaethau, fel ei gamgymeriadau, yn rhwym o fod ar raddfa fawr. Ni fedrai fyth fod yn ganolig, yn gyffredin nac ystrydebol. Fe ddywedodd bethau anffodus a bu'n annheg ac unochrog mewn sawl beirniadaeth ac yn rhy barod i geisio ffitio ffeithiau a digwyddiadau i ffrâm ideolegol oedd i fod i egluro a goleuo popeth. 'Dydi hi ddim yn gweithio felly bob amser!

Drwy'r cyfan fe'n heriodd ac fe'n cystwyodd. 'Roedd ei awydd dwfn am weld Cymru yn rhydd ac yn lân yn un cywir. Ac yn ystod y tridegau (fel y gwelsom ni yn niwedd ein canrif) fe arweiniodd y breuddwyd sawl meddwl disglair a beiddgar i eithafion y chwith a'r dde. Ar yr ochr gadarnhaol, mae mynnu diogelu safonau ac urddas mewn moes a chelfyddyd a gwleidyddiaeth yn rhwym o greu pendefigaeth – o fath. Nid bod i'r bendefigaeth honno unrhyw gyfnod penodol euraid na breintiau etifeddol ond yn yr act o geisio cracio cadarn goncrid Philistia, onid sôn yr ydym ni, o raid, am yr ychydig?

Fe welsom hefyd yn ein dyddiau ni nad yw llawer o'r lleisiau sy'n sôn yn dalog am hawliau gwerin a chysegredigrwydd y broses ddemocrataidd yn malio fawr am hawliau na phleidleisiau'r mwyafrif. Onid yr ychydig sy'n llunio polisïau pob plaid a chyfeiriad pob undeb llafur? Onid celloedd bychain sy'n gwarchod iaith? Onid llond dwrn sy'n rhedeg y cyfryngau. Ac onid cwangos sy'n rheoli'r genedl? Ac os nad ydym ni'n llosgi synagogau'r Iddewon, yr ydym yn ein hadnabod ein hunain yn ddigon da yn y Gymru gyfoes i weld sut y gall casineb wedi ei sylfaenu ar syniadau peryglus am ragoriaethau hiliol wneud hynny'n bosibl.

Mab mabwysiedig? Brenin alltud? Pwy bynnag ydoedd, fe wnaeth wahaniaeth i fywyd Cymru yn yr ugeinfed ganrif. A mawr ddiolch i Tecwyn Lloyd am y fath gyflwyniad.

Tachwedd 1988

Pwy sy'n tynnu coes pwy?

Miss J. M. Davies, H. E. Williams, B. P. Thomas ac eraill

Yn ystod pedair blynedd fy ngolygyddiaeth o'r cylchgrawn *Barn* yn y saithdegau, fe gyhoeddwyd, o dro i dro, farddoniaeth gan Miss J. M. Davies. Enw newydd, llais newydd. Hyd y gallwn weld nid oedd yn perthyn i unrhyw stabal arbennig. 'Roedd hynny ynddo'i hunan yn donic i olygydd. 'Roedd yn llais arbrofol, cyfoes – yn ymwrthod yn llwyr â'r mesurau traddodiadol mewn cyfnod pan oedd llawer o'r beirdd ifanc gorau yn troi'n ôl at eu hen wreiddiau a'u hen dderwen. 'Roedd ei neges hefyd yn wahanol – dull ysbeidiol, cwta, argraffiadol. Ar brydiau yn mynd â ni i dir yr abswrd ac anodd gwybod pryd i chwerthin a phryd i grio, neu, yn wir, sut i ymateb yn emosiynol o gwbl. Un fel yna oedd Miss J. M. Davies.

Yn rhifyn Hydref 1977 o *Barn* fe gawsom yr ymdriniaeth gyntaf o'i gwaith gan H. E. Williams. Fe'i cyhoeddaf yma:

Miss Janet Mitchell Davies
H. E. Williams
(Croydon: gynt o Dreorci)

Hyd y gwelsom, ni roes dim un o'r papurau a'r cyfnodolion Cymraeg linell o sylw i ymadawiad y chwaer uchod sydd yn wrthrych hyn o ysgrif. Cofnodwyd ei harwyl mewn un neu ddau o bapurau lleol Saesneg Morgannwg ac oddi wrth y rhai hynny deallwn i'w llwch gael ei wasgaru ar gae neilltuol sydd ar gyrion pentre bach Trefflemin ym Mro Morgannwg.

Wedi ail ystyried, efallai nad annisgwyl oedd tawedogrwydd y Wasg Gymraeg ar y mater. Gwraig ddibriod, hynod neilltuedig ac anghyhoeddus fu Miss Davies ar hyd ei hoes ac nid tan yn lled ddiweddar y gwelwyd ei henw a pheth o'i chynnyrch llenyddol mewn un neu ddau o'n papurau cenedlaethol. Hyd yn oed wedyn, nid mwy na rhyw chwech neu saith o ddarnau a gyhoeddodd, y cyfan yn rhai mydryddol (os nad ydym yn camgymryd). Credwn ei bod wedi anfon ambell lythyr at Olygydd *Y Cymro* ynglŷn â materion a oedd dan sylw ar y pryd ond, hyd y gwyddom, dyna holl swm ei chyhoeddiadau.

Fodd bynnag, fe sgrifennodd lawer mwy na'r hyn a gyhoeddwyd ganddi. Cawsom y fraint o fynd drwy ei phapurau a oedd, tan ryw flwyddyn yn ôl, yng ngofal ei thwrneiod, y Mri Dodson, Hablett, Pook & Hablett ac nid gormod yw dweud fod eu cynnwys a'u swm yn agoriad llygad nid bychan. Yma, ni allwn sylwi ar fwy na chyfran fechan o'r deunydd.

A barnu oddi wrth yr hyn a welir yn y papurau hyn, un o'r dylanwadau cyntaf a mwyaf arhosol ar Miss Davies oedd y llenores Americanaidd, Gertrude Stein (1874-1946). Yn ei dydd, yr oedd gan y wraig hon gryn enw ymhlith llenorion arbrofol a blaengar o bob lliw a llun, a datblygodd yn llwyddiannus, ymhen amser, arddull a deunydd a oedd yn gwbl annarllenadwy. Bu hyn yn ymdrech galed iddi, wrth gwrs, ac ar ddechrau ei gyrfa nid yw ei gwaith mor anhydraidd. Un o'i brawddegau enwog yw 'A rose is a rose is a rose' ac ymhlith papurau cynnar Miss Davies, ceir math o ysgrif arbrofol (tua 1912?) sy'n agor gyda'r traethiad hwn: 'Dyn ar ben to yw dyn ar ben to yw dyn ar ben to'. (I'w dyfynnu'n gywir dylasem argraffu'r frawddeg ar ffurf triongl fel y sgrifennwyd hi ond byddai hyn yn rhoi gormod o straen ar adnoddau ein hargraffwyr heb sôn am wastraffu eu hamser.) Gwelir dylanwad Miss Stein yn glir drwy'r holl ddarn; mae'n debyg mai Arbraw Llenyddol a fwriedid gan Miss Davies ond erbyn heddiw, ysywaeth, aeth yn amhosibl dweud beth oedd telerau na phwrpas yr arbraw ac ni wyddom beth a brofwyd ganddo, os yn wir, *profi* dim o gwbl. Anaml y bydd Arbrofion Llenyddol yn *profi* un dim, bod yn Arbraw yw eu pwrpas yn ôl y beirniaid llenyddol gorau ac os tuedda'r Arbraw i brofi rhywbeth neu'i gilydd, lled-ystyrir ei fod yn fethiant.

Rhag gwneud gormod o'r peth, dyna'r cyfan y gellir ac y dylid ei ddweud am ddylanwad Gertrude Stein ar Miss Davies. Ni fentrodd gyhoeddi dim un o'i harbrofion mewn annealledd; nid oedd y blynyddoedd rhwng 1912 a 1930 yn adeg rhy dda i feirdd tywyll yng Nghymru am fod gwaith pob un ohonynt bryd hynny yn rhyfeddol o eglur.

Ond yn 1962 daeth *Barn* i'r byd ac ymhen rhai blynyddoedd

wedyn gwelwyd cyhoeddi ynddo ddarnau o sgrifennu a oedd yn anelu at ddau beth, sef bod yn dywyll a bod yn an-wreiddiol. I ddeall hyn, dylid cofio fod cwmni Penguin (yn bennaf) tua'r adeg yma wedi dechrau cyhoeddi nifer o ddetholiadau o weithiau beirdd lled anhysbys i Loegr o wledydd canol a de-ddwyrain Ewrop, cyfieithiadau o ieithoedd fel Magyar, Tsecheg, ac ati – ieithoedd anodd a thra dieithr gan mwyaf. Anodd hefyd a phur dywyll oedd gwaith y beirdd hyn ac i lawer o ddarllenwyr mae'n debyg mai'r peth mwyaf cofiadwy ynglŷn â hwy ydoedd odrwydd a dieithrwch eu henwau, – Penti Gilisky, Krakpotowicz, Mbar, – rhai fel yna. A barnu oddi wrth siâp y darnau fel yr argreffid hwy yn Saesneg gellir dyfalu mai rhyw fath o *vers libre* yw'r gwreiddiol, *très libre* hefyd, ond wrth gwrs, heb wybod iaith y wlad lle cyhoeddwyd hwy gyntaf mae'n amhosibl dweud.

    Angen yw mam pob dyfais ebe'r hen air a dyna sut y bu hi y tro hwn. Cyn pen ychydig, wele amryw byd o feirdd ieuainc Cymraeg yn cyhoeddi efelychiadau a hyd yn oed lled-drosiadau o weithiau'r canol-Ewropiaid hyn. Nid oeddym o'r blaen wedi cael lle i amau eu bod yn gwybod dim o ieithoedd gwreiddiol y darnau nac yn gwybod y fath amrywiaeth helaeth ohonynt. Adar prin, gredem ni cyn hyn, oedd y beirdd Cymraeg a oedd yn rhugl mewn Groeg Modern, Slofeneg, Serbo-Croateg a'r ieithoedd a grybwyllwyd eisoes. Fel arfer, yr ail iaith a ddysgir yn ysgolion uwchradd Cymru ar ôl Saesneg (fel yn Lloegr) yw Ffrangeg ac yn llai aml Almaeneg neu Sbaeneg. Mae'n rhaid felly mai ffrwyth astudiaeth breifat galed a chyflym oedd gwybodaeth rhai o'n beirdd o'r ieithoedd diarffordd hyn.

    Wrth gwrs, nid trosiadau oedd y cyfan na hyd yn oed y rhan helaethaf o'r darnau newydd ond efelychiadau; sgrifennu 'ar ôl' rhyw farddyn tramor neu'i gilydd. Ond yr oedd hynny hefyd yn rhagdybio gwybodaeth fanwl o iaith y darnau a efelychid; yn wir, weithiau gellir gweld fod y bardd o Gymro wedi ymgolli cymaint yn yr iaith dramor nes bod cystrawen ei Gymraeg yn arwisgo dieithrwch yr iaith wreiddiol. Pethau fel 'yn ôl i'n rhieni', 'mor bell o'n gilydd' a chymalau tramoraidd tebyg sydd, fe ddichon, yn perthyn i droadau ymadrodd y Tsecheg neu'r Dochareg.

    Ffaith arall bwysig hefyd yw fod y diddordeb a'r medr hwn mewn dysgu ieithoedd tramor pellennig yn cydoesi â'r cynnydd cyson a welwyd yn nifer y llyfrau gramadeg a geir yn y gyfres

'Teach Yourself'. Erbyn 1970, roedd y gyfres hon wedi dwnedu cymaint â deg ar hugain o ieithoedd gan gynnwys rhai cyffrous – ond diarffordd – fel Samöeg a Ffineg ac o tua 1970 ymlaen daeth dysgu ieithoedd fel hyn yn ffasiwn, yn enwedig pan oedd hynny'n debyg o ddod â chlod a sylw llenyddol i'r dysgwyr. Yr abwyd hwn a barodd i gymaint o Gymry droi ati i ymlafnio drwy'r gramadegau a'u 'dysgu eu hunain' nid yn unig sut i drosi ond sut hefyd i efelychu barddoniaeth yr iaith, neu'r ieithoedd a ddysgent. Mewn gair, aeth y 'Teach Yourself . . .' yn 'Do It Yourself'. A pha fesur mwy cydweddol â gwaith felly na'r *vers libre*? Yn wir, barddoniaeth D.I.Y. yw *vers libre* ac mae'n anodd esbonio ei boblogrwydd yng Nghymru lle mae'r beirdd yn etifeddion traddodiad barddonol a phroffesiynol a deunydd anhraethol uwch a mwy crefftus. Ond nid dyma'r lle i hela'r sgyfarnog yna.

Erbyn 1971 'roedd Miss Davies mewn gwth o oedran ond parhâi ei meddwl mor effro ag erioed i dueddiadau'r oes. Ym mis Gorffennaf y flwyddyn honno cyhoeddodd *Barn* ddau o'i throsiadau cyntaf, sef 'Poenau' a 'Mynd a Dod'.* Dilyn y bardd Rwthenaidd cyfriniol Penti Giliski y mae yn y darn cyntaf ac efelychiad yn hytrach na throsiad ydyw. Fel y gŵyr y cyfarwydd, nid hawdd yw deall gwaith Giliski hyd yn oed i Rwtheniad o hil gerdd, mae ei arddull a'i ddeunydd bob amser yn dywyll, heb sôn am anawsterau'r iaith Rwtheneg ei hun. Dilyn y bardd Danaidd o Lübeck, Würst Sauerkraut, y mae 'Mynd a Dod'. Mewn byr amser, felly, gwelwn fod Miss Davies wedi dysgu dwy iaith dramor yn ddigon da i fedru gwerthfawrogi eu llenyddiaeth a dethol ohonynt.

Er mwyn dilyn ffasiwn beirdd ieuainc y dydd, ymroes ati i ddysgu amryw ieithoedd eraill tra dieithr, Erimoteg yn eu plith, a dengys ei gweddillion llenyddol ei bod wedi trosi ac efelychu pentwr helaeth o ddarnau barddonol yn yr ieithoedd hyn ond hyd y gwyddom dim ond ychydig a gyhoeddodd. Erbyn tua 1973, '74, darfu chwiw ieithyddol ein beirdd ac aeth y rhelyw ohonynt yn ôl at gyfieithiadau Saesneg llyfrau'r Pengwyniaid; llai trafferthus, wedi'r cwbl, yw trosi trosiad Saesneg ac os na fynnwch ddweud hynny, bydd mwyafrif y darllenwyr yn meddwl mai trosi o'r gwreiddiol yr ydych p'run bynnag. Hyn, mae'n debyg, a barodd i Miss Davies beidio â chyhoeddi mwy o'i darnau barddonol.

* op. cit., tt. 265 a 270.

O dro i dro bu amryw yn holi paham na ellid cael casgliad cyflawn o'i gwaith. Yn ystod ei hoes ni bu'n chwannog i wneud un ac erbyn hyn nid hawdd fyddai cynnull ei holl weithiau; oherwydd cysylltiadau teuluol dyfarnodd yn ei hewyllys fod ei holl bapurau, personol a llenyddol, i'w trosglwyddo yn y man i lyfrgell Prifysgol Chinook, U.D.A. Dywed y twrneiod a grybwyllwyd uchod fod hyn yn awr wedi ei gyflawni. Yn Chinook y mae ei holl gynhyrchion bellach ac fel y gŵyr y cyfarwydd nid yw'r dre hon ymhell iawn o'r Badlands.

Yn Rhagfyr yr un flwyddyn:

Gweddillion Llenyddol
H. E. Williams

(Dymunir diolch yma i Syndiciaid Prifysgol Chinook, U.D.A., am ganiatâd i gyhoeddi'r Gweddillion Llenyddol hyn o waith y ddiweddar Miss J. M. Davies.)
Detholwyd y tri dernyn a ganlyn o blith nifer o ddarnau tebyg a lled-debyg a sgrifennwyd gan Miss Davies rai blynyddoedd yn ôl. Nid oes teitlau iddynt yn y llawysgrifau gwreiddiol ac ni farnwyd bod angen rhai yma. I bob golwg, maent yn waith gwreiddiol Miss Davies ei hun yn hytrach na throsiadau neu gyfieithiadau o feirdd pellennig Ewropeaidd. Gan nad ydys yn hyddysg yn ieithoedd na gweithiau beirdd felly, mae'n bosibl ein bod yn camgymryd ac mai trosiadau yw'r darnau isod wedi'r cwbl. Hyderwn y maddeuir inni os digwyddodd amryfusedd.

    i.

    Mae'r llinell sy'n dilyn hon yn ferrach na hon
    Ac yn llai mydryddol o guriad neu ddau;
    Siarad mewn rhithmau siarad
    Mae tri o ddynion
    Ar groesffordd.

Yn dilyn hon mae llinell heb acen na sain na rhithm:

    Na! y drydedd linell yw hon, doedd yr ail
    Ddim i'w chlywed nac ychwaith i'w gweld, –
    Linea abscondita, a'r nefoedd a ŵyr
    Beth dd'wedai:

At argyfwng fel hyn y creir
   beirniaid
      Llenyddol.

ii.

Ynglŷn â chanu concrit fe ddywedir:
'Soned siâp gwydr berwi ŵy
   Yw'r un orau
     Oblegid
    Dim ond ei phlygu
   Ar draws ei gwasg yn ei hanner
Bydd gennych ddwy delyneg o fowlen

     a dwy fowlen.'

iii.

'Rwy'n anghofio, ebe'r Bardd Cyfoes,
      hepgor
llinellau o'm penillion a
    gosod i mewn
y llefydd gwag
   lle dylai
     llinellau
      fod.

Gwendid mewn bardd
  yw creu gormod
    gwneud gormod
      o linellau gweladwy.

Does dim
  mwy anodd i'w ddeall – a thywyll –
    na dim
  canys dim, wedi'r cwbwl,
    yw dim.

        *   *   *

Yna yn *Barn*, Chwefror 1978, ymdriniaeth loyw gan un yn dwyn yr enw arwyddocaol B. P. Thomas:

Canu Cynnar Miss J. M. Davies
B. P. Thomas

Diddorol iawn i mi oedd erthygl y Parch. H. E. Williams yn rhifyn Hydref diwethaf o *Barn* ar y wraig ryfeddol honno, Janet Mitchell Davies, a fu farw'n ddiweddar. Yr oedd sylwadau Mr. Williams yn werthfawr iawn cyn belled ag yr oeddynt yn mynd, ac yn gwneud rhywfaint o iawn am yr esgeuluso mawr a fu ar Miss Davies a'i gwaith yn ei gwlad ei hun. Ond y mae llawer mwy yn ei hanes nag a groniclwyd gan Mr Williams.

Er enghraifft, nid yw ef yn sôn dim am ei chartref na'i theulu, ac mi garwn lenwi ychydig ar y bwlch hwn. Yn Runcorn y ganed Miss Davies, yn ferch i Hezekiah Davies, masnachwr cefnog yn y dref, blaenor yng nghapel M.C. Mercer Street, a brodor o Fôn yn wreiddiol. Merch oedd ei mam i John Evans o Borthaethwy, a diddorol yw sylwi, o gofio am orchestion barddol Miss Davies, fod i'w thaid air pur uchel fel bardd gwlad. Yn wir daeth yn adnabyddus i gylch llawer ehangach nag Ynys Môn.

Yn y Runcorn Ladies Academy y cafodd Miss Davies ei haddysg. Ni fu erioed mewn swydd, ond cafodd bob cyfle gartref i ddiwyllio'i hun trwy ddarllen yn eang. Er y byddai ei thad ambell dro yn rhoi cyfle iddi helpu yn y siop, yn y 'drawing room' uwchben gyda'i llyfr y mynnai hi fod, a chan fod ei meddwl ar bethau uwch a dyfnach na mingamu'n bropor yng nghwmni Cymry bas, masnachol Runcorn, y mae wedi gadael i'w chenedl nifer o gerddi sy'n debyg, ac eto'n dra gwahanol, i waith beirdd eraill ei chyfnod.

Fel y dywedodd y Parch. H. E. Williams, y mae corff mawr barddoniaeth Miss Davies erbyn hyn ym Mhrifysgol Chinook yn America. Ond y mae peth o'i gwaith yn aros yng Nghymru o hyd, a dyma'r esboniad. Er nad oeddwn i'n adnabod Miss Davies nac erioed wedi ei gweld, fe anfonodd ataf tua phum mlynedd yn ôl nifer o'i cherddi, a gofyn a oeddwn i'n barnu y gellid cyfrol ohonynt. Buom yn gohebu'n gyson o hynny hyd o fewn rhyw bythefnos i'w marwolaeth. Y mae tipyn o waith golygu ar y gyfrol, ac yn y cyfamser mi dybiais y carai darllenwyr *Barn* gael rhagflas o'r cynnwys, ac fe gaf finnau gyfle i egluro rhywfaint ar deithi awen y farddones gwbl eithriadol hon.

Un peth nodedig ynglŷn â barddoniaeth Miss Davies yw ei bod yn ddrych i amryw o'r mudiadau neu'r gogwyddiadau sydd i'w gweld ym marddoniaeth Gymraeg yr ugeinfed ganrif. Gellir dweud yn eithaf teg mai bardd y beirdd oedd hi yn ei chyfnod cynnar, yn yr ystyr bod ei hymateb i waith beirdd eraill yn eithriadol o deimladwy. Ddeugain mlynedd yn ôl yr oedd hi'n ifanc, ac yn rhan o'r adwaith rhamantaidd mewn llên. Yn ei hawdl 'Y Rhaff' fe welir hyn yn glir iawn, fel yn y ddau bennill hyn:

> A mi'n streidio mewn strydoedd
> Gan hoen iach, cans gwanwyn oedd,
> Rywbryd yn nechrau Ebrill,
> Yr awel bêr eiliai bill
> O glod am ddyfod yr hin ddihafal
> A'r rhaw a ddena i erddi anial
> Y priciau pys, tewbrys tal, – gainc ar gainc
> A chnydau ifainc a chwynnu dyfal.
>
> A mi'n gwrando, deunod erch
> A glywn o ddirgel lannerch–
> Nod ing cyn dyfod angau,
> A dilyn nod llawenhau.
> A dôi'r ddeunod gan wanu'r cysgodion
> O gongl gyfrinaf, gelaf y galon,
> Mal y gath amlwg weithion–a rhyw frawd
> Ar anwych anffawd yn sarnu'i chynffon.

Fel y mae'n digwydd i lawer un ar gychwyn gyrfa, fe deimlodd Miss Davies hithau oddi wrth y nostalgia hwnnw sy'n faich ar yr ifanc mor aml. Nid yw hyn yr un peth â hiraeth, oherwydd un elfen yn y teimlad yw rhyw felancoli parlysol, rhyw awydd ysol am fynd i ffwrdd i rywle pell a pheidio byth â dod yn ôl, rhan o'r adwaith rhamantaidd eto. Dyma un enghraifft o waith Miss Davies:

> Pe cawn i bres y dynion ciwt
> A fflachiog siwt i'w gwisgo,
> I ble yr awn i yn y fan?
> Yn syth i San Francisco.

> Os llawn o dwyll yw celfi'r byd
>   A'u farnais ddrud yn plisgo,
> Cwrteisi a bonedd lond pob man
>   Sy o hyd yn San Francisco.
>
> On'd gwell na byw mewn byd di-hedd
>   A'i lesgedd a'i ymlusgo
> Ymorol rhoi fy marwol ran
>   Yn naear San Francisco?

Y mae'r diflastod a'r alaru ar y byd hwn, a'r awgrym o awydd ymddatod a chroesi i fyd arall sydd yn gerdd yna yn arwain i athroniaeth gyflawn, gytbwys, a rhyw naws Galfinaidd ynddi. Gwelir hyn yn amlwg yng ngwaith y beirdd mawr, a'r rhai bach hefyd. 'Modd' yw teitl y gerdd gywrain a gonest sy'n dilyn:

> Dim ni yw onid damwain, a'n bywyd
>   ni bu ond o ddigwydd;
> Hap yw dechrau pob hapus!
>   tranc ydyw diwedd pob trist!
>
> Buchedd nid yw ond crebachiad anorfod
>   y nerfau a'r esgyrn!
> Ennyd o weled goleuni
>   bod rhwng difod a dim!
> Dir mai ofer fai dario yn hir
>   yn nhir y meidrolion;
> Nag aros ymysg rhai gwirion
>   gwell fyddai gyffur neu gas.

Y mae rhai beirniaid wedi honni mai pesimistiaeth lwfr sy'n cymell cerddi fel y rhain, ac nad oes gan Gristion hawl i fod yn besimist. Yr oedd Miss Davies, fel merch i flaenor Methodist, yn sicr yn Gristion, ac nid ein busnes ni yw dweud beth a ddylai hi ei ysgrifennu. Cynnyrch ei blynyddoedd aeddfed yw ei hawdl 'Y Pechadur', ac y mae yn honno rai darnau o draethu profiad difloesgni na chaed erioed mewn cyffesgell Babyddol na seiat Fethodistaidd nac oedfa efengylaidd ddim mwy gonest. Dyma rai llinellau yn sôn am y pethau hynny y mae plant yn ymroi iddynt weithiau:

Yn sur fy ngwedd wrth dân yr eisteddwn;
Am ddolur i greaduriaid y meddyliwn,
A cham agwedd bywyd a ddychmygwn.
Heb wich na sŵn mi godwn o'r gadair
A mynd nes dod i gysgod y tŷ gwair
I yfed gwin yng ngwaed pryfed genwair.
A chreulon wasgwn a gwthiwn gathod
I dyllau'n y wal, llabyddio malwod,
Neu friwio'n eger ysgyfarnogod.
Mi bluwn yn fyw ambell gyw giâr,
A gwanu nodwydd i gywion adar,
A rhychu teios y tyrchod daear.

Efallai y dywed rhywun fod dylanwad Gwenallt ar y darn hwn, ond sylwer ar realaeth feiddgar y disgrifiad, a'r farddones yn datguddio'i gorffennol brych hi ei hun heb gelu dim, ac o wynebu aflendid ei hisymwybod yn ddewr y mae'n ennill y catharsis hwnnw sy'n anhepgor i bob enaid iach.

* * *

I ddeall datblygiad cymeriad Miss Davies fel y mae'n cael ei symboleiddio yn ei hagwedd at anifeiliaid, y mae un gerdd sy'n haeddu cael ei hastudio'n bwyllog a thrwyadl, a'i gosod ochr yn ochr â'r dyfyniad uchod o awdl 'Y Pechadur'. Sylwer ar geinder y fydryddiaeth a'r cyffyrddiadau o gynghanedd. Y testun yw 'Y Llyffant'.

Pan ddêl goleuni wedi glaw
   Heb unson ond diferion dail,
A phan na chwyd o'r llwyn gerllaw
   Un sŵn o'i frigau hyd ei sail,
Y dechrau heb na chrawc na chri
Dy droednoeth bererindod di.

Er rhoddi i ti bedwar troed
   Fel meirch y lord sy'n rhodio'n rhydd,
Ni'th welwyd di'n carlamu erioed
   Fel Sgilti Sgawndroed 'slawer dydd;
Ni fynni ond llamu ac ymbellhau
Yn flin aflêr i'r gwter gau.

> Er prisio o rywrai'n amgen moeth
>   Nag adar mân a gân ar gainc
> D'asennau a'th esgeiriau noeth
>   Yn rhost neu ffrei ym Mharis Ffrainc,
> Myfi ni fynnwn unwaith gwrdd
> Â'r fath amheuthun ar fy mwrdd.

Nid dyma'r lle i drafod holl oblygiadau cyfoethog y gerdd hon, ond fe wêl y cyfarwydd mai delwedd yw hi, beirniadaeth ar y cyfoethogion sy'n treisio'r tlodion, a'r rheini'n flin aflêr yng nghwter bywyd.

Pan oedd tua chanol oed, fe ddaeth newid ar arddull Miss Davies, fel y digwyddodd i W. B. Yeats ac eraill, sef rhoi heibio'r ymadroddion moethus a siarad yn symlach o lawer, a defnyddio geiriau llafar yn dra effeithiol. Yr wyf yn cofio gofyn iddi mewn llythyr ai edmygu arddull T. H. Parry-Williams a barodd y newid hwn. Yn ei hatebiad dywedodd Miss Davies nad oedd wedi darllen dim o waith Parry-Williams, gan nad oedd siop lyfrau Cymraeg yn Runcorn. Felly y mae'n amlwg fod ei hawen hi wedi datblygu yn ei ffordd ei hun. Fel enghraifft o'r arddull newydd cymerwn y soned a ganlyn i'r Wyddfa, lle mae'r awdur yn disgrifio'r tro cyntaf yr aeth i ben y mynydd hwnnw yn y trên:

> Dringais ei llechwedd serth yn chwys i gyd
>   Ganwaith o'r blaen wrth fyned ar gymowt
> Yn llefnyn talog, gan ryw deimlo o hyd
>   Y down yn ôl i'r gwaelod heb ddim dowt,
> Canys yr oedd ei daear dan fy nhraed
>   Yn sylwedd sad, a'i disymudrwydd glwth
> Yn sicrwydd dan fy sodlau; yn fy ngwaed
>   Fe roed diddymdra pob agendor rhwth.
> Ond heddiw nid oes ond rhyw bwff o stêm
>   Yn plycio'n ôl a blaen mewn peipen sglein
> Rhyngof a'r affwys, ac nid ydyw'r gêm
>   Yn ddim ond troi olwynion ar y lein;
> A gwn yn iawn, pe collai'r trên y trac,
>   Y byddai'n bryd i minnau hel fy mhac.

Ond cynnyrch sy'n rhoi lle cwbl unigryw i Miss J. M. Davies yn llenyddiaeth yr ugeinfed ganrif, a hynny nid yng Nghymru yn unig ond yn llenyddiaethau gorllewin Ewrop ac America hefyd, yw'r cerddi hynny y byddai hi yn eu galw yn 'gerddi-ôl-a-blaen'. Pan gyhoeddodd William Empson ei lyfr *Seven Types of Ambiguity* yn y tridegau, digwyddodd Miss Davies fod yn siop lyfrau enwog Peabody and Beanstalk yn Runcorn, wedi galw am ei chopi o *Woman's Own*. Prynodd gopi o'r llyfr, a darllenodd ef, fel y dywedir, ar un eisteddiad.

Yn awr yr oedd cyneddfau meddyliol Miss Davies yn gyfryw fel na fodlonodd ar wneud rhyw eiriau mwys bach diniwed, nac ychwaith ar ddychmygu gweld geiriau mwys lle nad oeddent, fel y bydd beirniaid diweddar yn gwneud. Nid gair mwys iddi hi, ond cerdd fwys. Rhaid inni wneud ymdrech i ddeall yr egwyddor sydd y tu ôl i'r cerddi hyn. A gaf fi geisio esbonio'n syml?

Y mae i bob cerdd ei hystyr, fel y mae i air ei ystyr. (Y mae rhai beirniaid heddiw yn gwadu bod ystyr i farddoniaeth, gan haeru mai casgliad o eiriau yw cerdd, a phawb yn rhoi ei ystyr ei hun iddynt, ond nid oedd Miss Davies yn derbyn hynny.) Y mae i ambell air ddwy ystyr, a dyna sy'n ei wneud yn air mwys. Y broblem a fu'n poeni'r awdures athrylithgar am flynyddoedd oedd sut y gellid cael cerdd gyflawn ag iddi ddwy ystyr. Bu'n gohebu â F. R. Leavis ac I. A. Richards a Northop Frye a beirniaid llai adnabyddus i geisio arweiniad, ond yn ofer. Yr un ateb i bob pwrpas oedd gan bawb, sef nad oeddent yn deall am beth yr oedd yn sôn. Ond ni ddigalonnodd Miss Davies. O'r diwedd fe ddaeth y weledigaeth. Fel y bu i'r gwyddonydd mawr hwnnw, Archimedes, yng ngwlad Groeg gynt gael syniad llachar wrth eistedd yn y bath, felly hithau wrth gerdded i'r capel yn Runcorn. Dyma a ddywedodd yn un o'i llythyrau:

> 'Yn hollol sydyn, fel petai rhyw oleuni mawr yn torri ar fy meddwl, mi sylweddolais fod y daith i'r capel, a'r daith yn ôl adref, yn ddau brofiad cwbl wahanol – gwahanol yn eu hamcan ac yn eu hargraff ar fy ymwybyddiaeth i, ac eto yr oedd y ddau brofiad o fewn yr un terfynau.'

Hyn a barodd iddi sylweddoli y gellid gwneud un gerdd yn ddwy trwy ei darllen tuag yn ôl, a dyna gychwyn yr arbraw mwyaf llwyddiannus yn hanes ein llenyddiaeth ddiweddar, sy'n gwneud i arbrofion beirdd eraill edrych fel chwarae dominos. Dyma un enghraifft o gerdd-ôl-a-blaen:

> Bychan dyn a mawr bydysawd,
> Rhwng dirgel gyswllt
> Rhyw a gwanc daw y pryfyn difaol cur
> Wedi disgwyl ofer ac aberth,
> Gyda'r boen ddirdynnol
> Sy'n gnewyllyn byw.

O gychwyn yn niwedd y gerdd a darllen yn ôl i'r dechrau dyma a geir:

> Byw gnewyllyn sy'n
> Ddirdynnol boen gyda'r
> Aberth, ac ofer disgwyl wedi
> Cur difaol pryfyn, y daw gwanc a rhyw
> Gyswllt dirgel rhwng
> Bydysawd mawr a dyn bychan.

Fel hyn y mae un gerdd yn mynd yn ddwy, ac yn yr oes hon, pan yw costau argraffu mor uchel, y mae mantais fawr iawn yn hyn, oherwydd y mae casgliad o, dyweder, bump ar hugain o gerddi yn hanner cant mewn gwirionedd. (Problem gyfochrog oedd honno a ddarnodir yn yr ail gerdd gan Miss Davies a gyhoeddwyd yn *Barn* mis Rhagfyr, t. 403, sef sut i wneud un soned yn ddwy. Y mae'n amlwg fod gweld pethau'n ddwbwl yn digwydd yn fynych i Miss Davies.)

Cyn gadael y gerdd uchod sylwer ar ddawn ryfeddol yr awdur i drin 'rhyw' fel gair mwys. Yn y fersiwn cyntaf y mae'n gyfystyr â'r Saesneg 'sex', ond yn yr ail 'some' yw'r ystyr. O gyfuno'r ddwy ystyr ceir yr ymadrodd 'some sex', ac y mae'n gwbl amlwg fod y farddones wedi bwriadu hyn fel gwrthgyferbyniad i 'all sex', ac felly fel protest nerthol yn erbyn llenyddiaeth fodern, sy'n tueddu i fod yn rhyw i gyd.

Dyna rai enghreifftiau o farddoniaeth gynnar Miss J. M. Davies. Cyn cyhoeddi cyfrol bydd raid setlo'r hawlfraint gydag awdurdodau Prifysgol Chinook, ond nid wyf yn credu y bydd dim anhawster.

(Diwedd erthygl B. P. Thomas – ac yn ôl at Gwyn Erfyl.)

Yn 1985 fe argraffwyd pymtheg copi *Preifat* er cof amdani. Ei deitl: *Grawnsypiau i'w macsu neu bwysïau gan hen bisyn. Nid amgen y diweddar Miss J. M. Davies. 1985.* Pymtheg copi yn unig i gyfeillion agos, gyda'r rhybudd:

'Rhag cyffroi enaid Miss Davies yn y Tuhwnt, *nac adolyger* yn unman.'

Parchwn ei dymuniad, ond gwn y byddai gan ddarllenwyr *Taliesin* ddiddordeb yn y cyflwyniad byr i'r gyfrol gan y Cynullydd:

'Er bod Miss Davies mewn gwth o oedran pan ddechreuodd farddoni, dengys ei gwaith gymaint fu dylanwad beirdd ieuaingc Cymru y Chwedegau a'r Saithdegau yn y ganrif hon ar ei Hawen. Fel y cofir, yr oedd ein Beirdd Ieuaingc y pryd hwnnw yn bur chwannog i ddynwared dulliau rhai o Feirdd Canolbarth Ewrop, Pwyl a'r Balcanau, etc; gan arddel mewn cromfachau mai 'yn ôl' y beirdd hynny y canent hwythau. Bu hwn, rhaid dweud, yn gyfnod arbennig o ddiwyd mewn dysgu Ieithoedd y rhannau hynny o'r byd, ac er gwaethaf ei Hoed, ymroes Miss Davies ati i ddilyn yr un Ffasiwn. Pleser yn awr yw cyflwyno ei Grawnsypiau yn un llond Cerwyn gyda'i gilydd ond ysywaeth, nid yw hi gyda ni mwyach i flasu Gwin y pleser a ddaw o weld ei Gwaith yn gynulledig. Fodd bynnag, carem ddiolch i'r Argraphwasg am waith glân canys nid hawdd yw cysodi Barddoniaeth "Fodern" '.

* * *

Y Wasg, gyda llaw, oedd Gwasg Carreg Gwalch, Capel Garmon. Tybed a fu Rheolwr y Wasg honno, y Prifardd Myrddin ap Dafydd, mewn cysylltiad â Miss J. M. Davies? Digon prin fod y ddau'n diffinio'u celfyddyd yn yr un modd!

O'r casgliad prin a gwerthfawr hwnnw, un gân – fel rhyw fath o gipolwg ar bosibiliadau creadigol y bardd. Os mai ffordd annisgwyl o ffres o edrych ar y byd yw un o nodweddion pob gwir fardd, fe'i ceir yma:

Gwrthfater
(ar ôl Snork Smortbrot)

Rhyfedd rhyfedd
     yw
  carreg a thwll.
Ar un olwg mae'n
garreg
       ac ar

ryw olwg
mae'n
dwll.

*   *   *

Wel dyna ni. Heddwch i'w llwch.
Ond llwch pwy? Mae saga fechan Miss Davies yn perthyn i'r traddodiad hwnnw o dynnu coes a geir o dro i dro ymhlith llenorion, beirniaid, beirdd, diwinyddion, athronwyr a haneswyr. Rhywun mwy direidus na'i gilydd yn mynd ati i greu awdur/awdures ddychmygol (rhyw fath o *alter ego* yn aml), a thrwyddo neu drwyddi roi proc bach haeddiannol i unrhyw hunanbwysigrwydd, i ystyr sydd wedi hen droi'n ystrydeb, i deimlad a feddalodd yn sentimentaliti, neu i efelychu slafaidd ac i gelfyddyd yr ail-law a'r ailadroddus. Un swyddogaeth bwysig i ddyfodiad Miss Davies i'n plith oedd rhoi pigiad bach i rai o'r beirdd sy'n ymhonni dylanwadau Ewropeaidd heb wybod yr iaith na'r cefndir.
Mae chwa felly'n iachus bob amser. Prin fu'r wythïen yma yng Nghymru ac ni chafwyd, hyd y gwn i, ymdriniaeth gyflawn hyd yma. Chwedl E. H. Francis Thomas, erys o hyd rhyw ystyr hud.
Pwy oedd – pwy yw Miss J. M. Davies? Ac o ran hynny, pwy yw H. E. Williams hefyd? Tybed a fedrai Tecwyn Lloyd ein goleuo?
Ond mi fedra i gyhoeddi'n llawen am y tro cyntaf – ar ôl caniatâd parod ei briod, mai Syr Thomas Parry yw'r B. P. Thomas uchod. Fe wyddai ef gryn lawer am ei destun! Yn ei erthygl fe gawn ei allu i drafod y gwahanol fesurau'n feistraidd. Y fo, wrth gwrs, ac nid Jane Davies yw awdur yr holl enghreifftiau – prawf, os oedd angen un, o'r bardd digamsyniol na ddaeth, ond ar eiliadau prin, i'r golwg. A braf oedd cael ein hatgoffa unwaith eto fod ysbryd cellwair a chwerthin y tu ôl i'r safiad a'r llais syber hwnnw.
Ond rhag i hiraeth am y ddau ein llethu'n ormodol, fe gaiff Miss J. M. Davies gorlannu ein meddyliau. Cân Fferro Goncrid (Picosaidd) o'r casgliad preifat:

Dyma fy het
a dyma fy rhaw
yma, ynghanol
Gwynt a glaw

Ac ar fy ngair
Byddaf ar fy ennill
Os af i'w nôl
Cyn diwedd pennill

A wir, cyn sgrifennu'r
llinell ddw'etha
Es allan i'r ddrycin
i hel fy mhetha.

Fel dillad ar lein
mae fy mywyd beunydd
yn wlyb neu sych
fel y bo'r tywydd.

Hydref 1991

D. Tecwyn Lloyd

'Min nos o haf ydoedd, a'm hewythr wedi picio ar draws yr ardal am sgwrs a dod â chopi o'r llyfr ar fenthyg imi gydag ef. Clywswn ef yn sôn am y stori cyn hyn ac yn ei chanmol tu hwnt. Fel yn stori'r *Mesur Tir*, aeth fy nhad ac yntau i roi'r byd yn ei le, ac eisteddais innau o dan goeden fedwen wrth risiau'r granar a darllen nes ei bod yn rhy dywyll imi weld y print'.

Tecwyn yn cofio darllen am y tro cyntaf lyfr Tegla, *Rhys Llwyd y Lleuad*. Yna mae'n mynd ymlaen i sôn am stori'r llyfr:

> Noson loergan, rewllyd, a phob man yn glir wyn, dau hogyn wrth goed y Tyno wedi chwarae triwant o'r Seiat, tawelwch gwlad ddi-gar a di-awyren dros bobman. Mae Rhys Llwyd yn mynd â phlant allan yn glir o fyd dynion-mewn-oed a moeswersi; o fyd bod-yn-blant-da. Yn wir aeth â ni allan o fyd y ddaear yn gyfan gwbl. Mae hyd yn oed bethau mor sefydlog â seiat ac adnod y tu allan iddo'n llwyr. Fel yr esboniodd Shonto wrth Rhys pan ofnai hwnnw fod y ddau anifail hyn yn dal i browlio'r coed o hyd,
>
> 'Weles i'r un ohonyn nhw ers blynyddoedd. Y Seiat ola' y deuthon ni ar ei thraws roedd hi'n gorwedd dan hen bren derw, wedi marw o eisiau bwyd. Ac am yr adnod ola' welson ni, mi saethodd un o'r Tylwyth Teg hi pan oedd hi'n rhedeg ar ôl rhyw fachgen bach a âi drwy'r coed yma ryw fin nos. Welson ni byth yr un arall'.
>
> Creaduriaid byd arall yw Shonto a Rhys Llwyd, byd tebyg i'r ddaear mewn llawer ffordd ond byd rhydd, lle mae'r pethau mwya anhygoel yn bosib. Nid yw rheolau pedestrig y ddaear yn cyrraedd yno. Hwn yn wir yw anadl yr uchelder – a phlant yn anad neb arall a'i piau. Gwynt teyrnasoedd hud ydyw'r afalau . . . awel ynys y plant.

Mi fedren ni sôn am ehangder a dyfnder diwylliant Tecwyn, manylder catholig ei wybodaeth a'i brafter barn, ei gynhaeaf toreithiog fel beirniad a llenor creadigol, ac ysgolhaig mawr ei ddylanwad ar fyfyrwyr coleg a dosbarth nos. Ond i mi 'roedd 'na rywbeth arall y tu ôl i'r cyfan, ac mewn ffordd yn goleuo ein deall o'i rychwant eang. Fe'i ganwyd yn y flwyddyn 1914. Yn ôl ffordd y ddaear, 'roedd o'n hen. Ond ar hyd ei oes, hogyn o dan goeden fedwen wrth risiau granar yn darllen nes ei bod yn rhy dywyll iddo weld y print, yno yn darllen ei stori. Yn y man yn ei chreu a'i hadrodd, yn creu ei gyfaredd a'i fyd ei hun. Hogyn amhosibl i'w gael i'w wely a fu o erioed!

Ynddo 'roedd gallu i ryfeddu mewn byd rhyfeddol ac yr oedd ffresni a diniweidrwydd yn y rhyfeddu hwnnw. O'i *Erthyglau Beirniadol* hyd at ei gyfrol ar Saunders Lewis 'roedd chwilfrydeddd y plentyn y tu ôl i'w ysgolheictod – y pam, sut, o ble, i ble, a phwy. Ac er bod Cymru ac Ewrop yn blwy' iddo, ymlyniad wrth ei fro a'i bobl a roddodd i ni rai o'i ysgrifau portread cynhesaf – Ifor, Dodo Jane ac Ewythr Dafydd, Llwyd o'r Bryn, R.O. Ffor Cro, Ifan Roberts Llandderfel. A phan yw Dorothy Jones, yr hen brifathrawes, yn ei weld ar stryd y Bala yn ŵr mewn oed, a'i gyfarch efo'i 'Bore Da, Lloyd' megis cynt, 'ryden ni yn yr eiliad honno hefyd yn estyn i'r diamser.

Ac wrth gwrs, pranciau'r plentyn – ei gastiau a'i hiwmor a'i dynnu coes a'i ddynwared diddiwedd. Hynny a'i ddychymyg trochionog roddodd fod ymhlith eraill i E. H. Francis Thomas, y bardd Jane M. Davies, gwareiddiad rhyfeddol yr Erimotiaid, a llu o ehediadau dychymyg a rannodd mewn sgwrs a llythyr â'i gyfeillion agosaf. Ac er bod rhai o'i greadigaethau a'i straeon braidd yn feiddgar, cynnyrch plentyn teyrnas diniweidrwydd oedden nhw i gyd. O'r herwydd, 'doedden nhw byth yn ddichwaeth nac yn amheus.

A phwy ond hogyn y direidi gwledig wrth fynd i fyny i ganu efo Côr Meibion Glyndŵr yn eu cotiau cochion ar lwyfan Eisteddfod Aberystwyth eleni fyddai'n cyfarch Hafina Clwyd bengoch efo'r ddau air anwerinol, 'Tali-ho!'

'Roedd 'na rywbeth arall hefyd yn perthyn iddo – dyfnder ysbrydol. Perthyn i'w gell breifat oedd hwnnw, ond y tu ôl i'w holl ymwrthod â shibolethau a labelau crefyddol a'r llwyth o ddefodau a rheolau (negyddol a diantur yn bennaf) sy'n perthyn i'r traddodiad ymneilltuol, 'roedd iddo ymdeimlad dwfn o ddirgelwch diddarfod ein bodolaeth. 'Roedd yn gas ganddo emynau myfiol, hunanganolog. 'Roedd cymaint o'r hunanholi cyffesol hwnnw yn gallu bod mor llwythog o anobaith ac o loddest hunandosturiol. Ond yn ei ymdriniaeth o emyn Ehedydd Iâl, *Er nad yw 'nghnawd ond gwellt',* fe geir y geiriau yma: 'Er cymaint y newid a'r ansefydlogrwydd a brofwn heddiw, ac er ein holl ymboeni am wacter ystyr, am fecaneiddio bywyd ac ati, nid yw unrhyw gyffro ar wyneb y dŵr gan y poenedigaethau hyn yn mennu dim ar y dyfnderoedd diwaelod sydd ymhob un ohonom. Ni all dim gyffroi "diddim, di-archoll yr ehangder mawr" '.

A dyna ni yn ôl efo Rhys Llwyd y Lleuad a realiti a dirgelwch yr Arall, y tragwyddol. Fe gyffyrddwyd Tecwyn â'r hudlath honno, ac fe gawsom ni, ei gyfeillion, ein dal ganddi. Diolch i Benybryn, Glanrafon, Penllyn, Edeirnion, Dyfed a Chymru am roi'r fath ddaear a'r fath freuddwydion iddo.

1992

Niclas y Glais, Stalin a Thywysog Cymru

Wrth roi trefn ar lyfrau, papurau a llythyrau yn y symud o Gaerdydd i Glwyd, deuthum ar draws llythyr gan Niclas y Glais. Y dyddiad – 26/9/68. 'Roeddwn wedi bod yn ei gartref yn Aberystwyth yn teledu sgwrs am ei ddaliadau gwleidyddol ac yn fwyaf arbennig ei ymateb i dwf comiwnyddiaeth yn y chwedegau. Ar ben hynny, 'roedd y cyfuniad rhyfedd o ddeintydd, bardd, a phregethwr cynorthwyol comiwnyddol – heb sôn am ddireidi a chynhesrwydd ei bersonoliaeth – wedi fy nal ers blynyddoedd! 'Rwy'n gadael allan y brawddegau agoriadol am eu bod yn bersonol ac amherthnasol yma. Wele weddill y llythyr:

' . . . Rhoddodd Annie Powell *shock* i mi. Credaf mai dyna'r rheswm fy mod yn y gwely! A henaint. O'r blaen anghytunais â'r *Morning Star* ar helynt Stalin. Gwyddwn i na fyddai Cymru i gael oni bai am Stalin. Gall i gamgymeriadau Stalin gostio rhai bywydau yn Rwsia cyn y rhyfel; costiodd camgymeriad Chamberlain yn Munich 20,000,000 o fywydau Rwsiaid a 120,000 ohonynt yn Siecoslofacia yn gymysg â merthyron Lidice – ond y genhedlaeth newydd wedi anghofio. I weld y cefndir i'r helynt, mynnwch *Labour Monthly* ac ysgrif gan Palme Dutt. Gwyddwn cyn gweld yr erthygl y byddai yn *safe*. Disgwyl gweld gair gan Bertrand Russell. Dim mor sicr ohono ef. Aeth ar gyfeiliorn yn wleidyddol droeon er 1914 – ond dod yn ôl o hyd.

Greddfau gwerinol yn fwy na gwybodaeth sy'n fy nghadw yn ddiogel. Siomedig yw agwedd y Blaid a'r Annibynwyr ar yr Arwisgo. Trueni iddynt drafod y peth. Ysgrifennais gân yn 1911. Methu rhoi llaw arni – felly wele fy soned olaf i chwi. Darllenwch hi yn 1979 pan fyddaf yn gant!! (Hyd. 6/79).

Maddeuwch lythyr anniben. Yn gallu darllen o hyd drwy drugaredd. Gobeithio y gellwch ddeall y llythyr. Diolch i chwi am eich tegwch wrth holi!

Yr eiddoch, bron ar derfyn eitha'r daith,
Yn gywir, T. E. Nicholas

Glasynys, Aberystwyth
29/9/68.

Efo'r llythyr 'roedd Soned –

SYRCAS CAERNARFON 1969

'Y mae gennyf faban yn cysgu o dan fy nghlogyn,
    Heb air o Saesneg yn unol â'ch cais a'ch trefn;
Tywysog newydd i Gymru fodern yw'r hogyn,
    Cymrwch y baich i'w gario am byth ar eich cefn'
Jôc oedd y cyfan – ond tyfodd yn gredo bwysig,
    A daeth y dydd i ail-adrodd y celwydd mawr;
Mudiadau gwladol a chyfundrefnau eglwysig,
    A gallu'r tywyllwch eithaf – fe ddaeth eu hawr.
Ail blennir y Faner Estron ar gestyll Cymru,
    A phlyg pendefigion i'r Sais fel brwyn yn y gwynt,
A 'gwerin y graith' – etifeddion y cawl a'r llymru –
    Heb gof am sloganau ar Bontydd a chreigiau'r Eryri gynt.
Yng nghymanfa gwallgofiaid Cymru cyhoeddaf yn groch
    Fod ystafelloedd y Castell yn dylcau moch.

                                        T. E. Nicholas.
                                        'Y Soned Olaf' 12/9/68.

            *   *   *

A ninnau heddiw'n ceisio deall beth sy'n digwydd yng ngwlad Pŵyl, mae i'r llythyr arwyddocâd arbennig. Yn gefndir i'w lythyr 'roedd sefyllfa nid annhebyg yn Tsiecoslofacia ac ymgais aflwyddiannus Dubcek yr adeg honno i geisio creu 'sosialaeth gyda wyneb dynol'. 'Roedd siom Niclas yn Annie Powell, y Gomiwnyddes annwyl o'r Rhondda, yn codi allan o'i chondemniad hi o ymyrraeth Rwsia yng ngwleidyddiaeth fewnol gwledydd eraill. Dyna, mae'n debyg, yw ystyr ei gyfeiriad at Bertrand Russell hefyd. Drwy helynt Hwngari yn y pum degau a Tsiecoslofacia'r chwedegau 'roedd Niclas yn gwrthod condemnio Rwsia. 'Rwy'n cofio cael trafodaeth hir ar ei aelwyd a minnau'n methu deall yr anghysondeb ymddangosiadol rhwng ei gred a'i angerdd dros hawliau gwerinoedd y cenhedloedd bychain (a Chymru yn arbennig!) ochr yn ochr a'i dueddiadau *hard-line* wrth gyfiawnhau uniongrededd haearnaidd Stalin.

    Ddwy flynedd ar ôl derbyn ei lythyr 'roeddwn i yn Tsiecoslofacia gydag uned ffilmio HTV a chael cyfle i ddeall, mewn sawl seiat gudd yn oriau mân y bore, natur y tyndra rhwng gormes fonolithig ganolog gyda'i phencadlys yn Moscow a dyheadau sosialaidd 'cenedlaethol' sy'n mynnu y gall y patrwm comiwnyddol amrywio o wlad i wlad. Wedi'r cwbl, 'roedd Marx a Lenin yn ddigon clir ar y pwynt.

Ond er na fedraf dderbyn ymateb anfeirniadol Niclas i bolisi'r Undeb Sofietaidd, mae'n bosibl deall ei safbwynt. Hwyrach hefyd, o ystyried, y gall ei ddilema daflu goleuni ar holl wewyr gwlad Pŵyl a swyddogaeth Solidarnosh.

Gŵyr Rwsia (fel y Pwyliaid) o brofiad chwerw a gwaedlyd beth yw rhyfel – gŵyr golli miliynau, gŵyr beth yw rhaib ton ar ôl ton o elynion yn anrheithio'i thir a malu ei heconomi. Gŵyr hefyd beth yw cael ei hynysu oddi wrth y byd crwn a'r ymdeimlad o fod yn ddigyfaill a di-gefn. Ni chafodd yr Unol Daleithiau gyffelyb boen ac ni ŵyr y wlad doreithiog honno fawr ddim am anrhaith byddinoedd a bomiau. A than yn ddiweddar iawn gallai ddibynnu ar gyfeillion ymhob cwr o'r byd. Dyna yw un o'r pwyntiau yn llythyr Niclas sy'n dal yn gwbl berthnasol wrth ddadansoddi strategaeth wleidyddol, economaidd a militaraidd ein dydd.

A'r Rwsia honno hefyd sy'n teimlo'n nerfus wyneb yn wyneb ag unrhyw wyriad oddi wrth y ffydd draddodiadol, gan weld yn nhwf Solidarnosh (fel yn hanes Prâg a Budapest) ddylanwadau cyfalafol, gorllewinol, Americanaidd a Phabyddol. (Nid yw arferiad cyson y gorllewin a'r Amerig i lawenhau, beth bynnag am ecsploitio, unrhyw dyndra o fewn y gwledydd Comiwnyddol fawr o help.) Yn union fel y mae lleisiau yn y gorllewin yn gweld NATO fel unig obaith, yr un rhesymeg yr ochr arall i'r llen haearn sy'n mynnu diogelu unoliaeth y bloc Comiwnyddol.

Ar ôl dweud hyn i gyd, gwleidyddiaeth naïf sy'n cyfystyru unoliaeth ag unffurfiaeth. Yma y gorwedd perygl paranoia'r Kremlin.

Ar yr un pryd, fe gofiaf i rai o sylwebyddion goleuedig a rhyddfrydol Tsiecoslofacia gyfaddef mai camgymeriad Dubcek oedd ceisio symud yn rhy gyflym gan greu adwaith, ac yn y diwedd ddwrn dur a chwalodd yr holl freuddwydion am gymdeithas fwy agored. Ymhob sefyllfa o'r fath, ysywaeth, fe geir elfennau anarchaidd a pheryglus sy'n rhoi mwy o bwys ar herio awdurdod nag ar greu cyfundrefn gyfiawn ac economi gadarn.

Waeth heb â gweiddi 'I ddiawl â'r frawdoliaeth Gomiwnyddol' oni bai bod rhywun hefyd wedi gweithio allan yn fanwl beth yw'r dewis arall. Dyna'r union elfennau sy'n chwarae i ddwylo diddychymyg y rhai, chwedl T. H. Parry-Williams, sy'n 'credu mewn trefn'.

Mae ysbryd dyn a'i ddyhead am fod yn rhydd yn anorchfygol. Ond fe ddangosodd Iwgoslafia sut i wneud hynny heb beryglu ei pherthynas â'r dwyrain na'r gorllewin. Ac y mae i'r wlad honno'r dasg ychwanegol o gadw'r berthynas yn felys rhwng y gwahanol 'ranbarthau' o Slofenia i Montenegro yn ogystal â chytgord rhwng Belgrad a Moscow.

ÔL NODIAD – Ni chefais gyfle i gyfeirio at y Soned! Yn sicr, mae greddfau gwerinol Niclas ar ddiogelach tir wrth drafod Caernarfon nag wrth drafod Stalin. Beth bynnag am hynny, dyma fi, ddwy flynedd ar ei hôl hi, yn cofio canmlwyddiant ei eni ac yn cyhoeddi ei soned olaf!

1981

Waldo yng ngŵydd ei Ddehonglwyr

'Rwy'n falch iawn fod golygydd *Taliesin* wedi gofyn am sylwadau ar y gyfrol yma.* Ar yr un pryd dyma un o'r cyfrolau mwyaf anodd erioed i mi geisio mynegi barn arni. Fe'i darllenais bellach sawl tro a chael fy nghyfoethogi ganddi. Mae hi'n gyfrol werthfawr dros ben. Mae hi hefyd yn gyfrol annwyl. I James Nicholas, y golygydd, llafur cariad oedd hi. Mae popeth a ddwêd am ei wrthrych yn ymylu ar y gorfoleddus. A pham lai? Onid oes gennym unwaith beth bynnag yn ein bywyd yr hawl a'r rhyddid i ddweud gerbron y byd fod rhywun a ddaeth i mewn i'n meddwl a'n calon wedi aros yno ac wedi gadael ei gyfaredd a'i weledigaeth ar ôl? Dyna pam y gelwir y llyfr yn *Waldo: Teyrnged,* ac fe nodwn gyflwyniad y golygydd:

> Yn wir, dyma yn ddiau gennyf y dyn mwyaf y cefais y fraint o'i adnabod . . . Rhodd Duw ydoedd i'n cenedl ni, a hynny mewn awr argyfyngus yn ein hanes.

'Nawr, fe fu sawl cyfrol gyffelyb yn ddiweddar ar yr un patrwm, sef gwahodd nifer o arbenigwyr neu o ffrindiau (neu gyfuniad o'r ddau) i ddweud gair am lenor neu fardd. Y mae i gyfrolau o'r fath eu peryglon amlwg ac nid yw'r un a ddarllenais hyd yn hyn yn gwbl rydd ohonyn nhw.

Un yw'r duedd i neidio ar wagen, fel petai, y rhai hynny a freintiwyd gan adnabyddiaeth unigryw – rhyw brofiad na chafodd neb arall mohono yn hollol yr un fath. Gall ymarferiad felly fod yn ffurf ar falchder ymffrostgar – yn hwb i'r ego! Weithiau fe'n hargyhoeddir fod y profiad hwnnw yn taflu goleuni newydd ac annisgwyl ar wrthrych y deyrnged ac mai dyna yw'r gwir ysgogiad dros ddweud gair yn y lle cyntaf. Ond dylid gwylio rhag y perygl o ddefnyddio gwrthrych ein teyrnged i ddweud mwy amdanom ein hunain nag amdano ef – rhyw fath o 'fachyn' i hoelio'n

---
***Waldo. Teyrnged.* Golygydd: James Nicholas. Gwasg Gomer. £3.50

syniadau ni am feirniadaeth lenyddol neu am ddiwinyddiaeth. Pan ddigwydd hynny mae'r erthyglau yn y diwedd yn dweud mwy am eu hawduron nag am y testun. Fe ddigwyddodd hynny – yn ddiarwybod bron – yn y gyfrol hon.

Hawdd deall pam. Mae angen hunan-adnabyddiaeth filain i beidio â gwneud testun ein dadansoddi yn estyniad ohonom ni ein hunain. Gwelwn yr hyn yr ydym am ei weld – dehonglwn o fewn ffiniau cyfarwydd ein cefndir a'n hestheteg bersonol ni. Darllenwn i mewn bethau y credwn a ddylai fod yno hyd yn oed os nad ydynt, a gwelwn bob math o awgrymiadau a chyfeiriadau. Disgwyliwn i'n bychanfyd ni fod yn fychanfyd i bawb – a gorffennwn drwy lapio ein gwrthrych yn sownd o fewn ein rhagdybiadau.

Yn ei ffordd fywiog arferol mae Bobi Jones yn mynd i'r afael â 'chrefydd' ym marddoniaeth Waldo. Cawn hefyd fel rhan o'r ymdriniaeth ddarlleniad Bobi Jones ei hunan o ddatblygiadau diwinyddol y ganrif. Mae ei safbwynt bellach yn hysbys. Ond 'rwy'n anniddig o sylweddoli ei fod yn 'defnyddio' Waldo (yn gwbl anfwriadol, mi wn) i fynd ar ôl un o'i gocynnau-hitio – gan awgrymu ar yr un gwynt fod Waldo ac yntau ar yr un donfedd yn hyn o beth:

> Un o hoffterau mawr y Rhyddfrydwyr diwinyddol ydoedd ymwrthod â'r syniad o uffern a barn, ac felly y gwyrdroid y darlun o gymeriad Duw ac y lleiheid difrifoldeb yr argyhoeddiad o bechod.
> Iddynt hwy yr oedd cadwedigaeth yn hwylus annethol – bant-â-hi – ac o ganlyniad meddalwyd yr ymwybod ysigol o arwahanrwydd cyfrifol dyn a gwir ystyr ei wrthodiad balch o Dduw. Crebachwyd o'r herwydd neges Crist ac aeth hi'n llipa ddifin. Ond ceir digon o dystiolaeth yng ngwaith Waldo – heblaw mewn sgyrsiau personol lawer a gafwyd ag ef – ei fod yn hollol effro i'r hunan-dwyll cyfleus hwn . . . (tud. 90).

Pam, O! pam fod yn rhaid i ni gael y math yma o draethu mewn erthygl ar un o'r rhai mwyaf anghydffurfiol ac anghyfundrefnol ohonom? O ddarllen y paragraff uchod yn ofalus awgryma Bobi fod Waldo yn *derbyn* y syniad o uffern ac o farn. Ond syniad pwy? Ac onid y peth mwyaf diwerth yn y cyswllt yma yw'r *syniad* o uffern ac o *farn*? 'Dyw'r *syniad* ddim yn debygol o sobri neb!

Fel un a gafodd ryw gymaint o hyfforddiant athronyddol yng

nghyfnod positifyddiaeth a oedd er ei holl gyfyngiadau amlwg erbyn hyn o leiaf yn ceisio rhoi rhyw fath o drefn ar ein ffordd o ddefnyddio geiriau'n ystyrlawn, fe'm caf fy hunan nid yn unig yn mynd ymhell oddi wrth y Waldo a adnabûm i, ond hefyd yn ymbalfalu (yn semanteg acrobatig) efo dyfyniad fel hwn:

> Dengys y gerdd hon nad dyneiddiaeth gyfyngedig a theoretig ein diwinyddion proffesiynol a oedd gan Waldo. Y mae'r goruwchnaturiol allanol neu'r gwrthrychol anoddrychol yn rhoi i'w weledigaeth ddimensiwn dyfnach o lawer. (tud. 94).

Pwy yw'r diwinyddion proffesiynol yn y cyswllt hwn? Onid yw'r 'gwrthrychol anoddrychol' yn dawtologaidd, a'r 'goruwchnaturiol *allanol*' yn amwysedd anffodus?

'Rwy'n flin wrth Bobi Jones am fod gen i gymaint o barch i'w sythwelediad dehongliadol a'i fethodoleg, ei gydymdeimlad ac ehangder ei ddiwylliant sydd, pan fynn, yn gallu goresgyn unrhyw ragfarnu neu gredo o'i eiddo. Beth bynnag a ddwedwn ni bellach am niwtraliaeth gwrthrychol yr academig 'pur', 'rwy'n arswydo weithiau wrth feddwl am y modd y llusgwn ein hadnabyddiaeth arbennig ni o ffyrdd yr Hollalluog i mewn i bopeth – gan chwipio nid yn unig y rhai sydd yn rhy benysgafn i geisio credu ond y rhai sy'n methu credu hefyd er ceisio, – neu sy'n gallu credu yr un mor ddwfn a dwys heb dderbyn am funud amodau Bobi Jones. Fe welodd James Nicholas y perygl:

> Eithr rhaid imi ymatal rhag inni ddehongli gweledigaeth y bardd yn nhermau dirfodol sydd yn gweddu i'r ffordd yr edrychwn ni, efallai, ar bethau. (tud. 221).

A chredaf yn sicr ddigon, beth bynnag a ddigwyddodd yn y sgyrsiau personol rhwng Waldo a Bobi Jones y byddai'r ddau yn bur bell oddi wrth ei gilydd o ddarllen cyffes ffydd Waldo, 'Paham yr wyf yn Grynwr'. (tud. 222).

Mae erthygl yr Athro J. E. Caerwyn Williams, mewn gwirionedd, yn gyfrol ynddi hi ei hunan. Er bod gennym un deyrnged ar bymtheg yma, mae cyfraniad J. E. Caerwyn Williams yn cymryd un rhan o dair o'r gyfrol i gyd. Diffyg cydbwysedd elfennol yw peth felly. Ar yr un pryd mae'n gyfraniad nodedig ac ysgolheigaidd. Iddo ef, cyfrwng yw ambell ddarn o farddoniaeth gan Waldo i ddeffro adlais, adlais yn seleri ei feddwl a'i gof ac fe awn wedyn ar bererindod i Roeg, i fyd Blake, Edwyn Bevan, Buber, Berdyaev, John Morris-Jones, Dante, Shelley ac Euros Bowen – i enwi ond ychydig. Gafael mewn syniad – fel gafael mewn carreg a'i thaflu i'r llyn ac yna ddilyn ei chrychu i rychwantu'r canrifoedd.

Dyma, ar un olwg, yw rhan o waith y dehonglwr – cysylltu rhyw awgrym wrth hen haenau a thrwy hynny roi i waith y bardd arwyddocâd a thaith i diriogaethau diderfyn bron. Dyna, yn sicr, werth ei erthygl. Caiff yng ngwaith Waldo faes toreithiog sy'n deffro'r athronydd, y diwinydd a'r cyfrinydd ynddo – yn ogystal â chael cyfle i ailfyfyrio uwchben yr hen gwestiwn o swyddogaeth bardd.

Hyd yma 'ryden ni wedi bod yn sôn yn unig am 'feddylfryd' y bardd. Dehongli cerdd yw ceisio deall beth mae'r bardd yn ei ddweud. Ac fel ymarferiad mewn 'dehongli' mi fyddwn yn argymell pawb i astudio'r gyfrol yma'n ofalus iawn. Byddai manylu'n mynd â gormod o'n gofod yma – dim ond nodi ychydig enghreifftiau. Mae Bobi Jones, J. E. Caerwyn Williams a Dilys, chwaer Waldo, yn dehongli ystyr y gerdd 'Cwmwl Haf'. 'Dyw chwaer y bardd ddim yn canfod yr haenau trosiadol dyrys sy'n deffro chwilfrydedd y ddau arall – tanbeidrwydd uniongyrchol y gweld dwfn sydd yn ei tharo hi yn hytrach nag unrhyw fyfyrio dau-ddimensiwn sy'n troi daear ac awyr Penfro'n fetaffor.

Yn 'Mewn Dau Gae' nid yw John Rowlands a Bobi Jones yn darllen yn hollol yr un gerdd, a 'dyw Derec Llwyd Morgan (nad yw wedi cyfrannu i'r gyfrol, gyda llaw) a John Rowlands ddim wedi gweld yn hollol yr un ystyr i'r gerdd 'Yr Heniaith'.

Iawn felly – bodlonwn ar fwy nag un dehongliad a derbyn y safbwynt fod y bardd yn aml yn dweud mwy nag y sylweddola – bod gan y darllenydd hawl i weld a fynn ac mai dyna ran o ogoniant celfyddyd. Ond wedyn, fe fydd yn rhaid i ni ddod i delerau â'r hyn a ddywedodd Waldo ei hunan:

> Mae damcaniaeth ar gael heddiw fod sawl dehongliad o gân yn bosibl a bod y rhai na feddyliodd yr awdur amdanynt gystal, os nad gwell weithiau, na'r un oedd ganddo. Ni chawn i flas o gwbl ar ganu yn yr ysbryd hwn ... Ceisiais wneud un peth: rhoi digon o *switches* yma a thraw ar y parwydydd gan gredu y deuai'r ystafell i gyd yn olau i'r ymbalfalwr gyffwrdd ag un ohonynt ... (tud. 118).

Beth bynnag am swyddogaeth y dehongli mae'n ddiddorol sylwi hefyd, gan gofio teitl erthygl Pennar Davies, 'Meddylfryd' 'Waldo Williams', fod bron y cyfan o'r erthyglau yma yn trafod syniadau Waldo, gweledigaeth Waldo, consyrn Waldo. 'Does fawr ddim ymdrin â'i *grefft* a'i dechneg fel bardd. Mae hyn yn syn. Ceir sôn am ei ddelweddau a'i drosiadau ond gall rhyddiaith gynnwys yr elfennau hynny. Onid oes i fardd ei gonsurwaith unigryw ei hun? Aeth Alun Llywelyn-Williams yn agos at y peth:

> Rhyw ddewiniaeth eiriol yw hanfod barddoniaeth ond mae gofyn ymroi i ddisgyblaeth galed hyd yn oed i'r mwyaf dawnus fedru meddiannu'r ddewiniaeth hon. (tud. 102).

A cheir gan John Rowlands yntau enghraifft o gysylltu'r gwahanol fesurau a'r rhythmau wrth neges. Onid oes le allweddol mewn cyfrol deyrnged o'r fath i drafod ffordd Waldo o drin geiriau, mesurau, rhythmau a dadansoddi ei fiwsig a'i gynghanedd? Yn hyn o beth, mae'r gyfrol yn siomedig. Eto, o feddwl, ychydig o amser a roddir i geisio manylu uwchben y *ffordd* o ddweud – tueddwn bob amser i feddwl am swyddogaeth bardd yn nhermau ei genadwri. Ond os felly, beth yn hollol sy'n ei wahaniaethu oddi wrth yr ysgrifwr, neu yn wir y pregethwr, y proffwyd neu hyd yn oed y pamffletîr?

'Dwn i ddim i ba raddau y gellir neu y dylid trafod personoliaeth Waldo ar wahân i'w weledigaeth a'i grefft ond yn sicr gellir eu gwahanu yma er gweld y cysylltiad dwfn anorfod rhyngddyn nhw. Nid peiriant yn llunio delweddau, nid meddwl gwrthrychol, dadansoddol oer oedd Waldo ond un yr oedd ei genadwri'n gynnyrch y cyfan ohono. Ac y mae ambell 'gameo' yn y gyfrol yn bwysig. Yn eu plith ceir portread cynnil tyner Anne Maria Villa a'r Chwaer Bosco yn ei gofio fel athro, Cassie Davies a chyfnod Aberystwyth, David Williams yn cofio'i wncwl, W. R. Evans yn ein hatgoffa o'i ddireidi a'i ddiniweidrwydd ac yn arbennig Anna Wynn Jones yn rhoi hanes Waldo a'i wraig Linda sydd hefyd yn rhoi i ni gefndir y cywydd byr iasol hwnnw nas cyhoeddwyd yn *Dail Pren*:

> Hi fu fy nyth, hi fy nef,
> Fy nawdd yn fy nau addef . . .

I bawb ohonom ni a gafodd yr hyfrydwch cofiadwy o'i gyfarfod a'i garu ac yng nghwmni'r cyfeillion yma hefyd a roddodd eu hargraffiadau i ni – beth sy'n aros?

'Roedd y golygydd, wrth ddewis, yn gwybod mae'n siŵr y byddai rhyw gymaint o ail-adrodd ac ail-bwysleisio'r un pethau a dehongli ar yr un llinellau yn ogystal â gwahaniaethau barn. 'Dyw ail-adrodd o'r fath ond yn pwysleisio'r elfennau a wnaeth argraff barhaol ar bawb. Ond gan T. Llew Jones, D. Tecwyn Lloyd, Alun Llywelyn-Williams a Dilys, chwaer Waldo fe gawsom rywbeth arall sydd wedi mynd yn agos iawn iawn at y peth a'n daliodd i gyd yn ei gwmni – heb wybod ar y pryd, efallai, beth oedd o. Mae'r gair 'goleuni' yn fan cychwyn. Gallem restru enghreifftiau diddiwedd o'i waith:

Tŷ Ddewi: Eiddo i Nêr byddwn ni
A glân fel y goleuni . . .

Mewn Dau Gae: O ba la ymroliai'r môr goleuni . . .

Preseli: Hil y gwynt
Yn estyn yr haul i'r plant o'u plyg.

Oherwydd Ein Dyfod: A'n myned allan trwy'r wythïen dywyll
I oleuni yr aelwydydd.

Angharad: Chwaer haul a chwaer awelon.

Cwmwl Haf: Yn yr ogof sy'n oleuach na'r awyr.

Eirlysiau: Golau a'u pryn o'u gwely pridd.

Bardd (Gwenallt): Pan dyr ei fyw di-lamp yn fôr goleuni.

Wedi'r Canrifoedd Mudan: Maent yn un â'r goleuni.

Caniad Ehedydd: Herodr goleuni
Yn yr uchelder.

Yr Heniaith: Hi oedd y goleuni, heb liw.

ac *Adnabod:* Ti yw'r eiliad o olau
Sydd a'i naws yn cofleidio'r yrfa
Tyr yr Haul trwy'r cymylau –
Ti yw ei baladr ar y borfa.

Mae digon o enghreifftiau pellach. Mae D. Tecwyn Lloyd yn dyfynnu o'r Chwaer Bosco am Waldo gyda phlant adeg Nadolig – ''Roedd e'n olau gan lawenydd ar yr adegau hyn' a'i gysylltu wedyn â Waldo, bardd y plant:

> Pa eisiau dim hapusach
> Na byd yr aderyn bach.

T. Llew Jones wedyn:

> Gweld trwy lygad plentyn y mae yn y cerddi i gyd, fel pe bai'r bardd, ar ôl tyfu i oedran gŵr, wedi llwyddo'n wyrthiol i gamu'n ôl i fyd meddwl a dychymyg plentyn. (tud. 30).

Mae 'na oleuni mewn symledd a phurdeb calon. A dyfynnu Alun Llywelyn-Williams.

> Nodwedd fawr dychymyg prydyddol Waldo, a hyn sy'n hydreiddio'r cerddi myfyr i gyd ac yn rhoi iddynt eu grym diriaethol rhyfeddol, yw purdeb anghyffredin ei welediad, a'i dreiddgarwch disyml. Fel Henry Vaughan, bardd mwy cyfriniol na Waldo sydd eto'n ymdebygu iddo'n rhyfedd iawn mewn rhai nodweddion pwysig, yr oedd yn gweld y byd o'i gwmpas â llygaid plentyn, yn eglur arswydus, a'i synhwyrau i gyd yn effro ac yn fyw ac yn ddilychwin. 'Does dim rhyfedd fod ei gerddi mor llawn o oleuni a disgleirdeb. (tud. 102).

Ym myd 'gweld' ac ymateb teimladol, synhwyrus, oll-yn-oll i ryfeddodau a thrasiedïau'r cread, dyna egluro o ran gyfrinach Waldo – 'plentyn y nefoedd'. Ar wastad ysbrydol, mae'n egluro hefyd pam i Alun Llywelyn-Williams ddweud ar ôl dyfynnu

> Mae'r hen frawdgarwch syml
> Tu hwnt i ffurfiau'r Deml.

> 'Yr oedd yn agos iawn, fel Sant Ffransis, at Grist yr Efengylau . . . Waldo oedd y gŵr tebycaf i sant a welais i erioed.' (tud. 102).

Ac yng nghwt ei ddyfyniad o'r cywydd 'Byd yr Aderyn Bach' fe ddwêd D. Tecwyn Lloyd,

> Ni allasai Sant Ffransis ei hun ddweud yn amgenach . . . (tud. 64).

A'r gyfrol o 'mlaen i'r funud yma, mae dau ddarlun campus gan Julian Sheppard (trwy ganiatâd Cyngor y Celfyddydau). Ar y blaen, Waldo â'i freichiau o gwmpas saith o fechgyn bach bywiog, barus. Ar y cefn, darlun o'i wyneb yn unig – y gwallt byr, yr aeliau brigog a'r ddau lygad dieithr hynny na welais i eu tebyg na chynt na chwedyn. 'Roedd ynddyn nhw ddyfnderoedd o dristwch hyd yn oed pan fyddai ar ei fwyaf direidus, yn gymysg â rhyw wylltineb anniffiniol a diniweidrwydd archolledig un na ddaeth i delerau ag amodau a chyfyngiadau ein tipyn byd a'i lu o gyfrifoldebau. 'Roedd ei olwg, rywfodd, ar fyd arall. Ni lwyddwn fyth i lwyr ddiffinio hwnnw. Diolch i James Nicholas a'i gyfeillion am gystal ymdrech.

'Roedd 'na bethau eraill y carwn eu dweud. Fe'u nodaf yn fyr. Mae gormod o lawer o wallau cysodi yn y gyfrol. Er mwyn Waldo, gobeithio na welir mohonyn nhw yn yr argraffiad nesaf.

Fe sylweddolir hefyd o ddarllen Llyfryddiaeth drwyadl B. G. Owens fod o leiaf ddwy bennod i'w hadrodd eto – Waldo a'i gastiau cynnar Idwaldaidd yn y dyddiau cynnar ar dudalennau'r papurau lleol yn Nyfed a'i ymgyrchoedd anghonfensiynol fel Ymgeisydd y Blaid yn ddiweddarach. Byddai hyn wedi rhoi plwc neu ddau o chwerthin yn gymysg â'r dyfnderoedd cyfriniol a'r dehongli dwys. Clywais olygydd y gyfrol a W. R. Evans fwy nag unwaith yn adrodd ambell dro difyr! Pam fod arnom gymaint o ofn direidi?

*   *   *

A rŵan, rhaid i minnau gael ychwanegu fy mhwt! Fe dreuliodd Waldo a minnau Sul y Pasg 1953 yn Llundain. 'Roedd Waldo'n mynd i ddod i fyny o Sir Benfro a chynllunio i gyfarfod y tu allan i Dŷ'r Crynwyr yn Euston Road am chwech o'r gloch nos Sadwrn. Fe ddaeth yn ei drowsus byr, 'khaki', a'i sgidiau mawr, a'i ychydig wallt yn y gwynt – ar gefn beic! Treulio nos Sadwrn yn cerdded strydoedd Llundain a syllu ar oleuadau Piccadilly. Mynd yn ôl yn hwyr i'r gwesty ac yna Waldo'n setlo i lawr tua thri o'r gloch y bore i lunio beirniadaeth Y Cywydd Digri Eisteddfod Genedlaethol y Rhyl gan luchio ambell gywydd i'm gofal dibrofiad i! Codi'r Sul a mynd ein dau i wasanaeth y Crynwyr yn Euston Road.

Ei weld wedyn am y tro olaf ddeunaw mlynedd yn ddiweddarach yn yr ysbyty ac yntau yn methu â dweud gair.

Waldo – y diymgeledd ynghanol pob gofal, yr enaid dwys, y crwydryn, y plentyn. Yna'r distawrwydd. A phetai o'n darllen y gyfrol a'r ychydig sylwadau yma, 'rwy'n gallu dychmygu gweld dau lygad mawr yn symud o syndod syfrdanol iddo erioed achosi cymaint o siarad! Byddai hefyd yn gwgu uwchben ambell gyffyrddiad gorbersonol ac efallai yn gresynu i ni fynd ati mor galed i lunio'r fath fframwaith astrus uwchben ei rawd a'i eiriau.

    Wedi'r cwbl, onid oedd o ymhlith y symlaf a'r mwyaf tryloyw ohonom?

Rhagfyr 1997

Gwynfor

'Rydym i gyd bellach wedi cael digon o gyfle i lunio barn am fywyd a gwaith Gwynfor. Bu'n rhan amlwg o fywyd Cymru ers yn agos i ddeugain mlynedd. Dyma ni bellach wedi cael ei hunangofiant a luniwyd ar gaset o dan olygyddiaeth Manon Rhys – merch un o gyfeillion mynwesol y gwrthrych, Kitchener Davies. Fe gymerodd dri mis i'w gwblhau ac, yn ôl y rhagair, dyma 'stori unigryw un o eneidiau mawr yr ugeinfed ganrif'. Fe allwn benderfynu a yw'r Gwynfor a welwn ni y Gwynfor a wêl ef!

CYDBWYSEDD

Mae'r math yma o gyfrol,* sydd wedi dod yn ffasiynol iawn erbyn hyn, o raid yn codi ambell gwestiwn. Tybed faint o gyfle sydd i arolygu'r hyn a ddywedwyd ac i sicrhau cywirdeb y ffeithiau, y dyddiadau a'r atgofion? Rhaid gofyn am fod y gwrthrych yn un o ffigurau allweddol Cymru'r ganrif – p'run a yw rhywun yn derbyn ei arweiniad ai peidio. (Yn wir dyna un arwydd pendant o'i arwyddocâd – fod ei elynion, fel ei gyfeillion, yn talu cymaint sylw iddo.) Fe fydd hanes ei fywyd o'i enau ei hun yn sicr o fod yn ffynhonnell sawl ymchwil yn y dyfodol, ac ni fydd gan y dyfodol hwnnw ddim diddordeb yn y ffaith iddo gael ei lunio ar gasét mewn tri mis. (Rhuthr mae'n debyg sy'n gyfrifol am absenoldeb mynegai.) Bydd pwyso pob brawddeg, ei farn am bob person a'i ddadansoddiad o bob methiant a llwyddiant personol a chenedlaethol. Dyma lygad y ffynnon. Mae ystyriaethau o'r fath yn gofyn am fynegiant gofalus, o ddadansoddi cymesur, o wacáu ambell sefyllfa o'i llwyth o deimlad, o ragfarn bersonol a phartïol. Ac uwchlaw'r cyfan, tipyn go lew o raslonrwydd ac o eangfrydedd. Nid yw rhethreg neu ddirmyg neu bolemig llwyfan bob amser yn werth ei ailgyhoeddi mewn hunangofiant.

Ond nid gŵr felly yw Gwynfor! Ni fyddai wedi cyflawni yr hyn a wnaeth oni bai ei fod yn gwrthod derbyn y farn gymesur a'r

* *Bywyd Cymro* – Gwynfor Evans, Golygydd: Manon Rhys. Gwasg Gwynedd £4.50.

cyfaddawd; nid oes amser i ymdroi gyda'r gwahanol safbwyntiau posibl na chydnabod fod gan y gelyn neu'r gwrthwynebwr hefyd ei ddadleuon. Mae iddo ei ddehongliad o hanes Cymru o'r bumed ganrif ymlaen a hwnnw mor uniongred ystyfnig yn ei ffordd â dehongliad y Marcsydd, y Calfin neu'r Pabydd. Cawn y ddamcaniaeth ac yna fe fydd y digwyddiadau'n syrthio'n daclus i'w lle – fe fydd yn *rhaid* iddyn nhw. Fel y Marcsydd, nid deall hanes yw ei swyddogaeth yn gymaint â'i newid.

Bydd digwyddiadau yn yr hanes hwnnw naill ai yn rhan o ogoniant cenedl neu yn warth. Bydd cymeriadau hefyd yn yr un modd yn gadwedig neu'n golledig. I'r hanesydd 'di-duedd' neu'r gwleidydd pragmatig, rhamantydd unllygeidiog yw Gwynfor a'i debyg. Mae nhw'n beryglus, yn gamarweiniol ac yn ystyfnig fel mulod. I'r sawl sy'n cytuno ag ef, ar y llaw arall, nid ystyfnigrwydd mohono ond cadernid – nid unochredd ond ymgysegriad llwyr i'w achos.

Y Pleidiau Eraill

Rhan o'r difyrrwch arwynebol a gawn wrth ddarllen y llyfr, yn wir, yw gweld sut y mae'r awdur yn cloriannu cymeriadau. (Cawn yr un hwyl wrth ddilyn dyddiaduron Crossman neu Barbara Castle.) Mae'n amlwg yn tristáu o golli doniau fel Gwilym Prys Davies ac Elystan Morgan, ac yn ddilornus o'u gweld bellach yn Arglwyddi; y diweddar Goronwy Roberts yn ei anwybyddu'n llwyr yn San Steffan; yr Arglwydd Cledwyn ar y llaw arall yn fwy ystyriol. Caiff Wil Edwards, darpar ymgeisydd Llafur ym Môn, un cyfeiriad deifiol. Sôn y mae'r awdur am gyfnod Elystan yn y Swyddfa Gartref ac yn ateb cwestiynau o'r fainc flaen: 'Difyr oedd sylwi ar Wil Edwards, ei gyfaill sosialaidd, ar y fainc gefn yn tynnu gwep a gwneud cleme'. 'Doedd ganddo fawr feddwl o Jim Griffiths 'chwaith. Cwbl golledig yw'r ddau Alun Williams, Neil Kinnock, Ioan Evans neu Roger Thomas. Am George Thomas, mae agwedd Gwynfor tuag ato'n newid yn amlwg yn ystod y gyfrol. Ar y dechrau, 'mileinig' yw'r ansoddair. 'Bu Leo Abse yn dyner mewn cymhariaeth.' Yna saga fawr y ddau'n cerdded gyda'i gilydd yn yr Orsedd (Y Barri '68). Hynny, a'i ddyrchafu i fod yn Llefarydd yn Nhŷ'r Cyffredin sy'n egluro'r newid. 'Ar ôl hynny gwelodd Cymru orau George. Yr anffawd yw fod y cymeriad gwrth-Gymraeg yn bwysicach yn ein hanes na'r gŵr a gyfathrachai â ni ar faes Eisteddfod Machynlleth'. Ac eto – 'Bu George yn hynod o hael a chynnes trwy gydol y senedd hon.'

Ar y llaw arall pentyrrir ansoddeiriau carlamus o werthfawrogol ar ei gyfeillion teyrngar o'r un tueddiadau ac ymrwymiadau pleidiol ag ef ei hun. Defnyddir y gair 'gwyrth o drefnydd' i ddisgrifio Peter Hughes Griffiths a Dafydd Orwig ac ni chafodd Cymru erioed well cymwynaswyr na'r ddau Ddafydd, J.E., D.J., O. M. Roberts, Cassie a'u tebyg. Fel yna y dehonglir hanes a chydnabod. Nid oes i'r gelyn oleuni nac i'r cyfaill dywyllwch!

Beth am y Torïaid? Mae Gwynfor yn hen gyfarwydd â chlywed y cwestiwn erbyn hyn! Ceir cyfeiriad dychanol at Delwyn Williams – 'Mae Delwyn yn gwbl ddi-ofn. 'Does arno ddim mwy o ofn ymosod ar yr Ariannin nag sydd arno o ofn ymosod ar Wayne Williams'. Ond y gweddill? Nicholas Edwards? Wyn Roberts? Tom Hooson? Geraint Morgan? Neu'r diweddar Michael Roberts? Nid wyf am godi'r hen ensyniad gwirion fod gan Gwynfor fwy o gydymdeimlad â'r Torïaid na'r Sosialwyr, a gwir ei fod yn pwysleisio bob amser mai'r Blaid Lafur yn hytrach na'r Blaid Dorïaidd yw'r 'gelyn' yng Nghymru am mai hi yw'r sefydliad gwleidyddol cryfaf – ond mae hi'n od na fyddai wedi estyn ei linyn mesur i gynnwys o leiaf rai ohonyn nhw. Ceir un cyfeiriad diniwed ddigon at Keith Joseph adeg y bygythiad i reilffyrdd Cymru. 'Cedwais gysylltiad â Keith Joseph trwy'r blynyddoedd wedyn'. Mewn man arall, mynegodd ryfeddod fod Enoch Powell wedi llwyddo i siarad cystal Cymraeg mewn telediad yn y chwe degau. (Fel mater o ffaith, perfformans bendigedig oedd hwnnw. Nid oedd Enoch Powell yn medru'r iaith!) Nid yw hynny o Ryddfrydwyr sydd ar ôl bellach yn haeddu sylw 'chwaith ar wahân i ddweud mai ymladdwyr sâl ydyn nhw sy'n rhoi'r ffidil yn y to ar ôl colli unwaith!

Y RHAMANTYDD

Estyniad naturiol o'r perspectif arbennig yma yw gweld ei Gymru arbennig ef yn oleuni. Un enghraifft. Wrth gyferbynnu ardaloedd Cymraeg a diGymraeg ym Maldwyn a Phenfro, fe ddywed:

> ' 'Roedd y bywyd meddyliol yn anhraethol dlotach yn y rhannau diGymraeg. Gallech fod mewn gwlad wahanol; y bobl yn fwy swrth, heb fawr ddim diddordeb ym mhethau'r meddwl, byth yn darllen na dadlau, gwlad lle ceid yr *yokel* yn cnoi ei welltyn. Nid oedd hwnnw'n bod yn y wlad Gymraeg.
> Diwylliant deallusol rhyfeddol yw diwylliant poblogaidd gwerin Cymru; ni wn am ei debyg yn unman arall . . .'

Er fod elfen o wirionedd y tu ôl i'r cyffredinoli ysgubol yna, mae elfennau gwâr yn y rhannau diGymraeg o Faldwyn (beth bynnag am yr hen Benfro) ac nid yw pob Cymro Cymraeg yno'n canu neu'n cynganeddu! Ac ni welaf beth sydd i'w ennill wrth ramantu'n feddwol fel yna.

O raid, felly, cryfder a gwendid cyfrol fel hon yw ei pherspectif un-cyfeiriad ac un-ateb. Ac nid gwaith Gwynfor yw ceisio edrych ar ei fywyd o'r 'tu-allan' fel petai. Byddai hynny, beth bynnag, yn amhosibl. Digon prin y gall clorian ei gloriannu'i hunan.

Y Dyn ei Hun

Ond mae'n gyfrol bwysig iawn. Fe gawn am y tro cyntaf gip ar y person y tu ôl i'r gwleidydd cyhoeddus. Cawn y cymhellion, yr ofnau, y gobeithion a'r ymrafael dirgel sy'n llunio digwyddiadau ei fywyd.

Fe ddywedir yn aml ei fod yn berson 'pell' ac oeraidd sydd yn rhy chwannog i eistedd mewn barn ar eraill heb fyth ei feirniadu neu ei amau ei hunan – ei fod yn ddidostur wrth y gweiniaid ffaeledig hynny sy'n methu byw i fyny â'i ddelfrydau uchel. Ond cawn yma onestrwydd ymchwilgar.

> ' 'Rwy'n amddifad o rai o gymwysterau pwysicaf gwleidydd proffesiynol. 'Does gen i ddim meddwl cyflym a threiddgar na thafod llithrig; 'dwy' ddim gwerth am siarad ar y pryd; mae gen i gof gwan – fe'i cawn yn anodd cofio'r tri phwynt y mynnwn eu gwneud mewn cwestiwn seneddol heb sôn am gofio degau o bwyntiau araith seneddol heb nodiadau . . . Y tu allan i'r senedd hefyd 'rwy'n aneffeithiol mewn dadl rhwng nifer. Oherwydd fy niffyg hyder a godai yn ei dro o'm diffygion eraill, cawn hunllefau mynych yn ystod y blynyddoedd dilynol, lle'r âi popeth mor drychinebus o chwith nes fy neffro gan fy ngwaeddiadau brawychus fy hunan'.

Carwn gyfeirio hefyd at ddwy adran arall yn y llyfr sy'n hunanddadleniadol. Cawn ei gyffes ffydd grefyddol mewn wyth brawddeg (tud. 150). O'i darllen yn fanwl, yr elfen hiwmanistaidd-foesol yn hytrach na'r fframwaith diwinyddol sydd wedi gafael ynddo. Y *dyn* Iesu yw gwrthrych ei addoliad. (Nid yw'r gair *Duw* yma o gwbl.) A chredaf fod ei ddieithrwch o'r uniongrededd disgwyliedig yn ogystal â'i ymrwymiad llwyr wrth hawliau moesol cariad Crist wedi ei fynegi'n gynnil yn y frawddeg:

> 'Bûm yn aelod mewn capel erioed, yn dangos fy ochr gyda'r credinwyr ac yn cydaddoli gyda nhw . . .'

Nid oes raid i'r 'gwir' grediniwr ddangos ei ochr!

Ac mewn man arall fe roddodd fynegiant o brofiad cyfriniol a geir hefyd gan ddau Gymro arbennig arall – O. M. Edwards a Saunders Lewis. Wrth ddychwelyd o angladd y Fonesig Megan Lloyd George, a sylweddoli fod is-etholiad tyngedfennol o'i flaen:

> '. . . Gelwais yn Islaw'r Dref. Ni bu ewyn afon greigiog Gwynant erioed yn wynnach, na choed y cwm yn lasach ei lifrai na'r prynhawn hwnnw o Fai. Tywynnai'r haul yn dwym ar lesni llynnoedd Crogegan pan orweddwn ar lethr y bryn uwchlaw iddynt, gyda Thyrau Mawr Cader Idris yn codi'n uchel ar y dde a phigau hardd danheddog Pared y Cefn Hir ar y chwith. Ar y gorwel o'm blaen safai'r Arennig ac Aran Benllyn yn llonydd yn yr heulwen. Gwn mor ddwl y bydd hyn yn ymddangos i'r darllenydd, ond yn ystod yr awr honno clywn Gymru yn anadlu'n dawel o'm cwmpas'.

Eiliadau 'dwl' o'r fath sy'n dyrchafu cenedlaetholdeb uwchlaw gêm a chynllwyn.

Dyna rai o'r cynyrfiadau sydd yn egluro ac yn cyfiawnhau ymgyrch ac ymrwymiad oes. Mae angen darllen y llyfr am resymau eraill hefyd – am y cefndir sy'n llunio'r cyfeiriad, am y cyfnewidiadau mawr a ddaeth dros Gymru mewn hanner can mlynedd; am y croesdynnu a fu ac a fydd o fewn y Blaid – yn arbennig felly y tyndra sy'n ei gyrru'n gyson i ailddiffinio'i rhaglen economaidd a gwleidyddol yn nhermau dosbarth yn ogystal â chenedl; am lenwi i mewn i ni gefndir yr ymgyrch sydd bellach wedi rhoi S4C ar ein sgrin a'i ran arbennig ef ynddi. (Ni ddisgwyliai Gwynfor i bawb ohonom ni gytuno â'i un frawddeg or-syml am HTV – mai 'am elw yn unig y meddyliai Harlech'!)

Tyndra

Fe fedrwn ddadlau efo Gwynfor nad yw glynu wrth yr un safbwynt am oes gyfan bob amser yn arwydd o fawredd mwy nag yw newid barn yn gyfystyr â gwamalrwydd a brad. Y mae gan rywun hawl i adael ac ymuno â'r Blaid (neu unrhyw sefydliad arall) heb i hynny adlewyrchu ar ei ddynoliaeth a'i unplygrwydd. Ond hwyrach mai siom yn hytrach na digofaint sydd y tu ôl i'w gyfeiriadau mynych at y rhai sy'n cefnu ar Gymru ac yn derbyn 'Prydeindod'. Ac y mae astudiaeth ryfedd yma i rywun. Aeth T. W. Jones, Goronwy Roberts, Cledwyn Hughes, Gwilym Prys Davies ac Elystan Morgan o blith y werin Gymreig i Dŷ'r Arglwyddi. Yn nyddiau cynnar rhai ohonyn nhw, teyrngarwch dwfn i amcanion y Blaid, i eraill gogwyddiadau tuag at y mudiadau gweriniaethol, oedd yn nodweddu'i ddatganiadau. Bellach maen nhw i gyd yn rhan o un o symbolau cryfaf y drefn Brydeinig. Pall cof yn ddiau sy'n gyfrifol am i Gwynfor ar dudalen 135 fy ngosod i ymhlith y mudiad gweriniaethol oedd yn bygwth unoliaeth Plaid Cymru yn niwedd y pedwar degau! Beth bynnag am fy marn am y Frenhiniaeth, ni fûm i erioed yn aelod o unrhyw fudiad gweriniaethol – ond mae'r ddeuoliaeth yma'n dal i chwarae rhan bwysig iawn yn ein patrwm gwleidyddol yng Nghymru.

Plaid y dosbarth canol fu'r Blaid ar hyd y blynyddoedd, a dylanwad capel a choleg yn drwm arni. Bu anogaethau moesol dros ryddid cenedl yn fwy amlwg na'r dadleuon ymarferol a welai'r rhyddid hwnnw hefyd fel posibilrwydd ymarferol a ffrwythlon. Bu'r chwâon 'gweriniaethol' a'r gwrthfreniniaethwyr fel rhyw wynt gwenwynig o gyfeiriad yr anialwch er y tri degau – a'r gair 'sosialaidd' yn air budr. Bellach mae i'r gair hwnnw ei le ym maniffesto'r Blaid. Mae'r shifft wedi digwydd. Anodd meddwl am faes astudiaeth mwy dengar na phererindod wleidyddol Plaid Cymru a phererindod rhai o'r unigolion diddorol hynny a ddaeth ati i chwilio am noddfa neu a'i gadawodd i geisio gloywach nen.

Mae'n amhosibl i'r mwyaf diduedd ohonom warafun i Gwynfor ei le yn hanes Cymru. Cyffyrddodd â hi ar sawl lefel;

bu'n dystiolaeth rymus i radicaliaeth heddychlon ei Gristnogaeth; yn effro i le addysg oleuedig; yn ddi-ildio fel ymgeisydd; yn gadarn fonheddig fel arweinydd y Blaid a cheidwad y gwerthoedd gwâr. Fe gadwodd o flaen llygaid pawb ohonom ddarlun o Gymru, gyfrifol, gyfiawn a diwylliedig a fyddai hefyd yn chwarae rhan yng ngwleidyddiaeth y byd. Digon prin fod neb arall yn ein hoes ni wedi cyflawni cymaint.

Gwaith James Kitchener Davies

Fe fydd yn rhaid i rywun rywdro fynd ati i roi i ni astudiaeth o feirdd a llenorion (Cymraeg a di-Gymraeg) a geisiodd fynegi beth oedd a beth yw Cwm Rhondda a'r de diwydiannol iddyn nhw. O blith y rhai sydd wedi rhoi eu stori yn Saesneg byddai cymharu Jac Jones, Gwyn Thomas, Alun Richards, Gwyn Jones, Harri Webb, Leslie Norris, Rhydwen Williams neu Gareth Alban Davies yn ddadleniadol, a dweud y lleiaf. Mae amrywiaeth mawr nid yn unig mewn bwrlwm mynegiant ond hefyd yn y gwrthgyferbyniad rhwng tynerwch bonheddig a'r hiwmor du sardonig. A thybed a oes gwahaniaeth rhwng y dehongliad Cymraeg a'r Eingl-Gymry (os caniatéir y term bellach!) Ac os oes, pam?

'Roedd James Kitchener Davies yn fardd-ddramodydd. Fe'i ganed yng Ngheredigion 1902 a bu byw yn y Rhondda o 1926 hyd ei farw yn 1952 – blynyddoedd allweddol yn hanes y cwm ac yn hanes Cymru. Bu'n athro Cymraeg yn ysgolion y cwm ac yn amlwg iawn fel aelod o Blaid Cymru yno. Ar ben hynny, rhoddodd ei holl egni a'i ddawn i fyd y ddrama, addysg bellach ac i'r 'Steddfod.

Yn awr mae ei weddw Mair, wedi casglu at ei gilydd ran o'i waith – chwe drama, tair pryddest.* Yn y dramâu mae'r elfen fydryddol yn gref ac yn ei farddoniaeth fe roddodd un gerdd i ni sy'n ein syfrdanu gyda'i hyrddiadau dramatig.

Ymarferiadau crefftus yw hanner y gyfrol, ac ynddyn' nhw amrywiaeth mawr mewn themâu a digon o adnoddau iaith a dychymyg. Symuda'n rhwydd o'r symbolaidd-clasurol i'r tafodieithol llafar. I'm chwaeth i, mae gormod o rethreg athronyddol yn y ddwy bryddest – 'Yr Arloeswr' ac 'Ing Cenedloedd' – ac ni lwyddodd i drawsgyfeirio (os dyna'r gair iawn) ei neges i fôd y bardd. Nid oedd dewis mesurau Pantycelyn yn help iddo. Hwyrach mai problem Kitchener Davies oedd rhychwantu'r bocs sebon a gofynion celfyddyd. Ond wedyn, rhaid ailsyllu ar y gyfrol ac edrych arni fel datblygiad ac fel mynegiant gŵr

* Gwasg Gomer

ar dân yn chwilio'n aflonydd am y ffurf addas. Mae'r arbrofi wedyn yn llwyddo a'r methu yn synhwyrol. Ac yn y diwedd, fe ddown wyneb yn wyneb â'r sefyllfa lle y dangosir pob ffurf a rhagdybiad.

Y mae i'w destament bedair rhan ac fe'u mynegir mewn tair drama ac un bryddest radio. Yn ei ddrama fydryddol 'Meini Gwagedd' (1944) awn yn ôl i'w fro enedigol, i Gors Caron, gyda'r dyfyniad o Esaiah fel Rhagarweiniad:

'. . . o genhedlaeth i genhedlaeth y diffeithir hi; ni chyniweirydd trwyddi byth bythoedd. Y pelican hefyd a'r draenog a'i meddianna; y dylluan a'r gigfran a drigant ynddi ac efe a estyn arni linyn anhrefn a meini gwagedd . . .'

Ysbrydion Glangors-fach yw cymeriadau'r ddrama a gŵr Glangors-fach sy'n gosod y llwyfan:

'Glangors-fach! Fi gododd y tŷ a'r tai-maes,
fi gloddiodd, fi blannodd y perthi,
fi sychodd y gors a chwteri a ffosydd;
fi a'i dofodd hi . . .'

ond ymhellach ymlaen:

'Arfaethwyd cors Glangors-fach i'n gwehelyth,
a had pob gwanwyn yn mhridd pob hendre,
y tadau fel cnau gwisgi'n gweisgioni eu tymor
nes i'w gwaed yn fy ngwaed i wehilio;
ond ofer eich cynllwyn; afradu'r gwely yw'r gwallgofrwydd.'

O'r gors y daeth y nychod, y plant siawns, y dicâu, y llipa ei feddwl, y gangrin a moesau meddal plant a ddaeth yn blant y dref. Cors sy'n sugno popeth ac yn rhoi dim. Darlun sy'n codi'r felan ac yn mynd â ni ymhell iawn oddi wrth ramantiaeth hwylus ymgyrch athronwyr yr encil a'r gwerthoedd gwledig. Ond yn allweddol i weddill ei destament yw delwedd y cloddio, y plannu, y sychu a difodiant y gors.

'Gwinllan a roddwyd' meddai Saunders Lewis. Diddorol iawn yn y cyswllt yma yw un o nodiadau ei weddw:

'Gwobrwywyd hi gan Mathew Williams yn adran y ddrama fer (Llandybie 1944) a chollfarnwyd hi gan Saunders Lewis yng nghystadleuaeth y gerdd *vers libre*. Yna, ar ôl darllen gwerthfawrogiad brwd Prosser Rhys yn *Y Faner* anfonodd

Saunders Lewis lythyr at yr awdur yn tynnu ei feirniadaeth swyddogol yn ôl, ac yn canmol y gerdd!'

Yn y ddrama 'Ynys Afallon' wedyn, 'rwy'n dyfynnu yma eto o nodiadau gwerthfawr Mair Kitchener Davies:

'ei thema yw argyfwng hanesyddol colli Arthur yn wyneb y digwyddiadau yng Nghymru heddiw, ac arferai'r awdur ddweud ei bod yn crynhoi llawer o'r hyn a geisiai ef ei fynegi ar focs sebon!'

Yma gosodir, y tu fewn i chwedl Arthur, y gwrthdaro rhwng gofynion holl-gynhwysfawr brenin Lloegr a phendefigaeth holl Gymru. Y 'Dyn' yn y ddrama yw llais realaeth wleidyddol sy'n dirmygu hen hiraeth, ofergoeledd ac ymlyniaeth wrth symbolau a delwau meirw. Ym mhresenoldeb pendrwm y Lleian yn y ddrama teimlir hefyd fin beirniadaeth ac athroniaeth cenedlaetholdeb sy'n ymwrthod â phwysau gwleidyddiaeth bragmataidd y dihanes a'r digrefydd. Un o is-themâu cynhyrfus Kitchener Davies yw'r brotest yn erbyn llwydni a henaint ac o blaid nwyd beiddgar ac anghonfensiynol. Efallai fod o fewn i'r awdur ei hun ddeuoliaeth rhwng yr hen werthoedd sy'n gallu diffrwytho a'r hoen dihenydd a geisiai ddianc fel gwehelyth Glangors-fach. Ceir awgrymiadau yn 'Ynys Afallon' y talai i ni eu hailystyried.

Yn y ddrama 'Cwm-y-glo' a enillodd i'r awdur y wobr yn Eisteddfod Genedlaethol Castell Nedd yn 1934, fe'i cawn yn ymgodymu â dylanwad y byd diwydiannol ar gymeriadau tair cenhedlaeth yn y cwm, a'r modd y gall tlodi a phwysau economaidd lygru a darnio nid yn unig gytbwysedd moesol yr hen gynghanedd rhwng dyn a dyn, ond hefyd ei hunan barch. Mae pob un o gymeriadau Cwm-y-Glo ar goll yn y wlad bell ac yn y diagnosis o fewn cyd-destun dameg y Mab Afradlon mae i eiriau Dic eu grym o hyd:

'Dinasyddion y wlad honno wyt ti a minnau, cofia. Ni sy'n estyn cibau trugaredd i afradloniaid, ac yn credu ein bod yn dadau trugarog wrth hynny, mae'n haws gwaddoli ysbytai ac eglwysig ac ysgolion â'n harian sbâr – estyn cibau – nag yw hi i falurio'r Wlad Bell, a llunio byd newydd. Fe fydd pawb yn codi cofgolofnau ar ein hôl.'

Mae'n wir i gymeriad Marged yn y ddrama achosi rhyw dipyn o sgandal yn y tridegau. Duw a ŵyr pam. Gwaeth sgandal filwaith yw'r modd y llwyddwyd i adeiladu fframwaith gwleidyddol ac economaidd yng nghymoedd y De gan lwyr ddibrisio rhybudd Kitchener Davies. Ond 'roedd symlrwydd empeiraidd y feddyginiaeth Farcsaidd yn drech na huotledd telynegol a dramatig y sêt fawr a'r pulpud.

Hyd yn oed wedyn, nid yw ein pererindod ar ben. Mae'n wir fod rhan o'r esboniadau am ŵyriadau dynion i'w priodoli i gyfundrefnau gormesol ac annynol. Ond mae'r bryddest radio 'Sŵn y Gwynt sy'n Chwythu' ar ôl. Mae'r ddyled yn fawr i Aneirin Talfan Davies am ei chomisiynu, a Kitchener Davies yn mynd ati i'w llunio ar ei wely angau. Wyneb yn wyneb â'r cancr di-droi'n ôl, mae'n ei osod ei hunan o dan belydr-X, yr hyn sy'n barhaol, yn unplyg, yn wir. Mae'n ei ddarnio ei hunan yn yfflon. Y tu ôl i'r 'sefyllfa' hanesyddol a'r amrywiaeth mawr o ddamcaniaethau cymdeithasol a gwleidyddol, a thu ôl i'r sloganau hwylus, erys ar ôl yr enaid ingol, unig, gwan. Sylweddolwn ei bod yn bosibl ymgolli'n hwylus ac anrhydeddus mewn achosion ac ideolegau'r cenedlaetholwr, y Marcsydd, y Pabydd neu'r Calfin, neu unrhyw gyfuniad posibl o'r cyfan. Ar derfyn y dydd (a defnyddio un o ystrydebau arwyddocaol y gwleidydd!) nid yw hynny'n ddigon.

Creodd Kitchener Davies amrywiaeth o gymeriadau yn ei ddramâu. Bellach fe wêl mai actio fu ei hanes yntau – actio'n grwt dagreuol yn angladd ei fam ac yn mwynhau'r cydymdeimlad, actio yn ei wleidyddiaeth gan fwynhau moethau a marciau'r merthyr, actio hefyd yn y capel. Yn y diwedd yn noethlymun:

> 'Y cynefin â dolur, na'm doluria
> drwy noethi'r enaid meddal, a'i adael wedi'i flingo
> o'r gragen amddiffynnol a fu'n setlo am hanner can mlynedd
> yn haenen o ddiogi tros fenter yr ysbryd,
> na châi tywodyn anghysuro ar fywyd fy ego . . .'

Gwelodd eraill ei arwriaeth a gweledigaeth y dyddiau unig amhoblogaidd pan oedd perthyn i Blaid Cymru yn y Rhondda yn wahanglwyf. Gwelodd Kitchener Davies ei hunan fel pechadur 'styfnig yn ymbil am gael ei achub. Yr hyn sy'n aros o'i gyfrol ac o ddrama'r angau yw'r eangfrydedd ysbrydol sy'n treiddio dan hyd yn oed ei gonsyrn tros ei deulu, ei gwm a'i genedl. Mae realiti'r Angau yn troi'r rhan fwyaf o'n hymgyrchoedd yn ystumiau llwyfan.

1980

Ryan

Gorchwyl peryglus yw coffáu. Mae'n gofyn disgyblaeth a chwaeth, gonestrwydd cymhelliad a gosodiad. Ond mae perygl arall hefyd. Wrth nodi maint colli un, o raid yr ydym yn cael ein gorfodi i raddoli arwyddocâd pob marw.

Mae Ryan bellach wedi ei goffáu'n llawn; yn weddus, gaboledig, yn ddiedifar o eithafol, yn wrthrychol ac yn bersonol iawn. Fel yna y mae ambell un yn ein gadael ni – yn gymysgedd chwilfriw o syndodau, o ddirgeledigaethau ac o deimladau. Ar un olwg 'does dim mwy i'w ddweud. Rhoddwyd y dadansoddiad o'r artist ymroddedig gan Mered yn Y *Faner*, cafwyd teyrnged delynegol gofiadwy yn Y *Tyst* ac ym Methel, Sgetti, gan Huw ei weinidog, Jennie Eirian yn Y *Cymro* yn ei osod yng nghefndir talent gyfoethog ei dras, Rhydderch yn ymollwng yn nodweddiadol gyda diniweidrwydd hogyn a ffrind.

Colled teulu, colled i gorfforaeth, colled cenedl. Colli artist a cholli talent amheuthun. Colli cynnar. Colli un o'r ychydig a oedd hefyd yn foddion i gysylltu'r Gymru Gymraeg a di-Gymraeg, a thrwy ei chwerthin a'i gân yn dileu tipyn o'r chwerwder a ddaeth i mewn i'r deufyd hynny.

Tynnu gwersi wedyn – yr angen am gaboli talent a gweithio arni, yn hytrach na chredu fod ei *chael* yn ddigon. Lle traddodiad a magwraeth hefyd. Fe glywais i ei famgu yn adrodd Salm yn ei chornel ar ochr y Mynydd Du a hithau ymhell dros ei deg a phedwar ugain – heb sôn am Morgan Rhys ei ewythr, Pegi ei fodryb ac Ifor, ewythr arall. Deuai'r cyfan â'r un ymroddiad i'w hadloniant. 'Roedd hefyd swcr tad a mam yn gyfeiliant parhaol. Fel yna y mae cenedl yn diogelu'i dyfodol ac yn gwneud yn siŵr hefyd fod yna ddyfodol sydd yn werth ei ddiogelu. Fel yna yr ydym ni wedi arfer cadw'r fflam drwy ei throsglwyddo o un genhedlaeth i'r llall a rhoi pob cyfle iddi. Peidio â gadael dim i siawns a mympwy a pheidio â gadael i syrthni Philistia a rhwyddineb diwylliant-y-llu ein difetha. Wedyn, fe erys y gamp sy'n goleuo ac yn gwresogi cenedl.

Nid hynny yn unig. 'Roedd Ryan yn diwallu angen – yr angen am gael ambell awr o ymollwng ac o chwerthin. 'Dwi ddim yn gwybod, mewn gwirionedd, faint o sail sydd i'r ddamcaniaeth hanesyddol gyfleus fod ein crefydd wedi'n sobreiddio ac i ni fod, cyn y Diwygiad Methodistaidd, yn bobl harti, ysgafndroed. Mi wn fod angen ein sobreiddio'n aml, ac mi wn hefyd fod sawl lefel i lawenydd ac nad bod yn gomig o raid yw'r mynegiant uchaf na'r mwyaf parhaol o'r llawenydd hwnnw. Ond mae angen doniolwch a hiwmor arnom. Nid yn unig am fod cael pwl o chwerthin ynddo'i hunan yn iacháu ond am ei fod yn gyfrwng i greu cytgord lle bo diflastod a chynnen ac ofn. Mae'n gallu llacio gafael rhagfarn ac yn gallu cynganeddu cymdeithas afrywiog, rwystredig, yn enwedig pan fydd yr hiwmor hwnnw'n ddifalais, lygad-agored fel yn hanes Ryan. Ynom ni i gyd mae plentyn rhyddid a direidi yn chwilio am fynegiant, ond yn rhy aml o lawer mae gennym ni ofn ei ddangos na chydnabod ei fodolaeth. Fe'n polareiddir wedyn naill ai i barchusrwydd gorddifrifol ar y naill law neu i fath ar ddoniolwch sy'n aflan neu i ddychanu sy'n clwyfo at yr asgwrn ar y llaw arall.

Mae angen proffwydi arnom i'n harwain ac fe'u cawsom; pregethwyr i'n cyfeirio – ac mae rhai o'r cyfryw ar ôl o hyd – heb sôn am wleidyddion i'n cynrychioli, athrawon i'n dysgu a meddygon i'n cadw'n fyw, ynghyd â'r holl swyddogaethau amrywiol sy'n gwarchod buddiannau'r gymdeithas gyflawn. Ond 'dyden ni ddim am dreulio ein holl ddyddiau'n ymboeni ac yn dadansoddi ein tynged a'n cyflwr. Nid oes rhaid i bob darn o gelfyddyd fod yn 'sylweddol' na phob datganiad fod yn broffwydol. A pham fod rheidrwydd arnom ni i geisio gosod rhyw fath o foeswers wrth gwt pob stori? Mae darllen y rhan fwyaf o gylchgronau a llyfrau Cymraeg yn dangos yn ddigon clir mor ofnadwy o ddiffygiol yw'r elfen ysgafn yn ein bywyd.

A rhag ofn i rywun fod yn ddigon hurt i feddwl fy mod yn pledio gwamalrwydd cenedlaethol – un o wersi gwir ddiddanwr yw ei fod yntau, yn aml, y tu ôl i'r castiau, yn ddifrifol ei natur a bod dwyster enaid y tu ôl i'r masg.

Ryan a Dylan. Y ddau'n marw yn America, y ddau o gwmpas y deugain oed, y ddau o Abertawe, y ddau'n berfformwyr a rhyw gymaint o hudlath a gwefr y gair a'r gerdd yn enaid y ddau ohonyn nhw. Ond mae'n rhyfedd y gwahaniaeth rhwng y ddau.

Fydd neb yn sôn am fywyd personol Ryan nac unrhyw gymhlethdodau posib'. 'Doedd neb ohonom ni yn meddwl y byddai unrhyw ystyriaethau felly yn berthnasol hyd yn oed pebai nhw'n bod. 'Roedd gan Ryan ei ffordd o fyw yn ogystal â ffordd o ddiddanu. Ac mae 'na wers yn y fan yna hefyd i'r sawl sydd am ei dysgu. Ond bydd colli cân y ddau yn tywyllu ystafell ein cenedl ni.

A thrigain mlynedd yn ôl fe gawsom y Bardd Trwm o Drawsfynydd a'i farw annhymig yntau. Hwyrach mai ei bennill olaf i'r Delyn Fud yw'r beddargraff priodol yma:

> Sefais wrth ei fedd un hwyrddydd,
>   Bedd y gobaith glân,
> Wybu londer plant y mynydd,
>   Wybu ganu cân;
> A phe medrwn, torrwn innau
>   Ar ei feddfaen fud
> Ddarlun telyn gyda'i thannau
>   Wedi torri i gyd.

Mawrth 1997

Wynford Vaughan Thomas

'Roeddwn i bob amser yn teimlo'n annigonol yng nghwmni Wynford er mai ef fyddai'r olaf o bawb i fynd allan o'i ffordd i greu'r fath ymdeimlad.

Cefndir eang o ddiwylliant i ddechrau – gwybodaeth ddisgybledig am wahanol gyfnodau: hanes oedd ei bwnc. Nid pwnc ychwaith ond stori ddramatig. Byddai gwleidyddion, awduron, brenhinoedd ac unigolion llai llachar ac amlwg yn gig a gwaed. Ymgadwodd (fel yn y gyfres *The dragon has two tongues*) rhag unrhyw ddogma neu ideoleg wrth fynd ati i ddadansoddi. 'Doedd o ddim yn gweld unrhyw batrwm neu ddilechteg holl gynhwysfawr ond 'roedd hanes yn hwyl! Yn wir, yn dipyn o sgandal. Ond nid hanes unigolion a sefydliadau a thueddiadau yn unig. Casglodd, dros y blynyddoedd, brif syniadau'r hen fyd a'r newydd ac yr oedd sglein ar ei holl feddwl. Mewn sawl maes, 'roedd rhywun yn cael y teimlad fod Wynford wedi bod yno o'ch blaen.

'Roedd yn fab i'r Dr. Vaughan Thomas – cyfansoddwr un o'n caneuon mwyaf – 'Berwyn'. Gallai'r mab hefyd eistedd wrth y piano a'i drafod yn feistraidd a'i wybodaeth o gerddoriaeth offerynnol ac operatig yn helaeth. Eto gyda barn a chwaeth.

Hoffai lunio penillion digri a limrigau gogleisiol, amheus) 'On a damp day in Blaenau Ffestiniog . . .'). Yr oedd crefft a greddf bardd ganddo ond gwrthodai gymryd y ddawn honno o ddifri. Dawn y trwbadŵr, iddo ef, oedd y ddawn i beri chwerthin.

Yr oedd yn adnabod Cymru ac yn ei charu. Er nad oedd ei feistrolaeth o'r Gymraeg yn yr un cae â'i Saesneg, eto i gyd mae'n werth cofnodi ei genedlgarwch. 'Roedd yn gwbl hyddysg yn ein gwleidyddiaeth a'n llên, a'i wybodaeth o'n daear yn gwbl anhygoel. Bu'n cerdded neu'n marchogaeth talpiau helaeth ohoni gan gyflwyno'i ymserchu mewn sawl llyfr a rhaglen radio a theledu. Rhan o'i genhadaeth oedd dweud wrth eraill mor werthfawr, mor ddewiniol, mor ysblennydd ac mor drist oedd perthyn i ddaear ac i bobl Cymru.

Caru Cymru, meddwn i. Ie, ond nid gyda'r arwyddion arferol. Mae'n wir iddo ddweud fwy nag unwaith nad oedd yn rhan o unrhyw sefydliad nac yn addoli wrth unrhyw allor. Nid oedd ganddo ffrâm ddiwinyddol i'w choleddu ac ni chwenychai fywyd ar ôl hwn. (Un rheswm a roddodd dros beidio chwennych cornel yn y byd a ddaw oedd yr ofn y byddai'n rhaid iddo wynebu'r posibilrwydd o gyfarfod â phobl surbwch, sych, fel Malcolm Muggeridge!). Gallai, ar yr wyneb, swnio'n rhyfygus ac amharchus. Darlun arwynebol o Wynford fyddai hwnnw. 'Roedd ei feddwl yn rhy aflonydd i gael ei gaethiwo o fewn canllawiau y gredo rwydd ac eto meddai ar werthoedd pendant a digymrodedd. Mae'n wir na luchiodd ei hunan i ganol unrhyw ymgyrch wleidyddol na diwylliannol. 'Doedd o ddim yn ferthyr nac yn ymgyrchwr amlwg ond yr oedd yn gas ganddo'r arwynebol, y blêr, y philistaidd, a'r mentaliti masnachol hwnnw sy'n troi popeth yn fater o fusnes ac o ecsploitio dyn neu ddaear. Ac fe ddywedodd wrthym ni hefyd o ble y tarddodd ei gynddaredd moesol a'i sensitifrwydd. Fel Gwenallt fe fu iddo yntau ei freuddwyd a'i Iwtopia ac fe welodd ei chwalu ar ben copa Gelli Onnen. Er nad oedd yn Farcsydd ym mold yr Athro Gwyn Williams, fe soniodd fwy nag unwaith am ddioddefaint cymoedd y De a'r hagrwch a'r surni a'i dilynodd. Ond yn ddyfnach na hynny (iddo ef) gweld Belsen. Ni fu byth yr un fath wedyn.

Mynnai *ddiddanwch* a llawenydd mewn cwmni ac mewn rhaglenni am iddo weld gormod o'r llall. Ei eiriau ef – 'divine, irrational optimism'. Ac wrth gwrs, mi fyddai rhywun yn dadlau am oriau maith fod *anwybyddu* poen yr un mor anghyfrifol â'i droi yn *obsesiwn*. Ond hawdd deall ei adwaith a'i or-ymateb i ysgerbydau'r gwersylloedd a'r siamberi nwy.

Tan y diwedd ymwrthododd â'r llwydni a'r chwerwder sarrug a'r negyddiaeth sy'n cyhoeddi barn uwchben pob nwyd a dawn, ac yr oedd ganddo bethau hallt iawn i'w dweud am yr wynebau hirion a'r pruddglwyf diamcan, di-wefr a nodweddai gymaint o'r gelfyddyd gyfoes mewn nofel, cân a drama. Yn gam neu'n gymwys fe gredai fod enaid crefyddol Cymru wedi ei grebachu a'i wenwyno gan ddiafol y dillad du ac anlladrwydd y diffyg llawenydd. Yn ei flynyddoedd olaf 'roedd o hefyd yn ymdeimlo i'r byw â pheryglon amlwg y gwacter mewnol a ddaw o ymwrthod â phob disgyblaeth a chwaeth.

'Soniais i ddim am y nodweddion amlwg eraill – ei chwerthin, ei ddawn fel ystorïwr a chonsuriwr geiriau, ei anwyldeb a'i ddireidi, ei ledneisrwydd a'i steil. Byddai'n ganolbwynt unrhyw gwmni nid yn gymaint am ei allu i ddosbarthu danteithion atgof, stori a rhigwm ond am fod yr arian byw yn iacháu – dros dro, beth bynnag.

Mae ganddon ni i gyd, mae'n siŵr, ein hoff ddarlun ohono. 'Rydw i yn ei weld o draw acw ar orwel, ei wallt gwyn yn y cymylau, y llygaid bach barus yn cyrchu'r pellteroedd a'i dafod llifeiriol yn dweud wrthym ni wylwyr a gwrandawyr fod yna wlad y tu-hwnt i'r mynydd sy'n decach na holl wledydd y byd. A chyda'r wên ddihenydd honno yn gwahodd – 'Dewch efo mi . . .' Ac mi fyddem ni'n coelio pob gair. Neu, a fyddem ni? Neu, yn wir, a fyddai ef?

Rhagfyr 1987

Alun Llywelyn-Williams

Fe fedrid sôn am gymaint o wahanol agweddau – ei ddyddiau cynnar yn y radio, cyfnod byr yn y Llyfrgell Genedlaethol, y swyddog milwrol anfilitaraidd; yna, yn y man, yn bennaeth Adran Allanol Coleg y Brifysgol, Bangor. (A ydym wedi llawn werthfawrogi y nifer o wŷr a gwragedd gwirioneddol alluog a wasanaethodd yn myd addysg bellach yng Nghymru?) Wedyn, y nifer o Gynghorau ac o bwyllgorau, megis Cyngor y Celfyddydau yng Ngogledd Cymru lle y bu'n ddylanwad pwysig am flynyddoedd.

Bu'n Gyfarwyddwr ar Fwrdd HTV o'r dechrau. Gall amryw ohonom dystio i'w bresenoldeb gwerthfawr mewn byd lle y mae ystyriaethau masnachol a gwleidyddol yn gallu tagu'r ysfa greadigol a'r gydwybod afreolus.

Y llenor a'r bardd wedyn. Un a fu'n ddwfn o dan ddylanwad W. J. Gruffydd, Griffith John Williams, T. J. Morgan ac R. T. Jenkins heb sôn am ddylanwadau llai ffurfiol megis R. Williams Parry neu'r Parch. Gwilym Jones o Flaenclydach a'i cyfareddodd yn llanc yn Nyffryn Clwyd trwy sôn am Emrys ap Iwan. Bu Alun Llywelyn-Williams yn sugno dylanwadau o'r fath ar hyd ei oes.

Fe geir ei gynhaeaf mewn corff o lenyddiaeth eang ei ddiwylliant a gofalus ei saernïaeth. Tair cyfrol o farddoniaeth, *Cerddi 1934-42*, *Pont-y-caniedydd* a *Golau yn Gwyll*. Ym myd beirniadaeth, *Y Nos, Y Niwl a'r Ynys*, *Nes na'r Hanesydd?*, *Y Llenor a'i waith* ac *R. T. Jenkins* (Writers of Wales). Dau lyfr crwydro, *Crwydro Arfon* a *Crwydro Brycheiniog*, a hunangofiant ei saith mlynedd ar hugain cyntaf, *Gwanwyn yn y Ddinas*. Bu hefyd yn golygu'r cylchgrawn arloesol hwnnw, *Y Tir Newydd*.

Adlewyrchiad o'i bersonoliaeth oedd ei holl waith. Hwyrach y byddai rhywun yn dweud mai ystrydeb hunanamlwg yw dweud peth felly. Ond fe wyddom am lenorion a beirdd sy'n wahanol iawn yn eu cynnyrch i'r math o argraff a roddan nhw o'u hadnabod. Ambell un tawel yn ffrwydro'n feiddgar yn ei waith, dro arall yr ymddangosiadol ymwthgar yn llawer mwy gostyngedig mewn print. Ond 'roedd nodweddion cymeriad A. Ll-W. i'w cael yn gyson yn ei waith – yn raenus, ffurfiol, bonheddig, synhwyrus, tyner, tawel a sensitif. Er fod iddo argyhoeddiadau cryfion, nid yw'n curo'r tabyrddau nac yn tynnu sylw ato'i hunan. 'Roedd cyfaredd llednais yn ei siarad a'i symud, a rhywsut, fe deimlai rhywun yn saff yn ei gwmni.

Plentyn y ddinas wedi ymserchu ym mywyd y wlad ydoedd ac ni charai weld ysgaru'r ddau. Teimlai i'r byw gyni'r Gymru ddiwydiannol a'r fandaliaeth a'r ecsploitiaeth a'i llygrodd. Wrth heneiddio ymdeimlai fwyfwy â'r elfennau barbaraidd a philistaidd a oedd yn erydu bywyd y genedl ac er ei fod yn gynnyrch y dosbarth canol dinesig, cyfforddus, yr oedd, yn ei hanfod, yn berson syml a diymffrost. Os byddai ar brydiau yn rhoi'r argraff o fod yn berson 'pell', ei swildod a'i ledneisrwydd tawel yn hytrach nag unrhyw ymdeimlad o ragorfraint gymdeithasol a gyfrifai am hynny.

*　　*　　*

Dair wythnos yn ôl 'roedden ni'n dau wedi herio'r poen mawr a'r caethiwed corff gan addo i ni ein hunain un daith yn y car a chinio bach gwâr mewn rhyw gornel fach heb fod nepell o Fangor. Ond fe ddaeth ymwelydd arall i ddrysu'r cynlluniau. Heddiw, cofio'r cyfarfod cyntaf yn y pumdegau cynnar. P'nawn o haf poeth ar draethau Harlech, gwyrddni Ardudwy, cadernid coleg a chastell yn gefndir. O'n blaen, môr diderfyn, Llŷn ac Aberdaron draw fan'cw. A chael ein golchi gan yr haul a'r heli . . .

Ni thorrwyd ac ni wanychwyd y gyfathrach dros y blynyddoedd, 'Difeirio rŵan na fuasem wedi cyfarfod yn llawer amlach. Ond diolch am y seiadau rhiniol, o rannu cyfrinachau, o fynegi amheuon, breuddwydio breuddwydion a siarad siop!

Ac wrth geisio bwrw fy hiraeth fel hyn, mynd am ryw dro bach olaf yn ei gwmni. Y plentyn ar ei wyliau ym Mhwll Glas, yn Nyffryn Clwyd:

> 'Deffro'n y bore bach yn y rŵm gefn lle cysgai fy mrawd a minnau gyda'n gilydd, a gwrando'n hanner effro ar sŵn ceiliog yn canu a'r ieir yn ystwyrian, a chlywed aroglau'r blodau a'r coed yn suo trwy'r ffenestr agored. Treulio'r dyddiau yn y caeau a'r coed ac ar y creigiau . . .'

Wedyn, geiriau olaf *Crwydro Brycheiniog:*

> 'Bydd rhyw wynt glân, cyntefig, yn chwythu yma'n wastadol, yn union fel y gwnâi pan eisteddai Cai a Bedwyr ym more'r byd 'ar ben Pumlumon ar Garn Gwylathr ar wynt mwyaf yn y byd'. Cawn edrych yn ein cylch fel hwythau (odid na welwn, fel hwythau, 'fwg parth â'r dehau') a gwylio'r boda a'r barcud yn sglefrio ar yr awel, a syllu a syllu ar yr eangderau ar bob llaw, a synnu a rhyfeddu bod Cymru fach yn wlad mor anferth o fawr.'

O'i gerddi, mynd draw i Cefn Cwm Bychan a'r bardd yng nghwmni ei gariad, Alys,

> 'Dywedir y derfydd y rhain oll. Ni wn –
> odid nad erys o'r cyd-yfed hir,
> y drachtio dwfn o'r pêr, hiraethus win,
> o'r profi ar dy wefus hedd di-fraw,
> ryw atgof egwan o'n munudau ni
> i nofio'r awel, genedlaethau a ddaw.'

A'r gerdd olaf yn y gyfrol olaf, *Y Golau yn y Gwyll*. Mae o'n dychwelyd i Tynyfedw yng Nghwm Cynllwyd a chofio iddo alw heibio flynyddoedd yn ôl heb wybod dim am y teulu. Heddiw, yn gartref i Luned, Dafydd a'r plant:

> 'Pwy fuasai'n meddwl ymhen hanner can cynhaeaf
> mai'r tŷ dieithr hwn ar y llethr dan y coed
> fyddai'n gartref cynefin heddiw
> i ddwy genhedlaeth newydd o'n gwaed a'n teulu crwydr?
> Nyni, fu'n alltudion cyhyd o'r wlad hir ei hamynedd,
> 'gawn ni yn awr adfeddiannu'r dyfodol yn hwyr y dydd
> yn y fro Gymreiciaf hon,
> a swcro'i hiaith
> ym mharabl nwyfus
> plant dychweledigion y dre?

Yn ei fisoedd olaf, methu mynd i unman bron ac mewn poen diarbed. Mae *Gwanwyn fel y daw* yn cyfleu'r cyfan:

> 'Byddaf yn cerdded y llwybr bob bore o'r tŷ
> i'r garej i nôl y car yn ei bryd,
> gan ddiolch i'r drefn a greodd beiriant
> i sgafnu blinderau'r cnawd a'r byd.

Heddiw 'roedd dawns aur y cennin Pedr
yn llonni'r lawnt â'i cynnar hud,
a mwyalchen yn canu'i hochr
ar frigyn moel i gysuro'n byd.

A thrywanodd yr haul yn sydyn trwy war
y berthen dywyll, a dethol un ddeilen ddu
dan berfedd cysgodion y gaeaf glas
a'i throi'n gryndod o ddisgleirdeb drud.

Pa salm a ganaf yng ngrwndi'r car?
Pwy a'm gwrendy? Bu gorfoledd ryw hyd;
'Waeth gennyf yn awr fod oerwynt Mawrth
yn drysu'r blodau, fod y berth yn dywyll a'r 'deryn yn fud.

Yn y pum dyfyniad, sylwer ar y berfau – synnu, rhyfeddu, drachtio, nofio, llonni, canu, trywanu. Ymollwng synhwyrus sydd yma, anwesu daear a dyn a throi hynny wedyn yn gathlau caboledig. Ond diriaethodd bob profiad, cysylltodd ei galon wrth galon arall, a chydio llygad a chlust wrth wrthrych. Yr oedd i'r profiad gyfeiriad ac fe gadwodd hynny ei gelfyddyd yn glir o bob hunanloddest mewnfodol.

Er iddo yn *Y Nos, y Niwl a'r Ynys* fynd i'r afael yn effeithiol iawn ag eithafion ffuantus rhamantiaeth diwedd y ganrif ddiwethaf a dechrau hon, a nodi sut y bu i'r Rhyfel Mawr cyntaf ddrysu'r hen freuddwydion, ni ellir llai na theimlo ei fod yntau hefyd yn gynnyrch y ddau fyd. Gwelodd y dadrith, ond, a defnyddio ei eiriau ef, os mai cyfraniad y rhamantiaeth honno oedd 'mynegi rhyfeddod a dieithrwch profiadau', ychydig iawn o feirdd yr ugeinfed ganrif a wnaeth hynny'n well nag Alun Llywelyn-Williams.

Do, bu gorfoledd yn wir!

1988

A Gymeri Di . . . ?

Llythyrau Syr O. M. Edwards ac Elin Edwards 1887-1920.
Golygwyd gan Hazel Walford Davies. Gwasg Gomer £19.95.

John Gwilym Jones, ddywedodd y carai ar ddydd ei angladd gael drws bach yn yr arch i gael cip ar y galarwyr ac eraill, beth bynnag am wrando ar y deyrnged! Hanner cellwair nodweddiadol – ond 'does wadu'r chwilfrydedd. Tybed pwy . . . tybed be' ddywedir a beth fydd yn well ei adael allan. Yn ein bywyd, fedrwn ni ond gobeithio'r gorau!

A rŵan dyma ni'n cael y gyfrol yma – detholiad o bron i bum cant o lythyrau O.M. ac Elin Edwards (ac un neu ddau arall) allan o tua naw mil.

Yn ei rhagymadrodd mae Hazel Walford Davies wedi dadansoddi'r tyndra, y cyfuniad o bellhau ac o glosio, gafael bro a galwad gwlad, swildod y caru cynnar yn ymagor i flynyddoedd amheuon, hiraeth a thorcalon yn ogystal ag asbri a gorfoledd cael y plant. A chwalfa colli'r un. Trwy'r cyfan, gwaith, gwaith, gwaith – yn rhy aml yn gwasgu allan bosibiliadau gwynfyd – y cyfan yn arwain yn anochel i'r diddymdra du.

Yn gynnil a sensitif cawn gan y golygydd grynhoad o'r teimladau dinistriol a bendithiol sy'n cadw dau efo'i gilydd ac ar wahân yr un pryd. A'r un mor ofalus yw'r ymdriniaeth o ddawn lenyddol, deall a dychymyg O.M. a chyffyrddiadau symlach ac ymarferoldeb Elin – er bod iddi hithau hefyd ei thro ymadrodd. A'r crynhoi:

> 'Nid oes dwywaith nad oedd O.M. ar gwestiwn iaith, diwylliant ac addysg yn broffwyd . . . yn gweld yn glir yn ogystal ag edrych yn bell. Hwyrach na welodd bethau yr un mor glir a chywir wrth edrych ar ei ddyletswyddau i'w iechyd ef ei hun ac i anghenion ei wraig a'i blant. Ond dwysáu ein dyled iddo, ac iddynt, a wna hynny'.

Gallwn synhwyro anferthedd y gwaith – darllen, dosbarthu, golygu. Clamp o gyfraniad golygyddol.

Ar wahân i nam argraffu anffodus llythyr pryderus Elin (ar ymyl dde tudalen 308) fe gawsom gan Wasg Gomer, fel arfer, gyfrol hardd ei diwyg a'i chynllun.

*   *   *

Mi fuaswn i wedi gwerthfawrogi ymdriniaeth ar yr holl gwestiwn o ddewis a gwrthod allan o'r fath bentwr o lythyrau. Gwir bod y cyfan bellach o fewn cyrraedd yn y Llyfrgell Genedlaethol ond tybed a oedd ambell stori neu gyffyrddiad na fedrid eu cynnwys? Yn wir, fel egwyddor, a oes gan olygydd dragwyddol hawl i gynnwys popeth? Mae'r cwestiwn yn codi am na fedr awduron yr ohebiaeth reoli'r cyhoeddi na'r dethol. Gwn, o'm hadnabyddiaeth ohoni, fod gan Hazel Walford Davies ei barn bendant ar hyn. Fel y maen' nhw, 'rydym ni'n cael tipyn go lew o fisdimanars (digon diniwed) Llanuwchllyn – lle mae pawb yn gwybod hanes pawb – dyna hanes pob cymdeithas wledig, glòs. Dichon fod rhai o'r teuluoedd hynny yno heddiw yn gwrido uwch pranciau hapus ond 'pechadurus' eu hynafiaid. Tybed a feddyliodd Elin wrth anfon ei bwletin i Owen y byddent yn gweld golau ddydd? A phe gwyddai, tybed a fyddai wedi bod yn fwy gofalus? Mewn cymdeithas fel yna, onid oes yna gonfensiwn anysgrifenedig nad ydym ni ddim yn darlledu'n doluriau a'n camweddau? Dyna yw ystyr bod yn rhan ohoni ac yn driw iddi. A byddai Owen ac Elin yn eu hymarweddiad cyhoeddus yn deall hynny'n iawn. Ond rŵan, dyma gynnyrch eu siarad preifat ar bapur gerbron pawb!

Yr ateb i amheuaeth o'r fath, mi wn, yw fod y darlun a gawn ni o'r gymdeithas ac yn wir o brofiadau mewnol y ddau, yn bwysicach nag unrhyw annheyrngarwch neu loes posibl. Ond mae'n gwestiwn i'w godi – gan bledio diffyg gofod i'w drafod ymhellach yma!

*   *   *

'Roedd y ffilm 'O.M.' eisoes wedi agor y drws a chreu chwilfrydedd. Dyma gyfle yn awr i ymgydnabod yn uniongyrchol â'r dystiolaeth a'r cefndir cyfan – heb i unrhyw ddehongliad neu fympwy gael eu gwthio arnom. Ar y darlleniad cyntaf, 'roedd i mi elfen o siom. 'Roedd llawer o'r llythyrau yn gogordroi o gwmpas mân bethau, mân siarad, hel clecs gofalon teulu – ariannol ac emosiynol. Ac ar y dechrau tuedd i ofyn, pam yr holl olau llachar ar y garwriaeth a'r briodas hon? Hyn, efallai, yn codi o gymharu'r gyfrol â chyfrolau eraill yn Saesneg yn gyforiog o ysgrifennu coeth, o dreiddio i ystyr ac arwyddocâd y cefndir cymdeithasol, y cynyrfiadau gwleidyddol a phlygion cymhleth cyfathrach dau. Wedi'r cwbl, onid oedd gennym ni yn O.M. un o feddyliau gorau'r ganrif – cyfuniad prin o'r hanesydd, y llenor a'r proffwyd, y gwerinwr a ddaeth yn un o *élite* Rhydychen ac yn eilun ei genedl ei hun? Ond chwiliwn yn ofer yma am oleuni ar ei faes fel hanesydd a'i weledigaeth fel Cymro. Gan mlynedd yn ôl 'roedd o'n rhan o gyfandir ac o genedl yn wynebu cyffroadau dramatig ym myd sefydliadau a syniadau. Ac mi 'roedd ei fab Ifan yn y Rhyfel Mawr! Mae'n rhaid fod hyn i gyd wedi 'sgubo trwyddo. Ac eto, ni theimlwn fawr o sŵn y curo hwnnw yma. Ai am nad oedd gan ferch y Prys Mawr ddiddordeb neu empathi? Tybed a fyddai'r llythyrau yn wahanol pebai hi'n debycach i Mary Cave? A yw'r ymatal yma'n dweud rhywbeth o bwys am eu priodas?

Arall yw gwerth y gyfrol – fel cofnod o gyfathrach sydd ar lawer ystyr yn perthyn i bawb. Mae'n gariad sy'n aml yn ansicr, yn cario'i siâr o hunanholi ac o edifeirwch. Ceir hefyd oriau gwynfyd ac o flasu'r pethau syml. 'Roedd mwy nag un gagendor – Coed y Pry a'r Prys Mawr, er yn rhan o'r un fro a'r un diwylliant, eto ddim yn hollol o'r un haen. Llanuwchllyn a Rhydychen wedyn. Dau fyd. Dau wareiddiad.

Fe ddywedir amdanom yn y cyrion Celtaidd i ni gael ein gorlwytho a straen o euogrwydd pan fyddwn ni'n hapus ac o afiechyd yr 'workaholic' sy'n gynnyrch ein cefndir Piwritanaidd. 'Roedd o yng ngwaed O.M. A phlygion tywyllach fyth yn bygwth Elin.

Nid nad oedd gwamalrwydd. Gallai'r ddau fod yn chwareus. O.M. yn gwerthfawrogi callineb Elin, ac yna

> 'weithiau'n fêl i gyd, weithiau siwgr hanner melys, a'r tro arall fel finegr'.

A phan fyddai pethau'n ddrwg – yn ddrwg iawn – Elin yn taro'r gwaelod:

> 'Brwnt a blin y gwelais chwi erioed, hyd yn oed cyn priodi. Gallaswn fod wedi cymryd rhybudd, ond yr oeddwn dan oed, ac mae dyn yn cael amser i edifarhau.'

Ninnau'n gwybod mai cwmwl munud awr oedd ymollwng sarrug o'r fath. Ar yr un gwynt, mi fyddai Bow bach yn werth y byd – ond ei fod mor bell. A'r gwely'n rhy aml yn wely gwag. Ar dro, gallai droi syched ei serch yn frifo dirmygus sy'n taro dyn yn ei wendid:

> 'Waeth gen i da'ch hen dwdl chwi gymaint a'r un holbren'

neu waeth:

> 'Gallasech fod wedi cael damwain ddifrifol hefo'ch trowsus, Bow, beth tase fo wedi dwad am dopie'ch sgidie, ond ran hynny fase yno ddim i'w weld hyd yn nod i rywun cyfarwydd.'

'Na ddiystyrwch ddydd y pethau bychain' yn wir!

Ond y tu ôl i'r coegni a'r tynnu coes, tu ôl hefyd i holl frwydr afiechyd amryw yn y teulu, y pellter, pwysau darlith ac ysgrifennu, y mae yma fan cyfarfod. Hiraeth dau ydyw am fod mewn man a chyflwr gwahanol. Dihangfa'r darn daear a ddaeth â nhw at ei gilydd yn y lle cyntaf cyn i bethau fynd yn ddyrys. Elin yn barod i setlo am y

> 'tŷ bach a mwg main. Gallaf fyw ar ychydig iawn pan fydd yn rhaid.'
> 'Alright, Bow bach, dowch chi adre atom. Cewch chi drin yr ardd a dysgu'r plant a thyfu moron cochion a chabbage, gael i ni gael pres am danynt. Golchaf fi'r llawr a'r llestri a'r dillad, a'r gwaith tŷ i gyd.'

Yntau:

> 'Y mae arnaf hiraeth am Lanuwchllyn yn barod. Basai'n well nag aur gennyf weled y pedwar ŵy sydd yn nyth y gornchwiglen . . . y mae'r anemoni gwyllt dan y coed ar gaeau Llwynwrach, a briallu gan geulannydd Coed y Pry, a blodau drain yng Nghynllwyd, a'r eithin yn felyn ar y Garth – a dyna finne yn y fan yma heb fedru mynd i'w gweld. Ond daw'r haf Elin . . .'

Yna'r gaeaf. Marw Elin. Yntau'n ei dilyn ymhen y flwyddyn. A'r geiriau o'i Ddyddiadur, 11 Ebrill 1919:

'Ar ei gwely angau gofynnais iddi – 'Os byddwch yn mynd o'm mlaen i fy ngeneth i, a ddewch chi ag Ab Owen i'm cyfarfod fel ar Boar's Hill? Ei hateb oedd, "Owen annwyl, yr ydych wedi'm gwneud yn berffaith hapus".'

Mae'r llythyrau'n gorffen, wrth gwrs, gyda marw Elin. A'r gofyn pam. Daw'r gyfrol i ben gyda Dyddiaduron 1919, dyfyniadau o Feibl y Teulu a Breuddwydion O.M. 1919. I gwta naw tudalen, crynhoir y dagrau i gyd. Y dagrau hynny hefyd a dorrodd yr argae ym mywyd Elin ac a drodd yn dorcalon ym mywyd ei Bow bach. Ac amhosibl i ninnau ddarllen y geiriau heb grïo.

* * *

Bu farw Elin yn hanner cant ac un – oedran peryglus a bregus sydd wedi gyrru mwy nag un wraig i freichiau'r tywyllwch. Ar un olwg, byddem yn ddigon bodloni ar esboniad meddygol o'i chyflwr enbyd. Ond o gael y llythyrau o ddyddiau caru tan y diwedd, mae hyd yn oed y cofnod mwyaf normal, y cyffredinedd a'r mân siarad yn ein harwain yn anorfod, rywsut, i chwilio am ryw fynegbyst. Mae yma ferch na theimlodd erioed ei bod hi'n rhan annatod o fyd ei gŵr. Mae'r mân ofnau, y cecru ac ambell hwrdd o eiddigedd a chenfigen yn tanlinellu hynny. A thu ôl i fywyd llawn O.M. yn llawn ysblander llwyddiant a stwff eilun cenedl, mae gennym ni hefyd bortread o un a fedrodd gyfannu ysgolheictod yn hawdd ond na lwyddodd i feistroli nac i lwyr ddeall y nwydau a'r teimladau hynny sy'n gallu cyflawni neu danseilio diddanwch dau. Dryswch a dirgelwch oedd gwae Elin iddo, ni fedrai ei ddychymyg na'i galon ei dilyn i'r dyfnderoedd a'r dirgelwch hwnnw. Ond wedyn, pwy fedr?

A dyma ninnau, gan mlynedd yn ddiweddarach, yn gorfod wynebu cwestiynau ac atebion na fynnai oes Fictoria (na Llanuwchllyn) ddod i delerau gonest â nhw. 'Roedd swyddogaeth israddol y ferch a'r ymagweddu caethiwus tuag at rywioldeb a phosibiliadau bendithiol serch wedi parlysu unrhyw drafodaeth neu waredigaeth.

Agorwyd y llifddorau bellach. Efallai fod gormod ohonom ni erbyn hyn yn straffaglio yn y llifeiriant.

* * *

Un sylw i gloi. Mae pwysau galwadau cyhoeddus wedi cael y bai am chwalu llawer priodas dros y blynyddoedd. Cawn y darlun arferol o'r wraig ddioddefus a hunanaberthol yn ei chartref yn gwrthod dilyn ei gŵr i'r goleuadau llachar ac yn clafychu yng nghocŵn ei chegin, ei gwely gwag a'i phlant. Ac yntau? Beth tybed ydi'r gwir i gyd? A yw'n bosibl defnyddio'r genhadaeth fawr fel dihangfa o afael priodas sy'n gallu bod yn glawstroffobig a diwefr? Yn wir, mi fedr yr holl ymgolli mewn gwaith, cyfrifoldeb swydd a phwysau'r bywyd cyhoeddus gael y bai ar gam. Hwyrach fod y gwir dipyn yn nes gartref. Ac yn fwy poenus.

1991

Poenau Gŵr Pen y Bryn

Fe gyhoeddwyd *Hunangofiant Tomi* Tegla Davies am y tro cyntaf yn ddienw yn *Y Winllan* 1911. A dyma'r brawddegau agoriadol:

> Wel, y peth cynta yr ydw i am ddeyd wrthych chi ydi deyd bedi fy enw i, o achos peth doniol fase dechre siarad efo lot o fechgyn a gnethod, a nhwthe heb wybod ar wyneb y ddaear pwy ydech chi. Dydwi ddim o'r un farn â'r bobl yma sydd weithie yn sgwennu clamp o lythyr mawr atoch, a chithe heb un syniad pwy sy'n siarad nes y dowch chi i'w waelod o. Yn y fan honno fe gewch weld eu henw, ac erbyn i chi ddod ato, yr ydech chi wedi anghofio be oedd yn y llythyr, o achos mae o'n help mawr, wyddoch, i gofio be mae dyn yn ei ddeud os ydech chi'n gwybod pwy sydd yn ei ddeud o.

Pan gyhoeddwyd *Gŵr Pen y Bryn* fesul pennod yn *Yr Eurgrawn* 1915-16, nid enw E. Tegla Davies oedd yr enw arno, ond T. S. Jones, UDA – T. S. Jones yn sefyll am Twm Sarah Jones, sef Twm yr Hunangofiant. Nid gwlad oedd UDA ond Un Diniwed Anghyffredin. Ac fel is-deitl, 'Deffroad Enaid Cyffredin.' Ac o dro i dro, pan fyddai eisiau codi neu ddychanu ei genedl, fe fyddai'n defnyddio'r enw 'Alget Mai' – 'I am Tegla', o'r tu ôl ymlaen, fel ei goler! Mae 'na bennod wedyn yn *Gŵr Pen y Bryn*, lle mae Huw a Huwcyn yn ymrafael, yn ffraeo ac yn gwrthdaro. Dwy ochr i'r un geiniog. A beth am John Williams, gŵr Pen y Bryn? Pwy yn hollol oedd o? A beth oedd ei berthynas â'i awdur?

Dros y blynyddoedd, fe fu'r nofel yn destun dadlau a thrafod. Ymhlith y rhai yn drwm eu llach arni bu Saunders Lewis, Bobi Jones, John Rowlands, Denzil Morgan. Fe gafodd ymgeleddwyr yn T. Gwynn Jones, Ifor Williams, Dafydd Jenkins, Tecwyn Lloyd, Islwyn Ffowc Elis, Harri Pritchard Jones a Huw Ethall.

Dau gwestiwn sydd wedi bod wrth wraidd y ddwy garfan. Mae un yn ymwneud â chrefft Tegla – ei ffordd o adrodd ei stori. Y llall yn troi o gwmpas ei alwedigaeth fel gweinidog a'i gymhwyster i drafod deffroad neu dröedigaeth enaid. 'Dduw mawr, fe droes y bardd yn bamffletîr.' Yn ôl y garfan yma, 'roedd awydd Tegla i achub Gŵr Pen y Bryn yn tanseilio'i hygrededd fel artist.

O edrych eto ar y dadleuon a'r dadansoddi, ni fedra' i lai na theimlo bod i'r adolygwyr eu rhagdybiadau. Amau'r deffroad fel testun; amau gonestrwydd yr awdur; amau canllawiau diwinyddol y profiad. Wedyn – 'roedd Tegla ei hunan wedi ei achub neu wedi ei gael yn brin yn y glorian.

O'r herwydd, cyn dod at boenau Gŵr Pen y Bryn, mae'n rhaid inni aros am sbel efo'r cyd-destun cymdeithasol a phersonol. Mae'r ffaith mai gweinidog oedd o yn sylfaenol. Pobl Llanrhaeadr-ym-Mochnant, Tregarth a Bwlch-gwyn oedd ei ddeunydd crai. Ei waith oedd gofalu am ei bobl fel gweinidog, a phregethu'r Efengyl o Sul i Sul. Mi fyddai yna hefyd fynd mawr ar ddosbarthiadau trafod. Yma 'roedd capel a ffair, tafarn a marchnad, meddyliau aruchel ac anllad. Mi fyddai'r *libido*, fel Pistyll Rhaeadr, yn gallu trochioni'n wyllt a pheryglus. Mi fyddai'r pridd yn agos, a chylchdro'r tymhorau a'r Cwrdd Diolchgarwch yn ganolog.

A chwestiwn amlwg i weinidog ifanc ymchwilgar efo bwrlwm o ddychymyg a dawn dweud stori – y tu ôl i'r ddefod a'r patrwm parchus, y tu ôl i'r boneddigeiddrwydd a'r mwynder clên – pa fath o grefydd oedd yma, *wir?* A oedd 'na wedd arni a allai dynnu John Williams allan o gyffredinedd, allan o'r mân gynllwynio, y chwarae ffon ddwyblyg a'r dafod fforchog? Mewn cymuned â'i chymysgedd ryfedd o ofnau ac ofergoelion direswm a'r tabŵ a oedd yn mynd o dan gochl pechod, pa fath o grefydd fyddai'n gwneud unrhyw sens?

Efo'r fath ddiddordeb yn y sêr a'r bydysawd, beth am drïo mapio daearyddiaeth fewnol stormydd neu ganol llonydd eneidiau? Ac onid oedd y gweinidog ei hunan yn chwilio am atebion? O ofyn y cwestiwn hwn, onid *alter ego* arall oedd Gŵr Pen y Bryn?

Yn union fel y daeth ei feirniaid efo'u bwndel o gefndir, 'roedd gan Tegla hefyd ei ffrâm o gynseiliau – rhai ohonyn nhw wedi caledu, eraill heb setlo i unrhyw ffurf derfynol. 'Roedd o wedi byw drwy ferw'r diwygiad ac yn amheus iawn o'r hyn a alwai o yn hysteria. Eto, yn ei hunangofiant, *Gyda'r Blynyddoedd*, mae'n sôn amdano'i hunan yn llanc yn dychwelyd adref ar ôl bod mewn Cyfarfod Pregethu:

Deuthum o'r capel . . . fel pebai helgwn ar fy ôl . . . Methu meddwl am ddim na dweud dim. Codi a cherdded oddi amgylch fel gwallgofddyn. Sefais yna a'r sêr yn taflu llwyd olau dros y cwbl nes fy mod yn gweld i bellter mawr, a'r tawelwch yn fyw ac yn troi'n dangnefedd. Teimlwn ddyfod drosof lonyddwch esmwyth. Euthum adref, ac ni fu bywyd wedyn yr un fath. Yr wyf yn sicr nad ofn dialedd a'm llethai, ond anfodlonrwydd anobeithiol arnaf fy hun.

Profiad gwahanol iawn i ryferthwy'r diwygiad.

Cyfnod delfrydiaeth Hegel a Syr Henry Jones. Cyfnod yr Absoliwt drïodd barchuso'r gair *Duw* trwy roi rhyw lun o gyfiawnhad athronyddol iddo fo. Mae'r Anfeidrol Gariad y down wyneb yn wyneb â fo yn y man yn *Gŵr Pen y Bryn* yn perthyn i'r un hinsawdd. A'r greadigaeth yng ngherbydres Ceiriog yn 'cerdded tuag adref', neu efo Browning yn 'homeward bound'. 'Roedd yn rhy fuan i'r Rhyfel Mawr roi brêc ar y daith optimistig honno.

'Roedd Tegla hefyd yn lladmerydd brwd dros Foderniaeth y Feirniadaeth Feiblaidd – a symud oddi wrth lythyrenoldeb y *gair* tuag at yr alegori a'r symbol a'r trosiad. 'Roedd y gair, fel y ddefod, dan warchae. Ac mi fyddai'r holl goctêl yma yn y man yn cael ei gyfle yng ngwythiennau Gŵr Pen y Bryn.

Fe gafodd yr optimistiaeth honno ei hadenydd gwleidyddol hefyd. Ffrind mynwesol Tegla o ddyddiau Llanrhaeadr ymlaen oedd T. Gwynn Jones. Dau heddychwr. Dau ramantydd:

> Ba rinwedd, Wlad y Bryniau,
> A gwyrth sy'n wir i'r tir tau?
> Dy wiw fryd difarw ydyw,
> Didranc, hen ac ieuanc yw,
> Yn dy awr mae anadl y duwiau,
> A dawn a rhin byw dân yr awenau,
> A'th gywrain iaith a'i geiriau digymar
> Mal isel lafar eu melys lefau.

Gosododd Tegla ei nofel yn sŵn Rhyfel y Degwm. A dyna dri deffroad efo'i gilydd. Rhyddhad oddi wrth y Meistr Tir. Cymru Fu Cymru Fydd a deffroad cenedl. A John Williams yn rhydd o lygad cymydog, o afael cnawd a byd a Dydd Barn, am fod yr Anfeidrol Gariad wedi ei gludo i Balas y Brenin Mawr.

Gan y gweinidog, y Parchedig T. Cefnllech Roberts, y ceir holl rodres a rhethreg wag y deffroad cenedlaethol. Dyma fo yn ei morio hi:

> Y mae'r wawr yn codi . . . WEDI codi. Hualau'n cael eu lluchio ymaith, iau gormes canrifoedd yn cael ei thorri, y mynyddoedd yn bloeddio canu, a'r coed yn curo dwylo, y blodau'n dawnsio a'r anifeiliaid yn llamu o weld Cymru'n deffro.

Mae'r arddull fel pe'n barodi.

Cyfle i ymarfer y rhethreg arferol o bulpud a llwyfan oedd hi i'r Parchedig Cefnllech Roberts – gwisgo gwrthryfel yn erbyn awdurdod eglwys a senedd mewn dillad crand.

Rhethreg oedd y cyfan. A'r miwsig telynegol yn ein suo i gysgu. Ond beth am ddeffroad ysbrydol? A fedrid gosod hwnnw ar seiliau cadarnach? . . . neu a fyddai hwnnw hefyd yn y diwedd yn ddi-sylwedd?

*   *   *

'Rŵan at y nofel. A chroesffyrdd a gwyntoedd croesion Gŵr Pen y Bryn.

Mae hi'n noson hyfryd, gyfriniol, fel y byddai llawer o nosau Tegla, a John Williams a Dafydd Huws y Saer yn cael ei sgwrs:

> 'Ydech chi'n cymeryd diddordeb yn y sêr, John Williams?'
> 'Welsoch chi rioed lai . . . dyden nhw ddim yn 'y myd i, wyddoch.'
> 'Mi fase'n anodd iawn iddyn nhw fod,' ebe'r saer, 'mae bob un ohonyn nhw'n fwy o lawer na'ch byd chi.'
> 'Bybê? Yn fwy na'r byd ddwedsoch chi? A finne'n meddwl mai rhyw lampau oedden nhw.'

A dyna ddeffro chwilfrydedd John Williams. Nid terfynau ei ddirnadaeth a oedd terfynau'r bydysawd. Tybed oedd yno *ddyn* allan fan'cw ymhlith y planedau?

Wedyn, ymhellach ymlaen yn y stori: 'Diar annwl. I feddwl gadael y lle yma o bobman.' Ac yn niwedd y nofel, ac yntau'n cyffesu: 'Ffrindie, hen afon wedi cydied llawer wrth y ddaear ydw i . . . ond mae'r afon yn dechrau llacio'i gafael ar y ddaear . . . mae'r afon wedi dechrau meirioli.'

*   *   *

'Roedd blynyddoedd cynnar John Williams wedi bod yn gymysgedd o obaith a siom. 'Doedd ffarmio ddim yn ei waed o, ac mi 'roedd o'n teimlo fel ei rieni, ei fod o'n haeddu amgenach galwedigaeth. Eisiau bod yn gerddor, ond heb *repertoire* ond 'Gwŷr Harlech' a 'doedd 'na ddim swyn yn ei lais. Methu wedyn fel siopwr. Wedyn cael dôs o blorynnod ar ei wyneb a heipocondria yn ei ddychymyg. Rhoi ei fryd ar y weinidogaeth ond, a dyfynnu: 'Roedd ei gam yn rhy wisgi a'i wyneb yn rhy siriol, a'i ymwybyddiaeth o bechod byd heb grymu dim ar ei ysgwyddau.' Mi aeth ei sirioldeb a'i rywioldeb â fo i lwybrau mwy cydnaws â'i natur, ac fe fu'n rhaid iddo fo briodi Jane Roberts, Pant y Gwair. Yn y man, mae'r ddau yn symud i Ben y Bryn, ac unig uchelgais John Williams bellach ydi bod yn ŵr bonheddig.

O hyn ymlaen, mae yna ddod wyneb yn wyneb â hunanadnabod yn cydredeg efo'i uchelgais cymdeithasol. Mali Francis oedd y catalyst cyntaf.

'Roedd hi ar y ffordd i Ben y Bryn i gardota am dipyn o doddion i'w phedwar plentyn, hithau'n ddibriod. Begera ac ambell ddiwrnod o waith oedd ei hunig gynhaliaeth. Wrth ei gweld o bell, fe gofiodd John Williams amdani fel Mary Georgina Francis, osgeiddig a hardd – cyn iddo fo ac eraill ei hymbygio. Erbyn hyn, atgof yn unig oedd y gwarth hwnnw. Mae o'n ei dilyn i fyny at y tŷ. A gweld ei chyrtsis o flaen Jane ei wraig. A dyma eiriàu Tegla: 'Fflachiodd golygfa arall o flaen ei lygaid a wnaeth iddo guddio'i wyneb, ac yn hon gwelai ei wraig yn sefyll yn ei ymyl wrth allor Duw, allor na chyrhaeddodd Mali mohoni ac nas difwynwyd.' Ac mewn brawddeg fwriadol neu anfwriadol o feiddgar: 'Ac ar wisg briodas ei wraig, yn ogystal ag yntau, yr oedd yr un llaid ag a welodd yn y rhith wrth lidiart y cae mawr dros Fali i gyd.'

Wedyn, mae Tegla'n mynd dros ben llestri wrth ymollwng yn sentimental a thelynegol efo dau ddarlun i gyfleu'r cwymp. Mali yn mathru llygad y dydd a John Williams yn ei ailblannu. John Williams wedyn yn dal oen bach yn ei freichiau.

Dyna'r cam cyntaf yn ei adferiad a'i hunanymchwil. A dyfynnu:

> Daeth rhyw ddyhead ysgubol angerddol trosto, am fedru ei ysgwyd ei hun yn lân o fyd Mali a'i bath ac am ddileu mân wendidau a phechodau oes o gof y werin. Gwyddai nad oedd ond un ffordd i hynny – gwneud rhyw weithred fawr, ramantus,

ysblennydd i ennyn brwdfrydedd a gorfoledd a lifai fel goddaith dros y gorffennol.

Dyna pam yr ymunodd â Rhyfel y Degwm. Ond mae o'n trïo cael y gorau o'r ddau fyd. Ar yr un gwynt, mae o'n mynd at yr Esgob i ymgreinio er mwyn cael cadw Pen y Bryn. Yn anffodus iddo fo, 'roedd Dafydd Huws y saer wedi gwybod am ei gastiau dan din a dauwynebog, ac yn bwriadu cyhoeddi hynny a'i ddinistrio unwaith ac am byth.

A dyma'r ail gatalyst – y tro yma Ann, merch Pen y Bryn. Fe welodd ac fe glywodd Dafydd Huws hi un noson yn canu'r hen alaw 'Aderyn Pur' i'w chariad. Ac fe gofiodd am ei ddyddiau caru efo'i mam Jane, gwraig Pen y Bryn. 'Roedd hithau hefyd yn canu'r gân ers talwm. Ond canu ystrydebol a dienaid oedd y canu hwnnw. Pan glywodd o Ann a gweld golau gwir gariad yn ei llygaid, 'roedd o'n gwybod na fedrai fo byth chwalu aelwyd na chymeriad Gŵr Pen y Bryn. 'Roedd y breuddwyd a'r delfryd yn ei galon yn gryfach na dialedd. Byddai dinistrio'r darlun hwnnw yn bechod yn erbyn yr Ysbryd Glân. Ann oedd yr *Eiriolaeth,* ac fe ddywedodd Dafydd Huws y cyfan wrth John Williams gan estyn maddeuant iddo. Bu hynny yn elfen yn neffroad ysbrydol y ddau. A dyma'r ail siglad i John Williams – cofio traserch efo Mali Francis, clywed am wyryfdod ysbrydol a goleuni llygaid ei ferch a'i chân.

Fe gafodd weledigaeth o wir ystyr *cariad,* a Tegla'n ei chrynhoi:

> Ni all garu'r annheilwng a'r gwrthun heb fod yn anffyddlon iddo'i hun. Nid caru'r annheilwng yw gogoniant Cariad, ond creu Eiriolwr . . . ac i ba le bynnag y crwydra, dwg ei Eiriolwr gydag Ef . . . Nid ei fun ger ei fron a gâr y llanc, ond y llun ohoni yn ei fynwes, llun a greodd ei gariad o'r unig fun y gallai lifo allan tuag ati . . . Nid yw'r fam byth yn caru'r plentyn sydd yn y ffos. Nid yw hwnnw'n deilwng o gariad. Nid er ei fwyn ef y dihoenodd, ac y pryderodd ac yr aberthodd, ond er mwyn rhyw lun hyfryd o blentyn a fedd yn ei mynwes.

Yma y daw John Williams wyneb yn wyneb â'r Anfeidrol Gariad, cariad sy'n ei arwain i weld dau John Williams – un yn annheilwng ac aflan, y llall wedi ei oleuo, ei lanhau a'i dderbyn.

Yn y paragraff yma, mae gennym ni gymysgedd o gyfriniaeth,

o athroniaeth, o seicoleg a diwinyddiaeth. Mae Platon yna efo'i ffurf berffaith, cyfriniaeth yr ymgolli yn yr anfeidrol gariad, seicoleg y rhwyg honedig rhwng cnawd ac ysbryd, ac eiriolaeth y Diwinydd.

Ddim rhyfedd fod y darlun yn dipyn o ddryswch! 'Nid yw'r fam byth yn caru'r plentyn yn y ffos.' Llun o'r fun, nid yr ymgorfforiad o gig a gwaed y mae'r llanc yn ei garu. Dyna, wrth gwrs, ydi un wedd ar ramantiaeth. Nid merched go iawn ydi Olwen y beirdd efo meillion yn tyfu yn ôl ei throed, na Menna na Myfanwy na Gwen – beth bynnag am Ddyddgu a Morfudd. Creadigaethau beirdd ydyn nhw, sy'n ddigon glân i'w caru. Maen nhw'n ansylweddol, ac fel darluniau yn y dychymyg, 'dydyn nhw ddim yn darfod fel bodau meidrol. 'Dydyn nhw ddim yn newid chwaith. Ond pa fath o gariad, mewn sobrwydd, sy'n cyrraedd ei benllanw mewn byd o'r fath? Hwyrach fod gan fam ddarlun o'r plentyn fel y *carai* iddo fod, ond dydi hynny ddim yn dileu ei gnawd na'i greithiau. Beth sydd yma tybed – ymbalfalu am ryw fywyd tragwyddol lle mae'n ffurfiau a'n cyfyngiadau wedi eu trawsnewid i ddimensiwn cwbl newydd?

Ac wrth gwrs, mae'n gwbl groes i'r portread y byddai pobl Llanrhaeadr-ym-Mochnant yn canu amdano yn y capel: 'Dros bechadur buost farw.' Mae'r un mor bosibl diffinio athrylith y Cariad Anfeidrol fel cariad sy'n gallu caru'r annheilwng ac yn yr act o'i garu yn ei drochi mewn Gras.

Mi fu 'na Ann arall – heb fod ymhell o Lanrhaeadr-ym-Mochnant. Yn y llun sydd gennym ni ohoni, 'roedd wyneb fel angel ganddi. Ac 'rydyn ni i gyd yn gyfarwydd â'i chân serch:

> Wele'n sefyll rhwng y myrtwydd
>   Wrthrych teilwng o'm holl fryd,
> Er mai o ran yr wy'n adnabod
>   Ei fod uwchlaw gwrthrychau'r byd;
>   Henffych fore
> Caf ei weled fel y mae.

'Roedd o hefyd yn Ffrind Pechadur iddi.

Mae'r nofel wedi dewis gosod profiadau Mali Francis ac Ann Pen y Bryn mewn dau fyd cwbl wahanol i'w gilydd. Un yn syrffed, llawn euogrwydd, y llall yn wyryfol, sanctaidd. A dyna'r hen raniad cyfarwydd. Y corff yn llygredig am ei fod o'n ddarfodedig.

Yr enaid yn bur, ddiddarfod. 'Roedd y gymuned a'r capel, holl ogwydd pregeth a disgyblaeth yn seiliedig ar y rhaniad. 'Roedd un yn arwain i uffern, y llall i baradwys. Ac fe greodd sawl uffern ac euogrwydd diangen. A niwrosis. 'Roedd gan Theomemphus Pantycelyn weledigaeth amgen, ac fe ganodd Pantycelyn amdani:

> O sancteiddia f'enaid, Arglwydd,
> Ymhob nwyd ac ymhob dawn;
> Rho egwyddor bur y Nefoedd
> Yn fy ysbryd llesg yn llawn.

Ac fe ellir dadlau yr un modd na chafodd na nwyd na dawns na chân eu dileu o fywyd Ann Griffiths, ond eu bod nhw wedi cael mynegiant llawnach, sancteiddiach. Fe wyddai'r Ann honno, er hynny, yn well na neb fod 'na drafferthion mawr ar y llwybr rhwng y briodas 'ddaearol' a'r un nefol.

Ond fe gafodd John Williams weledigaeth. A gwared o un hunllef.

Ond beth am yr hunllef arall honno – peidio â bod. *Marw*. Mae'r ateb i honno yn mynd â ni i gartref Mathew Thomas – a fu unwaith yn was ym Mhen y Bryn cyn mynd i weithio fel labrwr ar y ffordd. Dyn clên, annwyl. Dyn y gallech chi ei gusanu, meddai Tegla amdano. Y *Fo* oedd Duw, ei seiat a'i weddi, heb unrhyw drimins na chymhlethdod. 'Doedd o'n neb ar ysgol statws cymdeithasol na chyraeddiadau academaidd. 'Doedd o ddim chwaith yn ffitio'n hawdd i'r portread arferol o dduwioldeb a chrefydd.

Ac ar ei aelwyd, fe gawn ddau ddarlun – a fedrwch chi ddim cael dau fwy gwahanol. Un o blant Mathew Thomas yn cael gweld darluniau'r Beibl gan ei nain. Llun o Ddydd y Farn. A dyma a welodd o:

> Iesu Grist yn eistedd ar gwmwl ac yn gwenu ar gynulleidfa o bobl barchus ddigon a ymddangosai iddo ef newydd neidio o'u gwelyau a heb ddechrau gwisgo amdanynt, ac ar yr ochr arall i'r llun, llengoedd o gythreuliaid yn nyddu tyrfaoedd mawr o bobl barchus.

Yn naturiol, ar ôl darlun fel yna, fe gafodd hunllef. A'i nain yn dweud wrtho fo mai'r pechod gwreiddiol yn torri allan oedd hynny.

Mab Mathew Thomas a'i ffrind yn mynd o gwmpas cyn y Nadolig yn canu:

> Wele'r dydd ofnadwy'n dyfod
> I falurio'r ddaear ddrwg,
> I lwyr losgi lloches pechod
> Wele'r mellt, y tân a'r mwg.

A'r darlun arall o Mathew Thomas yn marw â gwên ar ei wyneb. Mynd i gyfarfod y *Fo*. Nid unrhyw weledigaeth lachar fygythiol o ben draw'r bydysawd, na rhes o delynau aur yn croesawu'r cadwedig. Nid fflamau uffern a lluniau brawychus nain ychwaith!

A dyfynnu: 'Y wers a ddysgodd yng nghwmni'r Anfeidrol Gariad oedd mai ar rinweddau cartrefol, wedi'r cwbl, y sylfaenwyd y Greadigaeth neu ni fuasai Mathew Thomas y Pant yn gwenu wrth farw.'

Sylwch ar 'rinweddau cartrefol'. Nid dim a osodwyd ar Mathew Thomas o'r tu allan, fel petai. Ni chafodd o 'run hergwd dramatig na storm o euogrwydd. 'Doedd o na phregethwr nac athronydd 'chwaith. 'Dydi'r math yna o naïfrwydd digwestiwn ddim at ddant pawb. Yr hyn na ellir mo'i wadu ydi bod pobl fel Mathew Thomas ar gael. Ac i'r symlrwydd diniwed hwnnw, ei weddi a'i wên, droi'n weledigaeth i John Williams. Ond fedrai John Williams ddim meddiannu profiad ei gyfaill. 'Doedd ganddo fo ddim rheswm digonol ychwaith dros weld yr hyn a welodd o yn y wên honno. Hwyrach mai gwên o ollyngdod o gael mynd o'ma oedd hi!

*   *   *

Hyd yma, 'dwi wedi ceisio olrhain ac archwilio rhai camau yn neffroad John Williams. A Tegla sydd yn adrodd y stori. Nid hunangofiant fel *Theomemphus* neu *Fy Mhererindod Ysbrydol* Keri Evans sydd yma. Yno 'does dim rhaid pendroni uwchben awdur yr hunangofiant. Neu cymerwch *Fy Hen Lyfr Cownt* Rhiannon Davies Jones. Yno, fe gawn ymgais i roi llais i brofiadau'r emynyddes, Ann Griffiths.

Yma, rhaid gofyn y cwestiwn eto: pwy ydi John Williams? Mae Tegla wedi ei greu, wedi rhoi iddo brofiadau, wedi ei dynnu drwy'r mangl. Ond Tegla sydd wedi dewis y cyd-destun a'i ffordd o ddweud y stori. 'Dydi o ddim wedi ei lapio mewn jargon na fformiwla ddiwinyddol. Fel y gwelsom ni eisoes, 'roedd y gair 'Duw' wedi'i droi'n 'Absoliwt' a'r Crist yn Anfeidrol Gariad. John Williams sy'n gweld a gwrando. Tegla sy'n dehongli. Dyna pam mae gagendor rhwng cymeriad John Williams a'i brofiad. Dyna efallai pam mae rhai yn mynnu sôn am ddeffroad yn hytrach na thröedigaeth. Mae'r awdur wedi dewis sefyll o'r tu allan i'r patrwm a'r eirfa draddodiadol o enaid yn ymrafael gyda'i Dduw – ei drawsgyweirio i ieithwedd athronyddol yn hytrach na diwinyddol ei gyfnod.

Rhan o broblem yr awdur ei hunan yw hon – nid yn unig fel nofelydd ond hefyd fel gweinidog. Diau ei fod yn chwilio am ffordd o 'ddaearu', o gyfleu'r weledigaeth a'r goleuni mewnol hwn heb ei ymddieithrio'n llwyr mewn hysteria diwygiad neu eirfa annealladwy. Ond ai cyfnewid un math o ddirgelwch am un arall a wnaeth o?

Ond beth bynnag yw ffynhonnell y profiad, gwiriondeb fyddai gwadu ei fodolaeth. Gwirionach fyth ydi ceisio dal allan nad yw'n faes ffrwythlon a phwysig i lenyddiaeth greadigol. Annheg ac amherthnasol oedd beirniadu Tegla am ddewis y frwydr fewnol yma yn hytrach na chynnwrf allanol Rhyfel y Degwm fel sylfaen i'w nofel. Y cwestiwn priodol i'w ofyn yw hwn – o wneud y dewis, a lwyddodd i'n hargyhoeddi?

Wrth drafod Cyfriniaeth, mae Evelyn Underhill yn dweud hyn amdano:

> One of the most abused words in the English language, it has been used in different and often mutually exclusive senses by religion, poetry and philosophy. It has been claimed as an excuse for every kind of occultism, for dilute transcendentalism, vapid symbolism or aesthetic sentimentality and bad metaphysics. On the other hand, it has been freely employed as a term of contempt by those who have criticised these things.

Dyna'r ochr negyddol. Yna:

> It is the expression of the innate tendency of the human spirit towards complete harmony with the transcendental order. Whether that end be called the God of Christianity, the world-soul of Pantheism, the Absolute of Philosophy – as long as this is the genuine process and not an intellectual speculation – that is the proper subject of mysticism.

Fe gyhoeddwyd llyfr Evelyn Underhill a *Gŵr Pen y Bryn* yr un flwyddyn!

Byd 'yr hen gyfannwr' a 'Rhwng Dau Gae' Waldo. A byd y llanc o Fwlch-gwyn. Dyma John Williams ar ddiwedd ei stori:

> Wrth fynd ar ei ben ei hun i fyny'r allt tua'r tŷ, cododd ei olygon. Mor onest ac unplyg a chyfeillgar yr edrychai'r sêr arno, a fuasai mor ddieithr iddo. Aeth ymlaen at y llwyn oedd ar bwys y tŷ, ac fel y dynesai, tybiai fod hwnnw'n agor amdano fel breichiau mam am ei phlentyn . . . Y pethau hyn a redai drwy feddwl John Williams Pen y Bryn pan ddaeth i'w deimlo'i hun mewn cynghanedd ag Enaid y greadigaeth.

Un peth yw cydnabod dilysrwydd y profiad a'i ddadelfennu. Mewn nofel, rhaid adrodd y stori. Rhaid wrth gymeriadu. A rhaid wrth iaith ac arddull. Mae arddull Tegla bellach yn gwbl gyfarwydd inni i gyd – yn ei ysgrifau, ei sgyrsiau radio, nofel a phregeth a hunangofiant.

Mae Jane Williams, yn ei dagrau, yn disgwyl John yn ôl o'r seiat am fod cyfeiriad newydd bywyd ei gŵr wedi chwalu ei holl obeithion fel gwraig Pen y Bryn. Ond trwy'i dagrau yn cael:

> rhyw olwg arall, fel yr olwg sydd yn llygad ambell blentyn ar lan y môr pan fyddo'n syllu ar yr eigion mawr. Y mae'r eigion mor fawr nes ei syfrdanu, ond gymaint yw swyn y mawredd oni fetha yn ei fyw adael y lan i chwarae â'i bwll dwfr ei hun er bod hwnnw'n nes i'w fyd. Fel y treiglai amser, ciliai golwg siomedig Jane Williams a chynyddai y golwg plentyn ar lan y môr. A mwyaf yn y byd y safai ar y lan, mwyaf yn y byd y tyfai swyn y môr trosti. A bu Jane Williams dan swyn y môr weddill ei hoes.

'Rydyn ni unwaith eto ym myd chwedl, dameg, delwedd, trosiad a symbol. Y dychymyg yn trosi haniaeth i ddiriaeth, yn disgrifio un peth yn nhermau'r llall. Byd alegòri'r Ogof a dameg y Testament Newydd. Mae'n fodd dweud rhywbeth wrthym ni am unoliaeth a chynghanedd a synthesis – heb ddefnyddio geiriau astrus felly! Yn wir, y darlun, yr 'illustration' sy'n 'siarad'. Gall oleuo a chyfoethogi. Ond gall hefyd fod yn rhy slic ac yn rhy delynegol dlws i gyfleu'r union brofiad sydd wedi rhoi bywyd iddo.

Ni fedrwn ni lai na theimlo wedyn fod yr arddull a'r profiad ar ddau drac gwahanol. Yn hytrach na'n helpu i ddeall yn llwyrach natur ein cyfyng-gyngor, gall greu cocŵn sy'n ein pellhau a'n hynysu oddi wrtho. Mae'r darlun fel pe bai'n cymryd drosodd efo'i resymeg ei hun. Nid trafod y profiad y byddwn ni wedyn, ond dilyn manylion y pictiwr.

Ond fe all ddweud llawer a'n codi o'n hogofâu. Mae Tegla'n sôn yn rhywle am wraig yn mynd i lan y môr a dod â disgled o'r dŵr yn ôl efo hi i'r ardd gefn. A gweld gwylan â'i hadenydd wedi eu clipio yn trïo golchi ei hun yn y dŵr – un a brofodd yr eangderau yn gaeth i'w gardd a'i dysgl!

'Does dim angen llafurio a chymhwyso. Mae gwaith Tegla'n llawn o fynegbyst cyffelyb. Digon prin y gall unrhyw lestr ddal yr holl eigion sy'n golchi ar y traethau o gwmpas Gŵr Pen y Bryn. Ond mae ynddi ddigon i ni, o leiaf, werthfawrogi pŵer a pheryglon a dirgelion y môr. Ac mae'r môr hwnnw yn dal i'n denu a'n drysu.

*   *   *

Yn Eisteddfod Genedlaethol y Bala, 1997, fe enillodd Angharad Tomos y Fedal Ryddiaith efo'i nofel *Wele'n Gwawrio*. Rhyfel y Degwm oedd cefndir nofel Tegla; Cymdeithas yr Iaith i Angharad. Merch o'r enw Ennyd sy'n dweud ei stori. A hynny mewn arddull gwta. Mae hi'n ddeifiol yn ei dadrith wrth drafod crefydd ac ymgyrchu gwleidyddol. Fel John Williams, mae hithau'n marw. Ond yn wahanol iddo fo, mae Ennyd yn byw trwy ei marwolaeth ac yn dweud rhywbeth wrthym ni am y profiad o fod mewn limbo rhwng deufyd cyn cyrraedd y byd arall. Mae hi'n cofio un o hen garolau'r ddaear:

> Duw a'm cofiodd, Duw a'm carodd,
> Duw osododd Iesu'n Iawn;
> Duw er syndod ddarfu ganfod
> Trefn gollyngdod inni'n llawn.

Ac mae'n cloi efo'r geiriau yma, a'r arddull yn newid yn llwyr:

> Yn noeth fe'i hwynebais, a'i dderbyn. Dyna pryd y digwyddodd o. Dyna pryd y gwawriodd arnaf. Yn sŵn yr Haleliwia terfynol, daeth y cyfan yn eglur. Roedd y rhwystrau wedi eu symud ymaith. Felly fe ddaru 'na rywun fynd i'r lladdfa yn fy lle, fe gafodd y pris ei dalu! Roedd y cyfan i bwrpas gogoneddus, ac roedd y Dim

Mawr wedi ei goncro. Do, profais euogrwydd byd. Duw a ŵyr mod i wedi profi digon o hwnnw, ond profais innau rym edifeirwch. Teimlais gariad yn crefu amdanaf, yn eiriol drosof, yn fy ngolchi'n lân, ac yn fy nhynnu ato. Aeth dyfodol, presennol a gorffennol yn un wrth i mi ollwng gafael ar amser. Do, cefais brofi dogn ychwanegol o Ras.

Roedd hi'n wawr ysblennydd, yn wawr na freuddwydiais erioed mo'i thebyg, yn wawr fwy bendigedig na feiddiais ei dychmygu, yn wawr na fyddai darfod arni.

I rai, mae gorffen fel yna wedi difetha stori dda ac yn brawf fod yr Angharad efengylaidd wedi llygru'r nofelydd! I eraill, ei bod hi fel yr wylan, wedi gadael y ddysgl a mentro ar adain uwchben daear a dŵr.

Mi fyddai Tegla'n deall!

1998

Jennie Eirian

(I) TELYN Y TANNAU TYN*

Mae'r gynulleidfa yma, y negeseuon o bob rhan o Gymru a gafodd eu crisialu mewm cwpled y bore 'ma ar y radio:

> Mae galar drwy bedwar ban,
> Hiraeth am Jennie Eirian,

– hyn i gyd yn dystiolaeth i ni golli rhywun arbennig iawn o'n plith, un a oedd yn oleuni ac yn arweinydd i'r llwyth.

Tanllyd. Trydanol. Dyna'r ansoddeiriau. A rheswm da am hynny. 'Roedd hi ar dân. 'Roedd cynhesrwydd personoliaeth y tu ôl i'r meddwl miniog a'r ynni diamynedd a geisiai'r gorau. 'Roedd yna oleuni fel pelydr-X yn chwilio i mewn i goluddion sefyllfa gan ddiffinio, dadansoddi, rhybuddio.

Trydanol wedyn. Byd yr ystafell olau. Byd y switsh a'r ffiws sydd weithiau'n gallu ffrwydro os oes gormod o lwyth. 'Roedd yna gymaint o egnïon ac o alluoedd o'i mewn hi ei hunan – yn ogystal â'r grymusterau a'r pwysau o'r tu allan.

I newid y ffigur am funud – telyn y tannau tyn oedd Jennie – amod ei chelfyddyd a'i chyfraniad oedd y tyndra hwnnw. Agored i'r awel 'sgafna', oedd hefyd yn ei gwneud yn ddolurus sensitif i'r awel groes. Ond mi fyddai llacio'r tannau'n difetha'r miwsig. Tyndra creadigol – sydd hefyd yn gallu dryllio'r delyn. A llestri digon bregus ydi'r rhan fwyaf ohonon ni i ddal hyrddiadau'r byd. Mae'r gwahaniaeth rhwng y ddelwedd gyhoeddus a'r realiti preifat yn aml yn fawr. 'Roedd y tyndra yma yn ei bywyd wrth wraidd ei chyfraniad anhygoel.

Fe hawliai unplygrwydd a gonestrwydd. Yn ei hymchwil am y golau a'r gwir, am yr ateb rhesymol a theg, fe newidiai ei meddwl

---

* Traddodwyd y deyrnged hon i Jennie Eirian Davies yn ei hangladd yng nghapel Bethesda, Yr Wyddgrug, 12 Mai 1982, a'i chyhoeddi yn Y Faner, 21 Mai 1982.

ac fe fu'n feirniadol o sawl achos a oedd yn agos iawn at ei chalon ac o unigolion yr oedd ganddi feddwl uchel ohonyn nhw. Yn y Gymru sydd ohoni fe all llwybr felly fod yn unig ac yn ingol. Mae'n gymaint haws ceisio lloches ddiog yr ateb parod a'r ddogma ddigwestiwn. 'Roedd hi'n caru Cymru'n angerddol ond fel Emrys ap Iwan 'roedd cerydd yn ogystal â chonsérn yn y cariad hwnnw.

Medrai newid pwyslais a barn. Ond yn safonau ei chrefft a'i bywyd roedd hi'n gwbl ddigyfaddawd – boed athrawes, lenor, arweinydd, gwleidydd, golygydd neu feirniad. Gallem sôn am sawl agwedd lle'r oedd yr un trylwyredd ac ymroddiad ar waith. Ga' i sôn yn unig am un maes, golygyddiaeth *Y Faner*. Gwyddem eisoes am lifeiriant huawdl a disgybledig ei Chymraeg llafar ac ysgrifenedig. Cafodd gyfle yn *Y Faner* i ddangos holl gwmpas ei gallu. 'Roedd hi'n olau ac yn ddeallus wrth drafod celfyddyd, gwleidyddiaeth neu grefydd, gan ddarllen yn eang a beirniadol. Mynegi hynny wedyn o wythnos i wythnos gyda disgleirdeb ac urddas. Casglai erthyglau'n fwriadol gan lythyru â phob un cyfrannwr yn ofalus a gwerthfawrogol, a hynny yn y llawysgrifen gadarn glir honno oedd bron mor fawr â hi ei hunan! 'Roedd ganddi bolisi uchelgeisiol a rheolaeth lwyr ar ei deunydd.

Mewn unrhyw wlad arall bron byddai ganddi dîm o newyddiadurwyr ac o ymchwilwyr a threfniadaeth ac offer modern i hwyluso'r gwaith. Nid fel yna mae hi yng Nghymru. Un peth yw cael gweledigaeth a chenhadaeth a pharodrwydd i weithio ddydd a nos. Ein hunllef ydi prinder adnoddau, beth bynnag am brinder darllenwyr a chefnogaeth. Ac mae'n rhaid i ni edrych dros ein hysgwydd o hyd i weld a oes digon o ddarllenwyr neu o wylwyr neu o wrandawyr i gyfiawnhau'n bodolaeth. Nid beirniadaeth ar unrhyw gwmni na chymdeithas mo hyn ond realiti perthyn i hanner miliwn o Gymry Cymraeg yn hytrach nag i hanner can miliwn o Saeson – heb sôn am y môr Seisnig trwy'r byd. A'r hanner miliwn Cymry Cymraeg hynny'n amlach na pheidio'n rhy barod o lawer i gleisio ei gilydd yn hytrach na chlosio at ei gilydd.

Fe hiraethai Jennie am fwy o rwyddineb. Mwy o adnoddau. Ac eto i gyd – oherwydd yr hyn oedd hi – mae'n siŵr y byddai'r dreif tuag at yr amhosibl wedi bod efo hi ple bynnag y byddai hi. Ac fe fyddai tra byddai hi yn cael ei dirdynnu gan yr agendor rhwng y delfrydol a'r ymarferol, rhwng y meidrol a'r anfesuradwy, rhwng y ddaear a'r nefoedd.

Rhoddodd ei chyfan i wneud Cymru'n Gymru gyfrifol ac yn wâr. 'Roedd iddi ei chwerthin, ond ei gwir genhadaeth oedd diogelu treftadaeth, yn bymtheg can mlynedd o lenyddiaeth, yn dystiolaeth Gristnogol ac yn radicaliaeth wleidyddol. Cymru gyfrifol, rydd, a fyddai hefyd yn rhan dangnefeddus o deulu dyn. A'i phryder parhaus oedd ofni colli'r gwerthoedd a'r canllawiau hynny. Ofn i Gymru a fedrai fod yn fawr i fod yn siabi, ofn i iaith fynd yn fratiaith, gwleidyddiaeth yn gêm, crefydd yn ddim ond defod farw. Ofn i'r graen droi yn flerwch a'r sylwedd yn siafins.

'Roedd hi hefyd yn barddoni. Yn *Awen Myrddin* (Llyfrau'r Dryw, 1959) mae ganddi ddau gyfraniad, 'Salm y Genedl' a 'Chwe Phennill Telyn'. 'Rydw i am sylwi ar dri o'r penillion hynny: Dwy i ddechrau:

> Mae'r dillad ar y lein yn lanach
> Am i'r gwynt eu chwythu'n wynnach;
> Glanach fydd fy enaid hefyd
> Wedi'i ddal yng ngwyntoedd bywyd.

> Robin goch, ti gei friwsionyn
> Gan un mor sad â thi bob gronyn;
> Poenwyd dithau gan ofalon
> 'N ôl lliw'r gwaed sy' dan dy galon.

Fe gafodd Cymru lendid ei gwisg, heb synhwyro'r storm. Ac fe gawsom ei lliw – heb y boen. Ond mae un pennill arall:

> Pwy a gredai fod y dderwen
> Wedi'i magu yng nghrud y fesen?
> Gall mai côl yr hedyn lleia'
> Fydd yn magu'r bywyd mwya'.

Jennie fechan, fregus. Jennie – yr enaid mawr. Diolch amdani.

Jennie Eirian

(II) Teyrnged Radio*

Ei hynni a'i dihoenodd, – ei hegni
    A'i dygnwch a'i nychodd:
Er mor wych yr hir ymrôdd
Nod rhy uchel a'i trechodd.

Ei phinacl oedd ei phenyd, – y gamp oedd
    Yn gwymp iddi hefyd:
Dwyn baich ar ôl baich, a'i byd
Yn chwilfriw drwy'i huchelfryd.

    Alan Llwyd pia'r deyrnged. Fe fu farw Jennie Eirian fis Mai 1982 ac fe gawsom y cyfle a'r cyfrifoldeb o dalu teyrnged iddi eisoes ac i geisio dod i delerau â'r golled. Pan ofynnwyd i mi lunio'r portread yma, fe'm ces fy hunan am sbel yn methu'n lân â phenderfynu sut i fynd ati. 'Roedd dau ddewis – neu gyfuniad o'r ddau. Gallai fod yn stori bersonol: yn ddeng mlynedd ar hugain o gyfnewid syniadau, o wrthdaro, o gydweithio ac yn ddiweddar yma o gyd-ddyheu a chydbryderu – cyffesgell y Gymru anniddig sydd ohoni – i fyny i'r noson cyn ei mynd, mewn seiat brofiad, hi ac Eirian, Lisa a minnau. 'Rwyf am ymgadw rhag dilyn y llwybr hwnnw. Mae gen i ryw deimlad fod ceisio trafodaeth ar rai o brofiadau a chynyrfiadau dyfnder enaid pan fo'r nos yn cau yn ffurf ar ecsploitio, heb sôn am fradychu'r eiliadau preifat. Beth bynnag, mae yna ormod o niwl o gwmpas.

    Y dewis arall – diogelach ar un olwg ac yn sicr yn fwy gwrthrychol – ydi ceisio dweud rhywbeth am ei chyfraniad. A dyna fydd y portread yma. Fe'n gadawodd mewn dirgelwch. Ond fe adawodd hefyd fwlch ac fe adawodd dystiolaeth mewn gair llafar ac ysgrifenedig. Daw'r llafar o ddwy sgwrs radio, y naill efo Meirion Edwards yn y gyfres *Hyd yma* ym 1978, a'r llall efo John

---

* Darlledwyd ar BBC Cymru 11 Medi, 1983

Roberts Williams ar ôl blwyddyn fel golygydd *Y Faner*; a'r ysgrifenedig o'i chyfraniadau golygyddol yn *Y Faner* o 1979 tan 1982.

> Pan ddechreuais i gael sgwrs âm henaid, fel petai, y Duw rhagluniaethol 'na oedd y drafferth i mi mewn gwirionedd, ac mae cymaint o ieithwedd y capeli yn troi o gylch hwn'na. Dwedwch chi, er enghraifft, os oes newyn ym Mangladesh, mae'r weddi'n gofyn ar i Dduw borthi'r newynog fan hynny, a fedrwn i wedyn ddim derbyn llawer iawn o'r ieithwedd 'na sy wedi'i hadeiladu i mewn, fel petai – yn enwedig i'n gwasanaeth anghydffurfiol ni – a chredu yn wir mai nid felly mae hi i fod . . . Mi fydd yn rhaid i mi yn fan hyn symud ymlaen i ddweud am yr help ges i gydag athroniaeth J. R. Jones i resymoli'r peth. Dwi'n gwybod mai nid rhesymoli crefydd ry'n ni i fod, ond yn sicr ar yr adeg arbennig honno, fe fuodd damcaniaethau athronyddol-ddiwinyddol J. R. Jones yn help i mi. Roedd *e*'n dal, wrth gwrs, yn ei lyfrau, fod Duw yn absennol; ei fod E wedi rhoi inni'r byd: 'Rhoddwr Bod', meddai J. R. Jones – dim mwy na hynny – 'Rhoddwr Bod'; mae E wedi rhoi'r byd a'n rhoi ninne *yn* y byd. Wedyn ni yw'r stiwardiaid i ofalu beth sy'n digwydd yn y byd hwnnw. Mae E 'di rhoi adnoddau ond dyw E ddim yn eu rhannu nhw – ni sy i fod i'w rhannu: os oes newyn ym Mangladesh dwylo dynol sy'n mynd i gario'r adnoddau draw yno ac yn mynd i weithredu. Ac erbyn hyn 'sen i'n cario'r ddadl yma ymhellach hyd yn oed – hyd yn oed i fyd personol rhywun. Dwedwch chi bod rhywun annwyl yn wael wedi cael damwain, fyddwn i ddim yn gallu credu ei bod hi o fawr werth i ni i weddïo am adferiad. Mi allen ni weddïo am nerth i'n cynnal ni yn yr argyfwng, ond ddim am i Dduw ymyrryd. Rwy'n methu'n lân a derbyn y syniad yma o Dduw sy'n torri i mewn, yn wyrthiol fel petai, i wneud y gwaith droson ni . . .

Stiwardiaeth. Dyna un o'r geiriau sy'n egluro ei hymrwymiad. Mae'r gair stiward yn cael ei ddiffinio yng ngeiriadur Rhydychen fel person yr ymddiriedwyd iddo eiddo rhywun arall yn arbennig fel goruchwyliwr dros dŷ mawr neu stâd. Gwarchod y tŷ. A dyna daro tant sydd ar unwaith yn ei gosod, yn rhannol beth bynnag, ar donfedd Waldo a Saunders Lewis.

Ond yr oedd ei chrefydd yn rhoi mwy na swyddogaeth iddi:

> Does dim ots beth am ein deall ni, a'n gallu meddyliol ni, mi ry'n ni'n wan; ac wedi i mi ddadansoddi cyn belled ag yr ydw i wedi'i

wneud nawr ynglŷn â'r Duw absennol ac yn y blaen, dwi'n methu cerdded yr holl ffordd gyda J. R. Jones – pan yw e'n sôn am y Duw yn ei anallu. Nawr, er ei fod yn Dduw absennol ynglŷn â gwneud gwyrthiau i ymyrryd yn y byd materol i'n helpu ni, rwy'n dal i feddwl fod E'n Dduw sy'n nerthu, ac yn fy nerthu i yn fy ngwendid. Felly, dych chi'n gweld, er fy mod i'n gwrthod y weddi draddodiadol, gonfensiynol, sy'n troi at y Duw rhagluniaethol, mae'n rhaid i fi wrth ryw weddi sy'n tynnu oddi wrth Dduw y nerth – i weiniaid felly.

Yn ifanc iawn gwyddai beth oedd ymlafnio ar y fferm yn Llanpumsaint – helpu gartre a gweithio gyda'i llyfrau. Ac fe weithiodd yn galed o'r dechrau. Mae yna deip o gymdeithas amaethyddol yng Nghymru sy'n credu mai'r unig ddiwylliant o bwys ydi trin y tir ac edrych ar ôl y da. Ond 'roedd gorwelion Jennie'n ymestyn tu hwnt i'r hwsmonaeth honno. Yna'n fyfyriwr disglair yn y coleg, goleuedig-drylwyr fel athrawes, gwraig gweinidog, yn ymgeisydd y blaid yng Nghaerfyrddin cyn bod yn ddeg ar hugain oed. Meddai Gwynfor Evans amdani:

> Er ei gosod ei hun o dan straen fawr, beth bynnag a wnâi, fe'i gwnâi â'i holl galon, ac yn gaboledig. Gallech ddibynnu arni nos ar ôl nos am gyfraniad gloyw a sylweddol, glân ei feddylwaith. Hi oedd yr ymgeisydd disgleiriaf ar y maes, ac nid oes ddwywaith na osodod sylfaen y llwyddiant a gafodd y Blaid ymhen naw mlynedd. (*Y Faner*, 21 Mai 1982)

Ie, hi a fraenarodd y tir ym Myrddin – a hynny nid heb hwyl a chwerthin: dau ffermwr yn y mart yng Nghaerfyrddin yn trafod y lecsiwn. 'P'run 'di dy geffyl di?' holodd y naill, ac meddai'r llall, "Sdim ceffyl 'da fi; caseg 'sda fi!'

'Roedd cyflymder meddwl Lloyd George a Ledi Megan ganddi:

> *Cwestiwn:* Pwy fydd yn gofalu am y plant os cewch chi'ch ethol?
> *Ateb:*   Syr Rhys Hopkin Morris. (Aelod Seneddol Sir Gaerfyrddin ar y pryd.)

Ond 'roedd dwyster yn ei hymgyrch hefyd:

> Daeth y traed trwstan dros hen lwybrau
> emynwyr Myrddin, i fathru ac i sathru'r sir;
>   a'r giwed a gerddodd mewn esgidiau hoelion
> man y bu'r angylion yn diosg eu sandalau . . .

O Arglwydd y cenhedloedd, nac anghofia'r
genedl a geraist; Wyliwr yr holl ardaloedd, diwel
dy wlith ar Walia Wen.

('Salm y genedl')

Yn ôl at ei chyffes radio:

Petawn i ddim yn briod â gweinidog yn yr amser pan o'n i'n cael y cwestiynau mawr 'ma yn 'y mhoeni i a'r amheuon 'ma, falle mai i garfan yr Hiwmanistiaid y byddwn i wedi mynd; ond rwy wedi dal yn sŵn y pethe 'ma, mae wedi bod yn ddisgyblaeth dda arna i. Rwy'n falch erbyn hyn – er fy mod i wedi protestio dipyn ar y ffordd falle – rwy'n falch fy mod i wedi 'nal. Rwy'n ysu llawer y dyddie hyn na fuaswn i eto ym maes gwleidyddiaeth er mwyn ffrydio yr argyhoeddiad 'ma sy gen i ynglŷn â gwarchodaeth ar wyneb y ddaear, oherwydd mi fedrwch chi ymladd dros iawnderau lleiafrifoedd, dros dlodi – dros y tlodion, felly – mae e'n rhoi cyfle nodedig iawn, ac mi fuaswn i'n hoffi cael y cyfle hwnnw eto. Ro'ch chi'n gofyn ynglŷn â gwraig gweinidog; fydden i ddim yn gweld hynny yn unrhyw lyffethair i fi fynd i gyfeiriad gwleidyddiaeth. Fe ddywedodd Kierkegaard ei fod e'n dilorni y math o grefyddwr sy yr un fath â phlentyn ysgol, yn copïo'r ateb o lyfr a ddim yn gweithio'r sym allan drosto'i hunan – felly mae'n twyllo'r athro mathemateg. Wel rwy i yn meddwl na ddylen i ddim copïo'r ateb o lyfr fy ngŵr: mae'n rhaid i fi droedio fy mhererindod ysbrydol fy hunan, ac efallai – i *fi* – mai llwybr gwleidyddol fydde hynny. Mae'n rhaid i mi ffeindio fy ffordd fy hunan.

Wrth ymgymryd â golygyddiaeth *Y Faner* ddechrau 1979 dyna agor allan y stiwardiaeth honno mewn papur a gafodd le anrhydeddus iawn yn hanes newyddiaduriaeth Cymru. A daeth â chymwysterau amlwg iawn i'r gwaith; meistrolaeth mynegiant, cywirdeb ac ysblander arddull, trefn, adnabyddiaeth o Gymru a'i phobl, dewrder, diwylliant eang. Ac mi 'roedd hi'n ofnadwy o gydwybodol. 'Roedd hi'n berffeithydd poenus efo hi ei hunan a phawb arall. Mae pobl felly mewn perygl o'r dechrau.

Bu'r cyfnod rhwng 1979 a 1982 yn un dyrys. Cyfnod colli'r Refferendwm; o ddadlau, beth bynnag am rwygiadau, mewnol y tu mewn i bob plaid, gan gynnwys Plaid Cymru; cyfnod dyfod Torïaeth ddigyfaddawd; cyfraith a threfn; y Malfinas neu'r Falklands. Chwythodd protest ifanc y chwedegau ei phlwc yng

Nghymru, ond fe ddaeth ymgyrch y sianel i ailennyn hen fflamau a hen frwydr. Cyfnod Comin Greenham; ac yn hanes yr Efengyl Gristnogol yng Nghymru, cyfnod lle'r oedd sicrwydd y ddogma ddiwinyddol yn bwysicach na'r brotest ymneilltuol a'r ymrwymiad radical.

> Mi roedd e'n gyfnod hunllefus a dweud y gwir, wrth gwrs, ond 'sen i'n brysio i ddweud peth fel hyn: na ddylen i ddim disgwyl gormod o gydymdeimlad neu rhyw arwriaeth o'r misoedd canol y flwyddyn 'ma mewn cysylltiad â chylchgrawn fel *Y Faner*, achos dwi'n meddwl bod pob golygydd pan yw e'n derbyn swydd papur newydd neu gylchgrawn, mae e'n llawn sylweddoli – neu o leia fe ddyle fe lawn sylweddoli – bod pethe fel hyn yn anorfod. Wrth gwrs, roedd eleni wedyn yn digwydd bod yn flwyddyn pan oedd rhai o'r pynciau yn ffrwydrol mewn gwirionedd; roedden nhw'n rhai oedd yn tynnu tensiwn rywsut. Felly, wrth gwrs, mi roedd mwy fyth o gythrwfl ar y tudalennau. Mi allen i ddweud bod e'n uffern o gyfnod, a dweud y gwir felly, ond dyna ni, rwy'n meddwl mai dyna ddyletswydd golygydd rywsut ydy wynebu peth fel 'na.

Ond yr oedd ganddi syniad clir o'i swyddogaeth fel golygydd. Gosododd y rheini i lawr yn ei herthygl olygyddol gyntaf:

> Cadair wleidyddol yw cadair Golygydd *Y Faner*. Ni ddylai neb, felly, fynd iddi – ddim mwy nag i'r stâd briodasol – yn fyrbwyll ac yn ddifeddwl.
>
> Petai'r ymlyniad gwleidyddol yn ddim ond teyrngarwch i syniadau un Blaid Seneddol, ni byddai'r swydd mor frawychus ei hoblygiadau . . .
>
> Ond y mae yna wleidyddiaeth gymdeithasol fwy annelwig ei ffiniau a mwy cymhleth ei gwead. Hon sy'n tarfu ar fyd addysg ac yn bwrw'n ben-ben yn erbyn ei gilydd gyd-weithwyr yng Ngholeg Prifysgol Bangor ac ar bwyllgorau Gwynedd. Hi sy'n rhwygo Cyngor Eglwysi'r Byd ynghylch cyfrannu arian i garfanau gwrthryfelgar Rhodesia. Mae'n magu gelyniaeth: gall enw cyfaill droi'n ddrewdod yn y ffroenau dros nos . . .
>
> Mae dal unrhyw swydd gyfrifol yn act wleidyddol. Yn wir, mae bod yn aelod o system ddemocrataidd yn wleidyddol wrth raid. A dyna paham y mae'n osodiad diwrthdro fod swydd Golygydd *Y Faner* – fel swydd Golygydd pob papur arall – yn swydd wleidyddol yn y bôn.
>
> Gall Golygydd newydd ragweld adegau yn dod pan fydd yntau

hefyd yn gwingo yn ei gadair, – ac yn dyheu am dorri'n rhydd o'r ymrwymiad gwleidyddol hwn. (5 Ionawr 1979)

Dyna Jennie wedi rhoi rhybudd ac wedi darogan gwae. (Yn arwyddocaol ddigon soniodd hefyd am 'fynnu'r hawl i gerdded tir llwyd y cyfaddawd' ac am 'deimlo fod cysgod Alwyn D. Rees dros ei hysgwydd'.)

> Mae dau ddyletswydd beth bynnag gan olygydd: un yw llunio'r golofn flaen, wrth gwrs, ac mae'n rhaid iddo fo wneud hynny os nad yw e'n fwrdd golygyddol sy'n mynnu mynd yn ôl rhyw gonsenswys o syniadau. Os yw e'n olygydd unigol mae'n llunio'r golofn honno yn ôl ei weledigaeth, mor ddoeth, mor oleuedig ag y gall e; wrth gwrs fod 'na wendidau, fel mae gwendidau ym mhob un ohonon ni, ond llunio'r golofn honno gan feddwl yn ddifrifol am yr hyn y mae yn ei sgrifennu. Wedyn mae e hefyd yn gorfod gofalu am gorff y cylchgrawn, y peth ... sy'n gorwedd rhwng y golygyddol a bywiogrwydd colofn Charles Huws. Yn y fan yna, rwy'n credu'n gryf iawn, iawn, mewn cylchgrawn fel *Y Faner*, y dylai fod 'na le i ryddid barn – nid dau safbwynt – ry'n ni'n dueddol o ddweud, 'o mae dwy ochr i bob pwnc'; mae mwy 'na hynny dw i'n credu. Y tu mewn i bob safbwynt mae 'na ryw amrywiadau safbwyntiau wedyn a dwi'n meddwl y dylai'r tudalennau adlewyrchu y cyfanrwydd yna o syniadau sy'n gallu plethu trwy'i gilydd mewn cymdeithas.

Ymrwymiadau gwleidyddol. Rhyddid ac amrywiaeth barn. Fe ellir crynhoi rhai agweddau o stiwardiaeth y golygydd trwy gael ychydig o enghreifftiau ohoni'n cynhesu i'w thasg dros y pedair blynedd.

'Roedd Saunders Lewis wedi datgan mewn llythyr mai o'r carchardai yn hytrach nag o Westminster y deuai ymwared i Gymru.

> Enciliodd Saunders Lewis o fywyd cyhoeddus ers cyhyd o amser fel y crynhodd myth o'i amgylch, a magodd pob datganiad o'i eiddo dinc oraclaidd. Dyna bellach yw'r tramgwydd. Buasai ymateb y genedl yn ddiogelach ac yn iachach petaem, ar hyd y blynyddoedd, wedi mynnu dadansoddi'n fwy rhesymol fanwl gynnwys ei ddatganiadau gwleidyddol, – bob cam o ddyddiau *Canlyn Arthur* hyd at heddiw ...
>
> Tuedd Saunders Lewis yw gor-symleiddio a chrynhoi sefyllfa sy'n astrus gymhleth i ddatganiadau gor-gryno. Ac yn wir, dyma'r

math o beth sydd lawer gwaith yn y gorffennol wedi arwain Plaid Cymru i golli pob hygrededd fel dylanwad gwleidyddol o unrhyw werth ymarferol. (13 Ebrill 1979)

A Saunders Lewis yn cynhyrfu'r dyfroedd ymhellach ryw flwyddyn yn ddiweddarach. A gweithred Pennar Davies, Meredydd Evans a Ned Thomas ym Mhencader yn cynhyrfu'r oracl (chwedl Jennie) i lunio 10 llinell:

> Eto mae elwch,
> Nid af dan bwdu i'r llwch;
> Mae'r deugain mlynedd o Gymru glên
> A'r cyfreithlondeb marwol ar ben;
> Mwy, os bydd marw, bydd gwaed
> Nid llysnafedd dan draed;
> Ni chredais y gwelwn yr awr –
> Taflwyd carreg at gawr;
> Pendefigion ein Planed,
> Pennar, Meredydd, Ned.
>
> (15 Chwefror 1980)

A phan yw Hywel Teifi Edwards yn awgrymu cydymdeimlad â dulliau anghyfansoddiadol, mae ynte'n cael chwip din:

> Yn wir, mae'r nodweddion a glodforir ganddo ef yn gwneud cymysgedd aruthrol o beryglus yn yr hinsawdd bresennol yng Nghymru: cas perffaith (dicllonedd), gobaith carlamus, a meddwl wedi ei gau i ffeithiau'r sefyllfa. Mae gwylltineb yn ei eiriau; mae rhysedd yn ei anogaeth. (21/28 Rhagfyr 1979)

Wedyn, dyna Dafydd Elis Tomos! 'Roedd Dafydd mewn mwy nag un Steddfod wedi cyfaddef fod i'w feirniadaeth lenyddol gynseiliau Marcsaidd. A dyna ddigon.

> Mae'n llawer gormod o unben syniadol a hynny'n ei wneud yn anfoddog os na wêl adlewyrchiad o'i athroniaeth ef ei hun yn y darn o gelfyddyd sydd o dan ei linyn mesur.
> Gellir casglu oddi wrth ei feirniadaeth yng Nghaernarfon fod 'prysuro'r chwyldro' yn rhan o swyddogaeth llenyddiaeth. Efallai mai'r fannod bendant 'r' sy beryclaf yn y cymal: nid unrhyw chwyldro, ond y chwyldro – sef y chwyldro yn ôl Dafydd Elis Tomos.
> Ni ellid safon mwy simsan i feirniadaeth lenyddol. (12 Mehefin 1981).

Ond nid swyddogaeth y gair yn unig ond *sut* air, *sut* iaith. Roedd Gareth Edwards y pencampwr rygbi a sylwebydd rygbi y BBC wedi dweud yn y cylchgrawn *Curiad*: 'Nag w i'n edrych ar y teledu yn amal ... Cyn fydd yn short i'n edrych ar S4C yn gyson bydd rhaid cael rhaglenni ysgafn yn llawn o Gymraeg y ma' pobol yn arfer ei glywed bob dydd ... *Fo a Fe* nawr, na chi raglen oedd pawb yn ei enjoio.'

> Mae'n anogaeth aruthrol o beryglus.
> Ni byddai Gareth Edwards yn breuddwydio am argymell fod iaith *Till Death Us Do Part* a *Some Mothers Do 'Ave 'Em* yn lledu ar draws rhaglenni Saesneg. Tebyg y byddai ganddo ormod o barch syber i'r iaith honno. (27 Tachwedd 1981)

Yna ar ôl sylwi fod sylwebaeth Gareth Edwards ar y BBC o leiaf yn ceisio parchu gofynion yr iaith Saesneg dyna ofyn y cwestiwn:

> Beth, felly, yw'r safonau yn nwyieithrwydd Gareth Edwards? Cymraeg pen hewl Gwaun Cae Gurwen i'r rhaglenni Cymraeg ond Saesneg Coleg Addysg Cyncoed (os nad Mill Hill) i'r rhaglenni Saesneg.

'Roedd hi'n gofyn ar i ni *ddeall pam* a *deall sut*; beth yden ni i fod i'w ddweud a gwneud yn siŵr ein bod ni hefyd yn gwybod sut i'w ddweud. Deall *pam* ein bod ni'n gweithredu mewn ffordd arbennig – a sut y *dylen* ni weithredu. Gofyn y cwestiwn oedd hi. Mynnu rheswm, a hwnnw'n rheswm digonol dros y ffydd oedd ynddon ni – boed ffydd grefyddol neu wleidyddol.

Ac wrth weithredu, stiwardiaeth yr heddychwr di-drais, cyfansoddiadol, fel y gwelsom ni, oedd ei hateb, er ei bod hi'n ymwybodol iawn o bwysau diamynedd y grwpiau hynny sy'n dadlau nad yw'r Llywodraeth yn talu fawr sylw i brotest bapur ac i gynddaredd moesol heb ddannedd:

> A daw adegau pan deimlir na thycia dim ond gweithredu uniongyrchol: dyma anniddigrwydd y chwyldro yn y tir.
> Pan yw amgylchiadau fel petaent yn datblygu'n anorfod i'r cyfwng hwn, mae galw am ddiffinio manylach ar dor-cyfraith a thrais. Mae fflamau'r tai haf eisoes wedi gwthio'r drafodaeth arnom, a'r sgwrsio anffurfiol mewn siop a swyddfa, ar yr heol ac ar yr aelwyd, wedi profi mor ffwndrus yr ydym ynglŷn â'r ffiniau rhwng y naill beth a'r llall.

Gellir dadlau bod gwahaniaeth rhwng sarnu eiddo a sarnu bywyd ... Ond mae'r rhai sy'n canfod llinell rhwng y ddau fath o weithredu yn gorfod cydnabod fod y ffin yn ddychrynllyd o denau. Ac mae mor beryglus o hawdd i groesi'r ffin honno yn ddiarwybod.

Un o'r elfennau a allai greu hafog mewn gweithredu uniongyrchol heddiw yw'r anian anarchaidd, nihilistaidd sydd wedi treiddio i mewn i ganol bywyd. (21/28 Rhagfyr 1979)

Ac yn nechrau 1980:

Y penderfyniad anodd yn ystod y blynyddoedd nesaf yma fydd dewis ym mha ddull y dylid ymladd y brwydrau hynny: ai o'r tu mewn i blaid wleidyddol, ai o'r tu allan; ai yn gyfansoddiadol ai yn anghyfansoddiadol? Un peth sy'n siŵr, – mae'n ddigon hawdd synhwyro fod dadrithiad enbyd ar gerdded ynglŷn â'r ffordd draddodiadol o weithredu. (25 Ionawr 1980)

Stiwardiaeth oedd hefyd yn ymwrthod â'r demtasiwn fawr arall: temtasiwn yr un ateb, yr un ideoleg. Taranai'n gyson yn erbyn ffwndamentaliaeth – ym myd crefydd, gwleidyddiaeth a chelfyddyd.

A dyma 'ngofid i, os ca i 'i fynegi e: bod heddi un garfan – ac mi rydech chi wedi cyfeirio at y garfan honno fel 'y Sefydliad yng Nghymru heddiw,' meddech chi – wel, mae'r garfan honno yn gwthio'r syniad mai dim ond un safbwynt sydd, a wedyn hwnnw sydd i fod i feddiannu pob darn o'r wasg, pob cyfrwng, y cyfryngau a phob un dim. Nawr dydw i ddim ishe bod yn Ddilwyn Williamsaidd wrth ddweud peth fel hyn, mae'n beth peryglus ofnadw; ond mae e'n berygl mawr, mawr rwy'n meddwl – ac mi all fod yn anferth o berygl wrth i ni symud ymlaen i gyfeiriad y bedwaredd sianel – bod 'na ryw fath o fonopoli syniadol yn perthyn i'r hyn sy'n Sefydliad Cymraeg heddiw. Wyddoch chi, y feirniadaeth fwya effeithiol yn aml iawn yw dychan. Sylwch chi heddi fel mae'r dychan yn mynd – y dychan gorau i gyd yn mynd – i gyfeiriad y Llywodraeth, y Frenhiniaeth, pobol fel Leo Abse, Neil Kinnock ... Faint o ddychan effeithiol sy'n cael ei droi'n ôl ar y Gymru Gymraeg? Fe fyddai hwnnw yn lles y byd i ni, a wyddoch chi, ry'n ni yn medru rhwyfo ymlaen heb un tamed ohono fe! Allen i roi enghraifft ddiweddar, ddiweddar, ynglŷn â'r gwaharddiad ar record Dafydd Iwan. Dydw i ddim yn deall y gwaharddiad, cofiwch chi, dydw i ddim yn gwybod yn wir beth yw'r rhesymau – nid hynna yw 'mhwynt i nawr – a ddylid fod wedi ei gwahardd ai peidio. Ond pan wnaed y gwaharddiad, edrychwch chi'r holl fannau wedyn lle roedd Dafydd Iwan yn cael ei amddiffyn yn otomatig, fel petai, ac yn enwedig gan gyfrwng, dwedwch, fel *Pupur a Halen.* Fe roddwyd un sesiwn gyfan i'r cyfeiriad hwnnw. Wel, braf o fyd yw hi ar bobol y garfan sefydliadol Gymraeg 'ma felly, pan y'ch chi'n cael fel *cotton wool,* rhyw wlân amdanoch chi, yn eich amddiffyn chi rhag pob un dim yn y ffordd yna. Ond fe allwn ni fel Cymry gael ein hamddiffyn yn ormodol gan y diogelwch yma – ac fe fyddwn ni farw y tu mewn i'r *cotton wool,* rwy'n meddwl.

Ac yn *Y Faner:*

> Yr hyn a fynnem yn y nodiadau golygyddol hyn yn awr yw dal nad peth sanctaidd y tuhwnt i drafodaeth yw anffaeledigrwydd: boed o enau'r un Pab mawr yn Rhufain, neu o enau'r degau o babau bach yn ein colegau diwinyddol yng Nghymru.
>
> Yn ôl yr argoelion presennol gall y Cymry Cymraeg fod yn arbennig o agored i gael eu llorio gan y llais hyderus, awdurdodol, – a hynny am na feithrinir i'r fath raddau yn ein plith y ddawn i hogi'r meddwl yn gryf a chyhyrog ...
>
> Yn ein bodlonrwydd bantam rydym yn agored iawn i gredu'r llais anffaeledig pan lefaro. Ac yn ôl darogan y cymdeithasegwyr bydd y lleisiau rheiny ar gynnydd yn yr wythdegau. (11 Ionawr 1980)

Ac er iddi ddechrau ei golygyddiaeth drwy sôn am gyfraniad ac am gysgod Alwyn D. Rees, 'roedd hi hefyd yn troi ei chefn arno.

> Pam na ellir disgwyl gweld yr un amrywiaeth barn ymhlith y Cymry Cymraeg ag a geir pan fo unrhyw iaith arall yn gyfrwng y drafodaeth? Un amod i amrywiaeth barn iach yw ein bod yn dod o hyd i gymaint o wybodaeth ag sy'n bosibl am y pwnc a'n bod yn barod i wrando'n agored ar wahanol safbwyntiau ...
>
> Wedi lloffa'r wybodaeth gyflawn ar aml bwnc, mae'n bosibl nad yn yr un ffordd y byddwn, bawb ohonom, yn gweld pethau. Onid hynny fyddai'n naturiol ymhlith casgliad o bobl sy'n meddwl yn gyfrifol drostynt eu hunain?
>
> Cyflyrwyd ni gan y diweddar Alwyn D. Rees, fel Golygydd *Barn,* i gredu yn yr *un* weledigaeth, yr *un* ffordd ymwared. Ond mae'n werth cofio fod llawer i'w ddweud dros gyfnod aur *Y Llenor* hefyd, – pan oedd meddyliau llym yn hogi ei gilydd ar dudalennau'r cylchgrawn, ac unigolion yn mynnu meddwl yn gyhyrog iach drostynt eu hunain. (7 Mawrth 1980)

Daeth hyn i'r wyneb – fel llawer islais tanddaearol arall – yn ystod ymgyrch y Sianel newydd. 'Roedd hi wedi cael llythyr personol (un ymhlith llawer mae'n siŵr) oedd yn cynnwys y geiriau: 'Gwn am un neu ddau yn y dref sydd wedi eu siomi gymaint gyda barn *Y Faner* nes eu bod bellach wedi gohirio'r archeb. Dyna oedd fy ymateb cyntaf innau hefyd . . .' (16 Tachwedd 1979). Mae'n siŵr fod geiriau fel yna, i Jennie, fel rhywun yn gwrthod talu tuag at y gweinidog oherwydd anghytuno â'i ddiwinyddiaeth.

> Mae'r oblygiadau'n frawychus o drist. A ydym i ddeall na ellir mwyach fynegi barn annibynnol mewn Golygyddol papur neu gylchgrawn heb beryglu cylchrediad? Ac yn anffodus, mae amodau gwerthiant unrhyw gylchgrawn yng Nghymru heddiw yn ei osod yn ddi-gysgod rhag y math yma o wyntoedd croesion.
> Cryfder *Y Faner* yng nghwrs yr holl flynyddoedd ydoedd iddi fynnu, yn nannedd pob storm, leisio'i barn yn gwbl annibynnol a chadw'i cholofnau'n llydan agored i drafodaeth ar faterion y dydd . . .
> Nid perygl i'r *Faner* yn unig sydd yn y bygythiad a ddyfynnwyd uchod. Mae'n gloch rybudd ynglŷn â'r rhyddid ymhlith y Cymry Cymraeg i drafod yn llawn a gonest broblemau mwyaf sensitif y genedl.

Gellir synhwyro maint y dolur yn yr ychydig eiriau canlynol:

> Ninnau, a lusgwyd drwy uffern brwydr y Sianel, onid yw'n bosibl ein bod yn lanach rywfaint wedi'r purdan? Bawb ohonom. (3 Hydref 1980)

Cafodd ei beirniadu'n llym am iddi newid ei meddwl. 'Roedd ei hofnau'n codi o'i chariad at yr iaith a'r perygl y byddai'n dioddef o'i gosod yn agored ddiymgeledd· ar yr un sianel. Newidiodd ei meddwl am fod ystyriaeth newydd wedi dod yn sgîl ympryd Gwynfor Evans, sef y posibilrwydd cryf y byddai i'w weithred arwain i derfysg ac i drais. Ac i Jennie 'roedd unrhyw beth yn well na hynny.

Trwy'r cyfan glynai'n ddi-ildio wrth benarglwyddiaeth rheswm a dadansoddi gofalus. Ac yr oedd ganddi ffydd – gormod efallai – y byddai pobl ym mhob achlysur yn dod i gytundeb wrth eistedd yn ôl mewn gwaed oer, – diffinio termau, gosod cynseiliau yn agored ar y bwrdd. Llwyfan i'r gwyntoedd croesion oedd *Y Faner* i fod. A gwleidydda'n weithgarwch agored dadleugar, cyfeillgar, gweithredol. Ac mewn sefyllfa felly fe fyddai'n rhaid cyfaddawdu ac ildio, rhoi a derbyn, addasu. Yn absenoldeb yr un ateb dyna'r unig ffordd. Celfyddyd y posibl yn hytrach na'r breuddwyd. A dyna oedd ystyr ergyd Dr. J. Gwyn Griffiths pan soniai am 'bydewau sychlyd Realiti a Phragmatiaeth'.

Eto i gyd, 'roedd hi ei hunan yn derbyn un absoliwt digyfaddawd: sef na fedrid mewn unrhyw sefyllfa ddefnyddio trais! 'Doedd yna ddim dwy ochr i garu neu beidio â charu. Yma roedd ei phragmatiaeth yn ddiffrwyth. 'Dydi rhywun ddim yn caru am fod caru'n *talu* neu am fod caru'n *gweithio*. Un o'i geiriau mawr oedd *tyndra*, nid fel cyflwr dinistriol, nihilistaidd ond yn hytrach fel dilechteg, fel gwrthdaro sy'n creu ac yn esgor ar wirioneddau newydd. 'Roedd tyndra'n angenrheidiol iddi ac ar yr un pryd yn ei gwanu.

Bu'n ymgeisydd y Blaid, ond nid arbedodd honno rhag ei chwyddwydr. Yma eto 'roedd ei beirniadaeth yn ddeublyg. 'Roedd hi am i'r Blaid fod yn gwbl glir ynglŷn â'r dulliau o wleidydda.

> Un o'r cyfnodau pan adawodd y Blaid argraff bendant yn wleidyddol oedd pan ddychwelwyd Gwynfor Evans fel Aelod Seneddol dros Gaerfyrddin ym 1966. Ar ôl hynny cynyddodd y bleidlais yn y cymoedd a dychwelwyd aelodau dros Feirionnydd ac Arfon. Siglwyd seiliau'r pleidiau Prydeinig; ofnwyd dylanwad y cenedlaetholwyr yn y cadarnleoedd.
>
> Ond rywsut, ni lwyddodd y Blaid i'w hargyhoeddi ei hun ei bod hi ar y trywydd iawn. Mynnai fwrw golwg hiraethus yn ôl at Ben-y-berth (*sic*). Llygadai weithredoedd Cymdeithas yr Iaith gydag elfen o edmygedd. Hudwyd hi gan y brafado yng ngeiriau'r rhai a daerai fod dydd y consesiynau cyfansoddiadol heibio. Fe'i llithiwyd gan ymgyrch y Bedwaredd Sianel i gredu mai llwybr y gweithredu uniongyrchol yw'r ffordd ymlaen. (10 Ebrill 1981)

'Roedd hi hefyd am i'r Blaid fod yn gwbl ddiamwys ynglŷn â'i pholisi a'i hamcanion.

> Mae rhai o aelodau Plaid Cymru heddiw – fel y bu llawer o'r gweithwyr cynnar – yn rhy barod i ystyried iaith a diwylliant fel yr unig werthoedd i frwydro drostynt. Ar y llaw arall, mae rhai aelodau – gan gynnwys llawer yn yr aden Chwith Newydd – yn

rhy barod i ystyried y frwydr economaidd fel y cyfan o'r frwydr genedlaethol. (30 Hydref 1981)

Gweld y genedl fel cenedl gyfan. A hwyrach hefyd ledu tipyn ar y consensws.

> Yn y frwydr sydd ohoni, ar yr un ochr mewn gwirionedd y mae Gwilym Prys Davies, Geraint Howells, Dafydd Wigley . . . Ar yr un ochr hefyd y mae Ifor Bowen Griffith a Dafydd Iwan . . .
> Profodd misoedd cyntaf '79 fod yna bethau arbennig o werthfawr mewn dirfawr berygl yng Nghymru. Oni ddaeth yn amser, felly, i bawb sy'n teimlo gwir gonsyrn glosio at ei gilydd er mwyn arbed a diogelu'r gwerthoedd hynny? (11 Mai 1979)

Anaml iawn yng nghorff y pedair blynedd y ceir y golygydd yn cytuno neu gymeradwyo gyda brwdfrydedd. Felly mewn trafodaeth a dadl. Yn gyson fe ddown ar draws y cymal, 'Rwy'n anghytuno'n bendant', ac yn amlach na pheidio, 'yn anghydweld â'r cynseiliau'. 'Roedd yr anghytuno hwn yn ail natur iddi – fel rhan o'r tyndra hwnnw a'i cadwai i fynd a'i chadw i gredu yn ei chenhadaeth.

'Roedd hi wedi cael ei dal yng ngafael y goleuni a'r gwres, a fedrai hi ddim dianc. A phan welai flerwch neu lygredigaeth, rhagrith, neu ddiogi neu anghysondeb yn meddiannu'r genedl yr oedd hi'n ei charu – yn ei phartïon gwleidyddol, yn ei harferion, ei hadloniant neu'i hiaith – yna 'roedd yn rhaid iddi lefaru. Ni faliai ffeuen pwy oedd y targed; 'roedd y safbwynt yn bwysicach iddi hi na'r sawl oedd yn ei goleddu.

Ac fe'i cafodd ei hunan mewn sefyllfa amhosibl. O gefnu ar y ddogma, ar y parsel o ffydd ac ar y sefydliad awdurdodol 'roedd hi ar un ystyr yn cefnu hefyd ar y cysgod a fedrai ei chadw yn y storm. Mae angen cryfder corff ac ysbryd i fyw yn llwyr yn nhermau stans a gweld pob ochr i'r geiniog a gweld hefyd safbwynt y gwrthwynebwr. Ac y mae'r stans hwnnw hefyd yn gallu bod yn dywod sugn peryglus iawn. Mae yna'r fath beth yn bod â pharlys academaidd lle mae rhywun yn gallu treulio oes gyfan yn ystyried gwahanol bosibiliadau a heb gredu bod angen dod i unrhyw benderfyniad – hyd yn oed pan yw Rhufain yn llosgi.

I Jennie, o bawb, byddai bywyd yn filwaith hapusach pe

gwrandawai ar lais awdurdod – ar yr un egwyddor, ar Dduw swcr/rhagluniaethol. 'Doedd o ddim yn ei hanian hi i bledio llwybr tacteg a strategaeth a mwy nag un ffordd o gael-Wil-i'w-wely. 'Roedd hi'n rhy aflonydd, ddiamynedd i foethusrwydd o'r fath. Fe gawsai hefyd ŵr annwyl o rebel mewn dillad gweinidog a oedd yn fardd-athronydd ac wedi cwffio yn erbyn unrhyw gaethiwed ceidwadol erioed. Ac yr oedd eu dau fab Siôn a Guto yn dod â hyrddiadau'r byd newydd i mewn i'r tŷ – o fyd yr artist ac o fyd y gwleidydd. 'Roedd cri'r cyfoes yn ei sgwennu, chwifiai faner o blaid pob anadl ifanc newydd am fod gobaith ym mhob dim nad yw wedi ei ffosileiddio neu ei fymeiddio gan henaint. 'Roedd darn ohoni am ddilyn J. R. Jones ac Alwyn D. Rees. 'Roedd y darn arall am gael pawb i'r gorlan 'fel na choller pwy bynnag . . .'

'Roedd hinsawdd oes a hyfforddiant academaidd a rhyw gymaint o'i natur wedi rhoi iddi arfau miniog, sydyn y dadelfennwr. Gweld y broblem. Gweld dyn a chenedl yn nhermau'r darnau, yn nhermau'r gwahanol adrannau a'r gwahanol gymalau. O'u tynnu'n ddarnau – a gweld cyflwr a phwrpas pob un a glanhau tipyn bach arnyn nhw fel yn hanes perfedd cloc – byddai'n bosibl wedyn eu rhoi wrth ei gilydd, a byddai'r hen gloc unwaith eto'n mynd ac yn cadw amser. Ond gwyddai hefyd fod angen mwy na'r meddwl miniog i gyfannu rhwygiadau ac i ddod â'r darnau at ei gilydd drachefn.

> Fydden i'n hoffi dweud 'mod i'n hollol anfodlon ar y man rwy 'di gyrraedd hyd yma; dwi'n teimlo bod y profiad crefyddol yn anghyflawn iawn yn fy hanes i, a rwy'n credu 'mod i'n gwybod yn iawn pam. Falle eich bod chi wedi cyfeirio ato i raddau wrth fy holi i: y pwyslais rwy'n ei roi ar reswm, ar *wybod* o hyd ac o hyd, – gormod, rwy'n siŵr, oherwydd fy nhueddiadau, falle. A rwy'n gwybod mai dim ond rhan o'r ffordd y mae gwybod yn gallu mynd. Rwy'n credu bod rhaid i ffydd gael ei hatgyfnerthu gan reswm ond wedyn mae rhyw gamre mae'n rhaid i ffydd gerdded wrth ei hunan, fel petai. A rwy'n credu – ar yr ail gam, fel petai – *adnabod* yw'r peth, nid *gwybod*. Rwy'n hoff iawn, iawn o gerdd gan Waldo; 'Adnabod' yw ei thestun hi. Ac mae e'n gosod ochr yn ochr *gwybod* ac *adnabod*. Mae e'n dangos gwendidau gwybod. Mae e'n dweud: y'ch chi'n dadelfennu cymaint, medde fe, gyda gwybodaeth, fel, trwy wneud hynny – yn y broses, fel petai – y'ch chi'n colli'r byd ysbrydol. Y *cyfannwr* yw adnabod: mae hwnnw nid yn dadelfennu ond yn tynnu'r enaid at ei gilydd yn fwy cyfan,

rywsut. A phwyso ar y Cyfannwr mawr 'ma mae Waldo Williams wedi cyfeirio ato fe a gweddïo falle yng ngeirie Waldo:

> Tyrd yn ôl, hen gyfannwr,
> Ac ymestyn i'n hachub ynghyd,

ac mae e'n golygu achub yr enaid unigol rhag mynd yn rhacs yn y dydd rhyfedd 'ma sy ohoni hi. Ond rwy'n credu ei bod hi'n mynd i fod yn broses sy'n mynd i achub cymdeithas hefyd, oherwydd does dim un crefyddwr yn llawn heb fod e'n teimlo fod cwlwm rhyngddo fe a'r gymuned sy'n addoli yn yr un ffordd ag e. Dwi'n credu bod rhaid wrth gymdeithas grefyddol, felly rwy'n hoffi'n fawr y term *cyfannwr* 'ma: cyfannu y galon sy'n dryllio a chyfannu'r gymdeithas sydd mor dueddol o fynd ar chwâl y dyddie yma.

Tybed ple byddai Jennie Eirian heno pe bai'r *adnabod* wedi diorseddu'r *gwybod?*

Wel, Jennie bach, dyna fi wedi dweud fy mhwt gore medrwn i. Gobeithio nad ydych chi ddim yn anghydweld yn ormodol â'r cynseiliau! O leiaf ymgedwais rhag cerdded 'mewn esgidiau hoelion, man y bu'r angylion yn diosg eu sandalau'!

Fe rodda i'r gair olaf i Gerallt Lloyd Owen:

> Mae ynom na wyddom ni mo'i waelod,
> Mae hil o drueni,
> Ac ynom er ein geni
> Y mae rhaid ei marw hi.
>
> Hon filain ei gorfoledd, hon ddeifiol,
> Ysol ei hynawsedd,
> Hon wridog ei brwdfrydedd,
> A hon, o bawb, yn ei bedd.

Glaw ar Rosyn Awst*

Dda gen i mo'r teitl 'Cyfres y Cewri'. Mae creu uwch-gynghrair mewn rhagoroldeb yn gosod baich ar y sawl sy'n ei llunio ac ar y rhai sy'n derbyn y fraint o ymuno â hi! Mi fyddwn wedi setlo hefyd ar deitl llai blodeuog i'r gyfrol arbennig yma. Ond mwy am hynny yn y man.

> 'Plentyn ar y tu allan fûm i erioed, plentyn y cyrion, a fagodd lawer o fewnblygrwydd yn ei ansicrwydd a'i ansefydlogrwydd, ac arwahanrwydd yn ei ddiffyg perthyn. Ond ynof fi fy hun yr oedd yr ymdeimlad hwn o ddiffyg teulu a gwreiddiau. Mab llwyn a pherth heb na llinach na pherthyn oeddwn i, ond mi oedd gen i deulu ac mi oeddwn i'n perthyn. Cefais fy mabwysiadu . . .'

A dyna A.Ll. yn mynd â ni yn syth i galon ei stori. Sylwer fel y ceir y gair 'perthyn' ymhob un o'r tair brawddeg.

Mae a fynno'r ffaith fiolegol honno a natur a sylwedd ei gyfraniad nodedig fel bardd, llenor, golygydd, cyhoeddwr, beirniad, ymchwilydd, ysgolhaig a lluniwr sgript. (Mi welwn yn y man fod a fynno hefyd lawer â'i swyddogaeth fel gŵr a thad.) Mae'r bwrlwm creadigol yn siarad drosto'i hunan ac wedi cael ei gydnabod gan *bawb*. Wrth ofyn beth yw'r dreif (hyd at obsesiwn weithiau) sy'n ei yrru i fod wrthi – nid sôn yr ydym yn unig am ddiwydrwydd, chwilfrydedd a hunanddisgyblaeth ond am y rheidrwydd beichus i'w brofi ei hunan drachefn a thrachefn. Rhaid ei atgyfnerthu, ei werthfawrogi a'i gydnabod. Mae'r plentyn yn dal i fod eisiau perthyn ac am gael ei dderbyn – ond fod yr eisiau hwnnw bellach wedi ei drosglwyddo o achyddiaeth i feirniadaeth ac i'r 'sefydliad'. Cyflwr seicolegol anniwall yw hwnnw.

Wrth drafod beirniadaeth, mae'n cael cysur mawr mewn geiriau caredig ac fe'u dyfynnir yn helaeth. Yn wir, 'dwn i ddim am neb sydd mor afradlon yn ei ddefnydd o farn pobl eraill

---
* Alan Llwyd. *Cyfres y Cewri* 14. Gwasg Gwynedd. Rhagfyr 1994.

amdano. A phan fydd rhywun weithiau'n awgrymu ei fod ar brydiau'n orlifeiriol yn ei awen neu yn cynnwys gormod o'i waith ei hun mewn blodeugerdd, mi fydd yn cael ei gorddi i'r byw gan y fath annhegwch fendetaidd! Mae'n cynhesu'n werthfawrogol wrth ddarllen adolygiad manwl J. E. Caerwyn Williams ac yn pŵ-pŵio adolygiad amharchus Hywel Teifi Edwards (tud. 231-241) Ym myd y cyfryngau, mae Vaughan Hughes yn hogyn drwg a Menna Richards yn glên.

Mae'n creu rhyw fath o *alter ego* – Meilir Emrys Owen, llais a fyddai'n dianc rhag yr ychydig leisiau beirniadol. A phan oedd rhywun fel Tegla neu Tecwyn Lloyd yn gallu gwneud yr un peth mewn direidi a thynnu coes, fe drodd Meilir yn hunllef. Awn drwy helyntion Eisteddfod Aberteifi eto ac er i'r awdur ymagweddu'n rasol mewn sefyllfa anffodus – y fo yn hytrach na Dic fu'r targed – am mai Alan ydi Alan a Dic ydi Dic! Mae'n penderfynu peidio â barddoni mwy ac yn y man yn troi i fyd y ffilm ac i fyd y cyfryngau y bu adran ohonyn nhw o dan ei lach a'i ddirmyg. Mae'n wrthodedig fel darlithydd yn Adrannau Cymraeg ein Prifysgol ac yn methu â deall pam. Ac ymhellach ymlaen yn ei fywyd, ei ddau fab yn cael amser caled yn y Felindre am fod gormod o Gymreictod a balchder tras yn eu gwaed. Mae'r erledigaeth yn ddincod ar ddannedd y plant.

Mae'r darllen wedyn yn brofiad scitsoffrenig braidd. Cael blas mawr ar y dweud ac ar yr un pryd yn gresynu bod yr awdur fel pe'n methu â rhyddhau o'r 'rhwydau weithiodd ef ei hun'. Fe ddioddefodd o ddau gyfeiriad – mae rhai am ei waed am fod ei orsensitifrwydd ar dro yn magu cragen o draha ac o ddatganu oraclaidd (sydd ymhell bell o natur y person ei hunan), neu yn eiddigeddus o anferthedd ei lafur a natur ddigyfaddawd ei ymroddiad. Ond ar yr ochr arall mae rhai o barchusion academia a fyddai'n cario mwy o hygrededd petaent ychydig yn fwy cymedrol (beth bynnag am onestrwydd) yn eu cefnogaeth ddiatal ohono. Mae'n anodd gwybod pwy sydd fwyaf ar fai.

Ond, wrth gwrs, 'doedd dim achos iddo gael ei boeni'n ormodol gan y naill na'r llall. Mi ddylai oresgyn ei gefndir a'i orgonsyrn dros farn pobl eraill. Mae wedi treulio llawer gormod o'i amser, o bapur *Barddas* a'r gyfrol hon, yn dilyn trywydd diffrwyth (a gwenwynig yn aml) barn pobl eraill amdano. Hwyrach fod y cyfan yn dweud rhywbeth wrthym am ansawdd beirniadaeth lenyddol ond mae'r cyfan, rywsut, yn rhy hunanganolog. Mae athrylith yn cydredeg ag anaeddfedrwydd. Hwyrach, yn wir, fod hynny yn digwydd o hyd!

O fewn yr amodau yna, fe gawsom gyfrol yn mynd â ni i berfedd byd llengar ein canrif – ei wewyr, ei gecru, ei rwystredigaeth. Fe gawsom lawer o hwyl ym myd y campau a'r castiau eisteddfodol, y chwys sy'n rhan o gynnal diwylliant dan amodau cyfyng a diddiolch. Mae'r 'droedigaeth' o fyd y bardd i fyd sgript ffilm ac opera sebon yn hynod ddadleniadol. Nid mater o sori a suro yn gymaint â gweld posibiliadau cynhyrfus y cyfrwng. Ac yn y diwedd fe gawsom ffilm o ansawdd uchel, Hedd Wyn. Ond mae A. Ll. hefyd yn ddigon gonest i gydnabod nad ystyriaethau esthetig yn unig a symbylodd y newid byd, ond fod sgript ffilm a 'Phobl y Cwm' yn talu'n dda. A pham lai? Ond ni ddylai hynny arwain yr awdur i fynd dros ben llestri wrth ddotio ar y byd hudolus newydd a chefnu ar ei hen gariad! Gall Hollywood a BAFTA hefyd guddio brathiad ac eiddigedd a chlicyddiaeth.

Yn naturiol ac anorfod, ceir teyrnged annwyl i Janice a'r ddau hogyn yn ogystal â'r teulu estynedig, ac mae rhywun yn gallu deall y glynu clòs, y llawenydd a'r caru. 'Rydym yma ymhell o sŵn ymgecru a hunanholi. Ond i mi y tudalennau sy'n mynd â ni yn ôl i Ben Llŷn y blynyddoedd cynnar yw gogoniant y gyfrol. Beth bynnag yw peryglon detholiadau a blodeugerddi, mi fuaswn i'n cynnwys rhai o'r tudalennau yma ymhlith rhyddiaith Gymraeg y canrifoedd. A'r englynion i 'Taid' yn gyfareddol, gyda chyfrol o ystyr yn yr olaf un:

> Ef, Taid, oedd fy nhreftadaeth, – ei werthoedd
>   Llawn oedd fy llenyddiaeth,
> Rhoi'i gof dwfn ynof a wnaeth,
> Ef oedd fy etifeddiaeth.

Yn y fan yna, mae'r hunangofiant yn mynd â ni i fyd y pethau sy'n para ac ymhell o afael cynnen a ffasiynau a mympwyon. Ac mi ffeiriwn dalpiau o sgript Hedd Wyn – beth bynnag am Goronwy Owen neu 'Pobl y Cwm' – am fedru dweud rhywbeth fel yna!

Cyfrol onest gan ŵr diwyd, diniwed a diddichell yw *Glaw ar Rosyn Awst*. Ond beth am y teitl? Fe gawn yr esboniad yn y blwrb:

'Does dim ymgais yn yr hunangofiant i osgoi sôn am bigiadau'r celyn ar y ffordd, ond er mor bigog oeddynt yn fynych, 'roedd rhosyn yn blodeuo dan y gelynnen, er iddo wywo dros dro. Mae'n rhaid i ddyn warchod ei ddelfrydau yn erbyn pob anhawster; mae'n rhaid i'r rhosyn drechu'r drain'.

Pwy bynnag a luniodd y geiriau, braidd yn stroclyd a naïf yw'r gwrthgyferbyniad. Wrth gwrs y byddai'r rhan fwyaf ohonom o blaid gogoniant y rhosyn yn hytrach na brathiad y ddraenen! Ond mae'r boen hefyd yn rhan hanfodol o'n celfyddyd. Mae'r rhosyn yn rhy delynegol, yn rhy berffaith bert a phersawrus i wneud cyfiawnder â'r hyn yr ydym yn sôn amdano. 'Mae fy llinach i fel y lleuad, gydag un ochr yn dywyll ac un ochr yn olau' meddai'r awdur. Mae'r naill fel y llall yn cyfoethogi bywyd.

Beth bynnag am gymhlethdodau ac alltudiaeth honedig y llwyn a'r berth, yr oedd iddo hefyd ei oleuni a'i addewid. Ac mae hwnnw i'w gael nid yn gymaint yn adwaith y plentyn tuag at ddirgelwch ei ddyfod i'r byd, ond yn yr hyn a aeth i mewn i'w gelloedd ac i'w gemeg. Ac mae gennym ni i gyd le i fod yn ddiolchgar am hynny.

Barddoniaeth T. H. Parry-Williams*

Ei gofio yn fach ac yn swil ac yn fonheddig o flaen ei ddosbarth, yn ysgafn ei droed a chwim ei feddwl. Ac yn darlithio ar ddatblygiad iaith – ei faes arbenigol. Cyn cyrraedd coleg 'roeddwn i wedi ei 'nabod trwy fyfyrdod ysgrif a chân – nid yn unig yn yr ysgol ond hefyd yn y pedair blynedd rhwng ysgol a choleg. Ac mi 'roedd ei weld yn ei ddu academaidd a'i symbolau ieitheg – yn sioc. Efo Gwenallt 'roedd pethau'n wahanol. Fe gafodd ef gyfle i ddweud pethau ysgubol a chellweirus am Ddafydd ap Gwilym neu Emrys ap Iwan neu fyfyrwyr neu ferched neu'r Blaid Lafur.

Eto, dyna oedd dewis T. H. Parry-Williams. Dewis gwneud y Gymraeg yn gyfrwng dadansoddi gwyddonol – fel iaith ymhlith ieithoedd. Ac er bod hwn yn faes lle 'roedd angen damcaniaethu, 'roedd yna hefyd gorff o wybodaeth ffeithiol, wrthrychol. Nid mater o fympwy neu ffansi oedd ieitheg ac nid ar fympwy neu ffansi y gallai rhywun basio arholiad yn y pwnc.

Ym myd ysgrif a barddoniaeth ar y llaw arall yr oedd yn rhydd i fyfyrio fel y mynnai. A dyna a wnaeth. Ond cyn mynd ar drywydd yr hyn a ddywedodd amdano'i hun ac am ei fyd, a gawn ni nodi perthynas neu gyd-berthynas yr ieithgi a'r bardd? 'Doedden nhw ddim yn gwbl annibynnol ar ei gilydd er bod iddyn nhw eu hamodau gwahanol.

Yr oedd iaith a'r defnydd ohoni o bwys mawr iawn iddo. Ac yr oedd ei ddisgyblaeth a'r hyfforddiant hefyd wedi rhoi iddo barch at *ffurf* a thraddodiad. Yn hynny o beth, mi 'roedd o'n fardd *ceidwadol*. Ychydig iawn iawn o arbrofi mewn *ffurf* sydd yn ei waith. Glynodd, er enghraifft, at yr un math o soned drwy gydol ei oes – y soned Shakesperaidd – a'r llinellau degsill yn acennu'n ôl y patrwm gan orffen bob tro ar yr acennog – byth ar odl ddwysill. Yn ei ddefnydd o ffurfiau, mae'n llawer mwy ceidwadol

---

*Fe draddodwyd y ddarlith hon i griw o fyfyrwyr chweched dosbarth yng Ngholeg y Brifysgol, Abertawe. Dydd Gwener oedd hi. Yn oriau mân y Sul canlynol, roeddwn i mewn ambiwlans i gyfeiliant ei chorn rhybudd yn sgrialu am Ysbyty'r Rhath, Caerdydd. Trawiad ar y galon, a rhai dyddiau o bendilio rhwng byw a marw.

ac yn llai arbrofol na'r Dr. Iorwerth Peate neu Robert Williams Parry. Heb sôn am arbrofion llawer mwy mentrus ein dyddiau ni. Y tu allan i'r soned, ei ffefryn arall wrth gwrs yw'r cwpled gydag ychydig enghreifftiau o ffurfiau tair neu bedair llinell – eto yn rheolaidd a chonfensiynol iawn ei ffurf. Ar ben hynny, meistrolodd y gynghanedd mewn modd arbennig – fel y gwelwyd yn ei awdl fuddugol i Eryri. Un o'r amryw ddirgelion yn ei waith yw pam na chanodd yn y gynghanedd ar ôl hynny ac yntau wedi gwneud y peth gyda'r fath eneiniad. Ai tybed mai fel ymarferiad academaidd y dechreuodd yr ysgogiad dechreuol?

Ac am y cwpled, 'roedd hwn ar gael yn ei ardal yn Rhyd-ddu yn barod. Pan oedd ei dad yn ymddeol fel athro yn yr ysgol yno yn Rhagfyr 1923 fe ganodd G. W. Francis o Nantlle gerdd deyrnged i'w waith. Ei theitl yw 'Cofio'. Dyma gwpled neu ddau:

> 'Cofio'r plant gorallt, a'u gwallt yn y gwynt
> Cofio'r rhai hoffwn a garwn i gynt.
>
> Cofio ysglefrio ar rew cadair wyllt
> A chofio bugeiliaid, mamogiaid a myllt.
>
> Cofio'r gornchwiglen ar dro hirben draw,
> A chofio'r gylfinir yn glir o flaen glaw.
>
> Cofio'r Hen Athro'n ei henfro o hyd
> Fe'i cofir tra dwndwr y dŵr yn y Rhyd.

Ddeng mlynedd ar hugain yn ddiweddarach fe gawsom ni:

> Fe ddaw crawc y gigfran o glogwyn y Pendist Mawr
> Ar lepen yr Wyddfa pan gwffiwyf ag Angau Gawr.

Wrth gwrs mae gwahaniaeth rhwng y ddwy arddull. A gwahaniaeth mwy rhwng yr hyn sy'n cael ei ddweud. Ond 'rydyn ni'n gallu adnabod y *ffrâm*.

Ond os cadwodd, fwy neu lai, at yr un canllawiau o ran ffurf, nid dyna a ddigwyddodd i'w iaith. Fel yn hanes ei astudiaeth academaidd, yr oedd ei iaith fel bardd hefyd yn datblygu, yn newid, yn defnyddio geiriau newydd, yn benthyg ac yn mabwysiadu, yn ystwytho, yn ogystal â dod yn agosach bob gafael at rythmau'r iaith lafar. Dyna un o'r nodweddion sy'n rhoi iddo le

unigryw yn ein canrif. Yr unig ffordd i ddangos hyn yn glir yw
trwy roi enghreifftiau. Dyna'i glo i awdl 'Eryri' – chwe llinell olaf
o Hir a Thoddaid:

> 'Â thwym ddwyfron y gwneuthum ddiofryd
> I garu fy mhau fel gwyryf fy mywyd,
> Anwylo gwylltineb tir fy mebyd,
> Ei lwyn a'i afon a'i lynnau hefyd,
> Ac yn nyfnder ei weryd – gwn y caf
> Ei gusan olaf megis anwylyd'.

Iaith urddasol solet a rhyw gymaint o ôl arddull awdlog tro'r
ganrif gyda geiriau anghyfarwydd fel 'diofryd' a 'fy mhau'; fel
petai'r testun Eryri yn hawlio iaith felly.

Yn ei sonedau cynnar cawn yr un peth. Yn 1919, a'i dad a'i fam
yn fyw, mynega ei brofiad o ddychwelyd i Dŷ'r Ysgol yn Rhyd-
ddu:

> Pan ddringwyf eto'r allt yn ysgafn droed
> I fyny tua'r pentref sydd â'r tŷ
> Y'm ganed ynddo'n disgwyl fel erioed
> Am sŵn fy llais a sang fy nhroediad hy,
> Bydd y llawenydd gynt yn fyw yn llam
> Y galon wirion eto, a bydd lli'r
> Hen hiraeth hyfryd, na wnaeth siom na cham
> Ei rewi, 'n goglais ei meddalwch hi.
> Ond wrth ddynesu tua'r fan, mi wn
> Yn burion cyn ei ddyfod ef y daw
> Rhyw drymder difwynhad o rywle'n bwn
> Anesmwyth arnaf, a rhagargoel braw
> I'm mynwes – arswyd gweled ôl tristâd
> Ar wedd fy mam neu'n llygad llym fy nhad.

Yn 1931 – ddeuddeng mlynedd yn ddiweddarach – mae'n
dychwelyd eto i Dŷ'r Ysgol – a'r ddau bellach yn y fynwent. Nid
y gwahaniaeth profiad yw'r unig beth trawiadol, ond y newid a
ddaeth yn ei iaith.

> Mae'r cyrn yn mygu er pob awel groes,
> A rhywun yno weithiau'n sgubo'r llawr
> Ac agor y ffenestri, er nad oes
> Neb yno'n byw ar ôl y chwalfa fawr;
> Dim ond am fis o wyliau, mwy neu lai,

> Yn Awst, er mwyn cael seibiant bach o'r dre
> A throi o gwmpas dipyn, nes bod rhai
> Yn synnu'n gweld yn symud hyd y lle;
> A phawb yn holi beth sy'n peri o hyd
> I ni, sydd wedi colli tad a mam,
> Gadw'r hen le, a ninnau hyd y byd;
> Ond felly y mae-hi, ac ni wn paham
> Onid rhag ofn i'r ddau sydd yn y gro
> Synhwyro rywsut fod y drws ynghlo.

Daeth yr arddull yn fwy syml, yn fwy uniongyrchol. Dim geiriau llanw – fel yn soned 1919 – dim un gair ychwaith o'r hen gypyrddau. Yn ei ddydd, mae'n siŵr fod llawer yn ystyried canu fel yna yn ofnadwy o anfarddonol. Meddyliwch am y llinell

> 'Ond felly y mae-hi, ac ni wn paham . . .'

Rhyddieithol iawn!

Mae'r newid i'w weld yn fwy eglur fyth yn ei gerdd cwpledol, fel petai'n fwriadol yn cynnwys dywediadau llafar ac ymadroddion gwreiddiol bro ei febyd. Ymadroddion ffwrdd-a-hi – yn aml iawn – ond yn llwythog o awgrym. Cawn ymglywed â hyn eto wrth drafod enghreifftiau ymhellach ymlaen.

Yn wir, mae ei ddyfeisgarwch gydag iaith yn un o'r rhyfeddodau. Nid am iddo fentro geiriau fel 'cari-dyms', a 'dynjwn', 'strôc', 'smôc', 'slent', 'pasbort', 'fisa', 'fel-a'r-fel', 'rhibidirês', 'sioc', 'jôc' a 'cadi-ffan', ond am fod ganddo ei ieithwedd arbennig i bob mŵd. Ac i'r purwyr yn ein plith, onid yw'n rhyfeddol o arwyddocaol fod un o feistri mawr ein iaith wedi gallu defnyddio geiriau mor sathredig a brith heb unrhyw fath o ymddiheuriad?

I'r 'Ferch ar y Cei yn Rio' swae y môr a'r tygiau a'r fflagiau'n chwyrlïo. A'i swae hithau hefyd hwyrach ag awgrym o gefndir dawns ei phobl.

> Ffarweliai â phawb, nid adwaenai neb
> Mewn cymysgiaeth rhwng chwerthin a chrïo –
> Eisteddai – cyfodai – trosi a throi
> A wnâi'r ferch ar y cei yn Rio.

A byrdwn y llinell olaf yn cael ei adrodd ar ddiwedd pob pennill.

Yr agoriad ffrwydrol hwnnw wedyn i'r soned 'Y Rhufeiniaid':

> 'Y ffyliaid gwirion, oni wyddent hwy
> Fod pen ar bopeth.'

Herfeiddiol yn wir oedd eu cyfarch fel yna, a hwythau wedi gwneud cymaint.

Rhaid trin y 'Brain' wedyn yn yr unig iaith y gallai brain ei gwerthfawrogi:

> Hen adar castiog, cableddus, croch,
> Wedi hel ar nos Sul at y Chwarel Goch,
>
> A ffraeo â'i gilydd gan ddweud y drefn
> Fel cari-dyms yr ystrydoedd cefn.

Yna ei wamalu (allanol yn unig, greda' i) â chrefydd a chrefyddoldeb:

> Y mae adnod yn honni bod Crist wedi dweud
> 'Ystyriwch y brain' a dyma fi'n gwneud.
>
> Mae'r Ysgrythur yn tystio i'r Iesu ddweud
> 'Ystyriwch y lili' ac wele wneud.
>
> Mae sôn yn y Sgrythur (Salm naw deg) am yr hyd
> Sydd i fesur dyddiau blynyddoedd dyn yn y byd;
>
> A'r Salmydd yn nodi nifer (naw wfft iddo fo!)
> Yn lle gadael llonydd i'r peth a'i ollwng dros go'.
>
> Ond i fynd yn ôl at yr adnod honno sydd
> Wedi mynd yn ddihareb gan bobl o ddydd i ddydd –
>
> Pa ysgrythurgi, os-gwn-i, a fu'n hel dail
> Wrth alw'r peth yn addewid, ac ar ba sail?

A'r cyfan yn arwain i fyny i ergyd sy'n ein llorio'n lân – a hynny oherwydd fod y chwarae a'r cellwair a'r dirmyg wedi'n gwneud yn ddiamddiffyn:

> Hynny sy'n ddryswch i mi, oherwydd fe roed
> Fy rhieni'n y pridd cyn y deg a thrigain oed.

Jest nodi'r peth, heb ffrils, heb bathos.

Agwedd o'r un dechneg yw ei ffordd o drafod Angau. Wedi mynd y tu hwnt i fynegi dychryn a ffieidd-dra, fe gawn ymagweddu sardonig, bwrlesgaidd, lle mae'n personoli'r angau fel rhyw greadur anystyriol sydd hefyd ar ei dro, pan fynn, yn gallu bod yn dyner, dro arall yn ei swagro hi drwy'r fro. Mae yna ambell realiti sydd yn rhy fawr i ni – 'rydyn ni wedyn yn ceisio dod i delerau ag o drwy ei herio'n amharchus, fel plentyn yn ceisio chwibanu ar ei ffordd adref yn y tywyllwch gan obeithio y byddai'r chwibanu'n chwalu'r ysbrydion.

Yn y gerdd 'Cyfaill', mae'r angau yn ŵr bonheddig:

> Fe ofnai ef Angau cyn gwybod beth ydoedd byw,
> Fe welai goed y gymdogaeth i gyd yn yw. . . .
>
> Yn anterth ei hoedl, er nad ydoedd arno nam
> Fe dyngai fod Angau dan gêl yn gwylio'i gam.
>
> Fe giliai rhag Angau; fe'i gwnaeth yn fwgan tra fu;
> Fe'i ffroenai 'mhob ffridd; fe'i llygadai ymysg y llu.
>
> Ond pan gyfarfu efe ag Angau ar goedd,
> Wyneb yn wyneb megis, ni wyddai pwy oedd.
>
> Ni allodd adnabod amnaid Angau Gawr,
> Na chanfod bwgandod chwaith, na synhwyro sawr.
>
> Nid hwn oedd y Brenin Dychryniadau a gaed
> O hyd yn ysgytio'r galon nes gwelwi'r gwaed;
>
> Oherwydd ni wnaeth yr Angau hwn ddim byd
> Ond cymryd yr ofn a'r einioes i ffwrdd yr un pryd,
>
> A rhoi ar ddeall i ddeiliaid byd-a-ddaw
> Mai Bywyd ac nid Yr Angau yw Brenin Braw.

Yn 'Brenin Dychryniadau' mae'n stori wahanol. Ple am i ni ei gymryd am yr hyn yw – yn Angau Gawr, yn garn-leidr, yn llofrudd sy'n ysgerbydu'r hil. Ac yn cloi'r soned gyda phrotest yn erbyn y duedd i'w ddirywio, fel petai:

> '. . . mae'r ffansi'n bod gan ambell un
> I'w wisgo â rhyw ffriliau o bob math,
> A'i wneud yn Gadi Ffan, o liw a llun,

Fel petai Angau heb na briw na brath.
Mae'r ffug-ledneisio hwn ar larp o gi
Yn oeri f'ymysgaroedd – Och-a-fi.

Yna yn ei 'Garol Nadolig' fe ddaw'r paradocs at ei gilydd mewn cerdd lle y cawn ei holl foddau'n un synthesis cofiadwy:

Carol Nadolig

Y mae'n agos i chwarter canrif erbyn hyn
Er y dydd Nadolig y croesodd fy nhad y glyn.

Dyna gythraul o beth oedd i'r Angau ar fore'r ŵyl
Ddod heibio fel Ffaddar Crismas o ran rhyw hwyl

A mynd ag ef oddi arnom, ac ar un strôc
Droi Gŵyl y Geni'n Ddygwyl y Marw, fel jôc.

Fe wyddem fod Angau o gwmpas; ond nid oedd raid
I'r llechgi ddangos ei orchest a rhoddi naid

O'i gerbyd ar hytraws, megis mwnci-pen-pric,
Neu glyfryn mewn syrcas yn dangos sut i wneud tric,

A ninnau oll wedi dysgu ar hyd ein hoes
Fod Mei-Lord yr Angau'n batrwm o urddas a moes.

Ond efallai fy mod, er hynny, yn gwneuthur cam
Ag ef yn ei fater. Pwy a all ddwedyd paham

Y daeth i benglog y Pen-dychrynwr ei hun
Chwarae cast â ni ar Nadolig Mab y Dyn?

Hwyrach nad cellwair, wedi'r cwbwl, yr oedd
Ei Ras, ond urddasoli'r ymweliad ar goedd.

Begio'i bardwn am amau'i fwriad fel hyn:
Fe'i gwelais wedyn yn dod i'w gyhoeddiad o'r glyn

Ar fore Sul, i gyrchu fy mam yn ei gôl –
Ymollwng a wneuthum – 'rwy'n tynnu fy ngeiriau'n ôl.

* * *

Yn y pen arall, fe all ei foelni, mater-o-ffaith, gyfleu'n effeithiol iawn ei ddehongliad a'i ymwrthod ag unrhyw gysur rhwydd diwinyddol neu fetaffisegol. Yn 'Angladd ar y môr':

> Gwasanaeth, gweddi, sblais ar y dŵr
> A phlanciau gweigion lle 'roedd yr hen ŵr.

Gellid mynd ymlaen ac ymlaen fel yna i ddangos fel y gall Parry-Williams newid cywair yn ôl gofyn ei destun a'i fŵd. Fe anadlodd Syr T. H. Parry-Williams egni a ffresni newydd i'r iaith a'i chipio allan o afael melyster rhamantaidd neu fyllni pregethwrol cyfnod ei blentyndod.

* * *

Mae'r compiwtar bellach yn gallu dweud wrthym pa lythyrau neu epistolau sy'n perthyn i'r Apostol Paul, a hynny oherwydd ei arferiad o ddefnyddio geiriau arbennig mewn ffordd arbennig. Dyna ei nôd-clust fel petai. Ac wrth ddarllen ac ail-ddarllen *Detholiad o Gerddi* mae un gair bach yn digwydd dro ar ôl tro. A bod yn ystadegol am funud, fe'i ceir unwaith neu fwy yn 78 o'r 94 o gerddi.

Y gair *Na* neu *Ni/Nid*.

> Ni bydd na chyffwrdd na chanfod mwy.
> Ni bydd breuddwyd na chyffro cân.
> Nid erys dim o'r hyn wyt ti . . .
> Ni bydd ohonom ar ôl yn y byd
> Ond asgwrn ac asgwrn ac asgwrn mud.
> Nid ydym ond esgyrn.

Ac ar un olwg rhyw deyrnged negyddol, ddiffrwyth yw rhan gyntaf ei deyrnged i'w hynafiaid:

> Ni chefais gennych lawnder manna a medd,
> Dim ond gweddillion megis gwedi gwledd . . .

> Ond diolch byth, er lleied a roed im,
> Nid ydwyf yn dyheu am odid ddim.

A defnyddio un o'i linellau, 'Ac nid oes unrhyw *ie* nad yw'n *na*' – 'dyw pob llinell neu gymal sy'n agor gyda *na* neu *nid* ddim o raid yn fynegiant o atal neu wrthod neu ildio. Gall y confensiwn 'Nid am fod . . . ond' fod yn osodiad cadarnhaol. Ac y mae'n hawdd dweud *ie* wrth elfennau diddymdra'r byd. Ar un olwg mae nodyn llywodraethol barddoniaeth T. H. P.-W. yn un o ddweud am yr hyn *nad* yw, y *di-fod* neu'r darfodedig. Gosodiad o ymwrthod, weithiau o nihilistiaeth ddiedifar sy'n aml yn cael ei fynegi gyda gwatwareg ddeifiol, dro arall yn felancolaidd ac anorfod. Ac yntau wedi ei fagu wrth droed yr Wyddfa, cafodd ei ddelweddau yno.

> Gwêl d'anfarwoldeb yng ngwynder noeth
> Ysgerbwd y ddafad wrth Gorlan Rhos Boeth.

A phan fyddai'r dydd yn darfod:

> Trech ydyw'r nos na'r goleuddydd clir.

Ac ar lwybrau'r mynydd:

> Gwae ni ein dodi ar dipyn byd
> Ynghwsg mewn ehangder sy'n gam i gyd,
> A'n gosod i gerdded ar lwybrau nad yw
> Yn bosib eu cerdded – a cheisio byw.

Esgyrn, llwybrau cam a diystyr. Ac wrth rowlio carreg i lawr i'r dwnjwn:

> Ond sylweddolais, pan ddiflannodd hi
> Nad oeddwn dduw – mai'r garreg oeddwn i.

Fe heneiddiodd yn ifanc wrth droed mynydd sydd ddim wedi heneiddio erioed:

> Yn wir, yn wir meddaf i chwi
> fe aned un hanner o'r hyn wyf fi
> Yn hen, a'r hanner hwnnw y sydd
> Yn mynd yn iau ac yn iau bob dydd.

Ac y mae henaint sy'n mynd yn iau, wrth reswm, yn henaint sy'n mynd i reoli popeth. A'r henaint arall hwnnw, yr henaint oedd yn ei ddisgwyl, yn rhywbeth i'w ffieiddio:

> Pan ddêl yr ymwrthod hwn megis trasiedi
> A noethlymuno'r tu mewn i'th fodolaeth di

> Ni bydd dim yn aros ar ôl wedi'r ymwacáu
> Ond tydi dy hun a'r nos amdanat yn cau.'

Wrth wraidd pob bodolaeth mae'r prydedd neu'r crac. Ac wrth drafaelio efo ffarmwr bochgoch yn y trên, a hwnnw yn sôn am ei gynhaeaf, fe rithiai o flaen llygad y bardd ddarlun o ddinistr y bladur:

> A gwelwn lafn ei bladur ef
> A dannedd ei beiriannau'n torri cawn
> Y blodau lliwgar o dan haul y nef.

Am ddyn ei hun, a'i hil, rhan fynychaf gwatwareg chwerw, maleisus bron:

> Wedi i'r cna' fod yn llyffanta cyd
> Mae grifft o'i ôl yn llysnafeddu'r byd.

Ym Mrazil 1925:

> Gad i mi ennyd, O Arglwydd Dduw,
> Gasáu dy greadigaethau Di.

Yn y byd academaidd wedyn 'doedd pethau ddim llawer gwell. Fel yn hanes ei gefnder R. Williams Parry, cawn adwaith chwerw:

> Dysgu canfod bywyd fel y mae
> ydi – Y gweld sy'n gwneuthur uffern o bob nef,
> A throi pob dylni drud yn wybod rhad
> Trwy afradlonedd Hollgyfoethog Dduw.

Ac y mae'n cloi'r soned yna i 'Baradwys':

> Ymffrostiaf bellach yn f'ymenydd pŵl,
> Nid oes baradwys fel paradwys ffŵl.

Mae'n cario'r nihilistiaeth yma i'w therfyn rhesymegol. 'Does dim ystyr i fywyd, gwefr a gollwyd yw cariad, ac y mae'r cyfan yn gorffen yn y bedd. Gwagedd yw'r cwbl. Sylwer ar ei ddiffiniad o'i hunan o'r 'cyffro cychwynnol' yn ei lyfr *Elfennau Barddoniaeth*:

> Mae'r cyffro creu yma yn deillio o fyfyrdod mawr – dwyster ysmudiad, sefyll a syllu, ymdeimlad deoledig, hiraeth angerddol,

atgno poenus, breuddwydio a phensynnu, chwithdod atgofus – am a wn i nad y chwithdod hwn ydyw'r egni cynhyrfiol cryfaf. *All art is a regret* meddai rhywun.

    . . . Ond am fod ynof fis Gorffennaf ffôl
    Yn ciprys gydag Ebrill na ddaw'n ôl.

Ac mewn dwy soned ceir y ddau osodiad gôrddramatig:

Yn un: Dagrau sy'n creu holl gelfyddydwaith byd,
            A dagrau sy'n dehongli'r creu i gyd.

Yn y llall 'ffynnon fach o ddagrau'n lli' yw hanfod celfyddyd.

    Mi fyddai'n demtasiwn ei adael yn y fan yna a gosod y bardd fel y gwnaeth Bobi Jones yn ei ddarlith ar 'Bwrpas Llenydda' yn Eisteddfod Bro Myrddin ymhlith lleisiau difodiant a dibwrpas ein cyfnod. Ond 'fedrwn ni ddim gwneud hynny chwaith. Nid oes unrhyw Ie nad yw'n Na. Mae'n wir. Ond a oes Ie o gwbl?

    Onid rhyw fath o amddiffynfa i'w enaid archolledig yw llawer iawn o'r brafado nihilistig yma, i guddio'r ffynnon ddagrau? Mae'n casáu'r benglog a'r cusan diflanedig, mae'n mynegi eiliad o gydymdeimlad gydag unigrwydd gwrthodedig y ferch ar y Cei, mae'n syrffedu ar gategorïau academaidd a gwamalrwydd dyn am iddo ddod dan gyfaredd grymusterau mwy parhaol. A'i *Ie* yw ei dorcalon o orfod gadael y rheini neu o fethu dod yn rhan ohonyn nhw.

    Ac y mae'n bwysig aros efo fo i chwilio am yr elfennau parhaol hynny. Yn sicr nid y ddynoliaeth fel dynoliaeth mohoni, er ei bod weithiau yn gallu amlygu cydymdeimlad â thynerwch (fel yn agwedd ei fam tuag at dramps). Yr unig gyfeiriad at bobl yn ei waith yn wir yw ei rieni, y ferch ar y cei, dau mewn cwrdd gweddi, un a fu'n gweini'n garedig i'r teulu – a Dic Aberdaron. Yn wahanol i Waldo, nid yw'r gymdeithas (boed Gymraeg neu beidio) ddim yn ysbrydoliaeth iddo, ac nid oes fawr ddim yn ei ganu yn fynegiant o bryder ynglŷn â'r gymdeithas honno. Mae'r gan 'Hon' yn brawf o hyn.

    Duw a'm gwaredo, ni allaf ddianc rhag hon.

Ond sylwch beth yw 'Hon'. Yr Wyddfa . . . a Thŷ'r Ysgol. Meddai yn rhywle: Daear yw'r Cwbl. Yn wir. Daear Eryri. Yn y fan yma, 'rydw' i am gyfeirio at delyneg yn dwyn y teitl 'Y Blodyn' ar yr Wyddfa' sy'n gorffen efo'r ddau bennill:

> Nac aros ar yr Wyddfa mwy
> Daw gofwy ar y fangre;
> Mi'th gludaf heddiw, flodyn iach,
> I erddi bach y pentre:
> Ond na, 'rwy'n gweld mai crymu'th ben
> Ar y dywarchen fynni.
> I ddweud os marw fydd dy ran
> Mai dyna'r fan y trengi.
>
> Fe'm denwyd innau lawer tro
> I ado y mynyddau;
> Ond gwasgai'm calon yn fwy tỳn
> Pryd hyn am eu hysgwyddau;
> Hawddamor it, y perlyn byw;
> A rhodded Duw i minnau
> Gael byw a marw y fan hon
> Ar annwyl fron yr Wyddfa.

Parry-Williams arall a'i cyfansoddodd. Ei dad. DAEAR YW'R CWBL. Ac i'r mab, y ddaear hon yw cyfrwng hunanadnabod:

> Ond gwn pwy wyf, os caf innau fryn
> A mawndir, a phabwyr, a chraig a llyn.

Dyma wrthrych ei serch

> Af o'm co
> Gan hagrwch serchog y llechweddau syth
> Gan gariad na ddiffoddir mono byth.

Ac onid gwir arwyddocâd y portread o 'Lyn y Gadair' yw ei fod o wedi gweld y darlun fel rhywbeth a gafodd ei rewi am byth mewn eiliad o weld:

> heb ddim ond bad
> Pysgotwr unig sydd yn chwipio'r dŵr
> A rhwyfo plwc yn awr ac yn y man
>
> Ond mae rhyw ddewin â dieflig hud
> Yn gwneuthur gweld ei wyneb i mi'n nef.

Yr eiliad anfarwol, ac yng nghyd-destun yr hen greigiau sydd ymhlith rhai hyna'r byd, gŵel hynny o anfarwoldeb sydd i'w hanfod yntau:

>   Ac os bydd peth o'm defnydd yn y byd
>   Ar ôl yn rhywle heb ddiflannu'n llwyr,
>   A'i gael gan gyfaill o gyffelyb fryd
>   Ar siawns wrth odre'r Wyddfa'n mrig yr hwyr
>   NI WELIR ARNO LUN NA CHYNLLUN CHWAITH
>   Dim ond amlinell lom y moelni maith.

NI WELIR ARNO LUN NA CHYNLLUN CHWAITH.

>   Ni roddes Duw i'r doeth ddim namyn gwae . . .
>   Ymffrostiaf bellach yn f'ymenydd pŵl.

Fel R.W.P. mewn cyswllt gwahanol, 'boed dy anwybod i'r byd yn obaith'.

Eto:

>   Ni all terfysgoedd daear byth gyffroi
>   Distawrwydd nef . . .
>   Ni wnawn, wrth ffoi am byth o'n ffwdan ffôl,
>   Ond llithro i'r llonyddwch mawr yn ôl.

Y mae i Brofiad Dyn hefyd ei *ddirgelwch*: yr ochr arall i'r Wyddfa – i grwt – byd dieithr, ond byd real iawn. Mae hanner cyntaf y gerdd 'I'm hynafiaid' fel y gwelsom ni yn nihilistig. Ond sylwer ar yr ail hanner yn ofalus; agor efo NA arall:

>   Na, chware teg i chwithau, cefais i
>   Hen grefydd y mynyddoedd gennych chwi.

>   Mi gefais gennych greigiau dan fy nhraed
>   A'u holl ddoethineb bagan yn fy ngwaed.

>   Mi gefais gennych gred trwy'r hil i lawr
>   Mai trech na dysg yw dwyster munud awr.

>   Mi gefais nerth o fêr eich esgyrn chwi
>   I goelio, dro, fod un ac un yn *dri*.

>   Mi gefais gennych ras o ffynnon *bell*
>   I ganfod nad yw gwaeth fawr gwaeth na gwell.

>   Mi gefais gennych fodd i synio'n glir
>   Mai mewn anwybod y mae nef yn wir.

>   A dyna pam, gan gymaint a roed im,
>   Nad ydwyf yn dyheu am odid ddim.

Yr elfennau tragwyddol – ochr yn ochr ag Eryri – yw hen ddoethineb y cynfyd, y ffynnon *bell*, dwyster munud awr, nerth gwyrthiol y ffordd i Emaus sy'n gwneud un ac un yn *dri*, gras sy'n dileu mesuriadau dynol o well a gwaeth. Ac *anwybod* yn troi'n iachawdwriaeth. Ond anwybod fel CROES i'r hyn a ddiffiniwyd gan ein rhesymeg a'n gwyddorau ni YN WYBODAETH.

Ac fe sylweddolwn wedyn nad ymwrthod â'r profiad crefyddol y mae fel y cyfryw, ond ymwrthod â'n ffordd ry rwydd ni o geisio cyfundrefnu a cheisio didoli pobl i saint a phechaduriaid:

> Na alw monom Grist yn ddrwg a da,
> Saint a phaganiaid, ffyddiog a di-ffydd,
> Yn dduwiol ac annuwiol, caeth a rhydd,
> Yn gyfiawn ac anghyfiawn.

Mewn man arall:

> Nid am it ddisgyn o'th gynteddoedd fry
> I'n tywys trwy'r anialwch tua thref
> Heb wyro ar dde nac aswy gyda llu –
> Nid hyn, O Fugail Israel, yw fy llef,
> Ond am i ni, fel Tithau, ambell awr,
> Gael llonydd gan holl derfysgiadau'r llawr.

Rhan o'r un hiraeth yw y dyhead y byddai'n

> Cyfnewid holl ddeniadau'r ddaear hon
> Am ronyn o eneiniad Ann a John.

A sôn am Gwrdd Gweddi yr oedd, yng nghwmni'r ferch o Ddolwar Fach.

* * *

Barddoniaeth gŵr dwfn ei ddefosiwn sydd yma, ac fe fynegir yr ymagweddu hwnnw weithiau mewn modd chwithig. Am ryw reswm mae hi'n haws dweud IE WRTH NEGYDDU'R NEGYDDOL, yn haws melltithio'r tywyllwch na goleuo cannwyll.

Bellach fe gafodd 'Parry bach' ei ddymuniad. Daeth yn ddarn o'r tragwyddol y bu'n gymaint rhan ohono, yn rhan o'r dirgelwch a'r anwybod a'i cyfareddodd drwy gydol ei fywyd.

*Moelwyn**

Gwrando a chanu darnau o oratorio 'Elias' yng nghwmni'i deulu ddydd cyn y Nadolig a marw yn ei gwsg cyn i'r wawr dorri ar ddydd geni ei Grist. Dyna fel yr aeth Moelwyn o'r byd. Mi fyddai'r rhan fwyaf ohonom ni yn setlo am hirhoedledd gorlawn a fyddai'n dod i ben fel yna.

'Roedd cân yn ei galon ac yn ei enaid hyd y diwedd. Yn ei gyfarfod ymadawol yn Abergwili, wrth drio ymateb mewn geiriau ac yn ymbalfalu fel y byddwn ni'n aml ar achlysuron felly, fe dorrodd allan i ganu – emyn un arall o golledion y flwyddyn, Rhys Nicholas.

"Mae'r Haleliwia yn fy enaid i,
A rhoddaf, Iesu, fy mawrhad i ti".

Stori Elias a sain Haleliwia oedd yn rhoi cyfeiriad i'm hatgofion ohono dros y Nadolig. Mi fyddai'n wfftio am imi sôn amdano yn yr un gwynt ag Elias a'i osod ymhlith proffwydi. Neu saint! 'Roedd rhai o'r rheini'n gallu mynd o dan ei groen – a hwnnw'n groen digon tenau'n fynych!

Ond meddyliwch am ddarlun neu ddau a gafodd y fath bortread ysbrydoledig gan Bryn Terfel a'r artistiaid oll. Elias yn mynd efo'r llanc i weld a oedd y sychder mawr wedi dod i ben. A chwmwl fel cledr llaw yn codi o'r môr. Wedyn, y proffwyd o dan y goeden. 'Digon yw hyn. 'Nawr, Arglwydd, cymer f'einioes innau, cans nid wyf amgenach na'm hynafiaid'. A'r angel yn dod ato: "Cod, bwyta, rhag i'r daith fod yn ormod i ti. A cherddodd yn nerth yr ymborth hwnnw hyd at Horeb, mynydd Duw".

Un hanesyn bach arall. Elias eisiau bwyd ac yng nghwmni'r weddw o Sareffta: "Cyn wired â bod yr Arglwydd dy Dduw yn fyw, nid oes gennyf yr un dorth. Dim ond llond dwrn o beilliaid yn y celwrn a diferyn o olew yn y stên. Casglu ychydig briciau yr

---

* *Teyrnged o ddiolchgarwch i'r Parchedig Moelwyn Daniel yn yr Amlosgfa ym Mhentrebychan, Wrecsam, 31 Ionawr, 1996.*

oeddwn er mwyn eu paratoi i mi a'm mab ei fwyta". A diwedd y stori – "Nid aeth y celwrn blawd yn wag na'r stên olew yn sych".

'Roedd Moelwyn yn gwbl gyfarwydd â'r geiriau a'r nodau. Dyna hefyd oedd ei brofiad a chyfrinach ei weinidogaeth, egni a'i ymroddiad. 'Doedd o ddim yn arbennig o hoff o seremoni na phwyllgor na chyfundrefn, ond 'ddaru o erioed amau grym ei Grist.

Ei wreiddiau yn y Garnant, Cwmaman. Cyfnod y Rhyfel Mawr cyntaf oedd hi. Yno 'roedd capeli mawr, radicaliaeth wleidyddol a chymysgedd o'r pentecostaidd a'r rhyddfrydol yn y bywyd crefyddol. 'Roedd berw cymanfa a chôr a diwylliant wedi eu gwreiddio yn y ddaear Gymraeg. Ceid yno amrywiad i ddyheadau gwerin a chenedl, i Gymru ac i frawdoliaeth dyn. A dreif nerthol arall – addysg, gwybodaeth a gloywder deall. Allan o'r pair hwn y daeth tylwyth Moelwyn a'u disgynyddion dawnus.

Nid symbolau economaidd yn unig oedd y celwrn a'r stên a'r cwmwl bychan ar y gorwel, ond iaith meddwl ac enaid yn ogystal. Yn ei yrfa faith, ni phallodd ac ni sychodd y ffynhonnell. Yn y blynyddoedd diwethaf bu'n ymholi'n ddwys am gyfeiriad y weledigaeth wleidyddol yn ogystal â gallu'r hen gyfundrefnau crefyddol i gynnal ac i ryddhau'r deinamig ysbrydol. Ond ni phylodd ei angerdd dros weld corff ac enaid mewn cytgord.

Dyna'r pŵerau a'u galwodd i'r weinidogaeth, i bregethu ac i fugeilio. Parchodd y pulpud ar hyd ei oes a rhoddodd o'i orau i gyhoeddi'r Gair. Ond bugeilio oedd ei ddiléit. Pe medrid casglu hanesion ei gymwynasau ar ddydd ei angladd, mi fyddai'n gronicl goludog. 'Roedd y gofal greddfol hwn yn rhan o ymgyrch ehangach a gwrol. Tywysog Tangnefedd oedd ei Waredwr ac nid oedd cymrodeddu i fod. Yn ei weinidogaeth gyntaf yn Nhanygrisiau o 1939 hyd at 1944 bu'n gefn i'r sawl a fynnai ddilyn anturiaeth fawr y tangnefedd hwnnw. Yn eu plith 'roedd un o fechgyn disgleiriaf y fro a fyddai wedi dod i arwyl ei hen weinidog oni bai am waeledd. Byddai Merêd wedi gallu tystio i'r nerth a'r ysbrydoliaeth a gafodd. Ar ôl hynny ym Mynachlogddu a'r Preseli, ymuno â chymrodyr fel yr anwyliaid Parri Roberts a Waldo i gadw'r ffynnon a diogelu'r 'palas draw' rhag rhaib byddinoedd Baal.

Fe gafodd gydymaith arall hefyd, cwbl allweddol i'w bererindod – Heti, gyda'i doethineb fonheddig. A theulu a fu'n ofalus o'r ddau hyd eu diwedd. Yn anorfod, mae pob marw'n boen ac yn chwalfa. Mae gennym ni hefyd le i ddiolch, i lawenhau ac i seinio Haleliwia.

Ysgafn dy droed ond trwm fu dy ôl,
A byr dy gorff ac, ar dro, dy amynedd,
Ond hir a hardd fu dy daith
A helaeth dy weinidogaeth;
Ni phallodd unwaith dy ofal o'r praidd
Ac ni chollaist dy ffydd na'th obaith.

Dy gynhysgaeth fu diwydrwydd y werin ddur
A her radicaliaeth y Garnant,
Beibl a chapel, cantata a chôr,
Gwres a chymdogaeth diwydiant.
Dy Grist yn oleuni mewn cyni a chur
A'r Gymraeg yn ei holl ogoniant.

Yn Nhanygrisiau a'i greigiau a'i graith
Cyhoeddaist Ffordd Arglwydd y cread
A sefyll yn nannedd y Rhyfel Mawr
Dros dangnefedd Ei Groes a'i gariad,
Ac ar ôl sarhad y rhyfelgwn a'u sbri
Mae nhw'n dal i sôn am dy safiad di.

Felly dilynaist yr alwad draw
I Faenclochog a hud y Preselau,
Ac estyn drachefn dy fugeiliol law
Gan yfed o win dy wynfydau.

Ac er i ti symud, fel y defaid a'r ŵyn,
O'r erwau llwm at y blewyn glas,
A chyfnewid y creigiau, y gweundir a'r brwyn
Am y Tywi a Chlwyd a'r gwastadedd bras,
Nid llawnder y ddaear fu dy gyfoeth di
Ond cynhaeaf cyfeillach dy Galfari

J. Eirian Davies

'Roedd o'n ddireidus, yn ddwfn ac yn ddwys. Yn ddawnus ryfeddol. Mae'r ansoddeiriau'n dod yn hawdd. Wedyn, yr arafwch hwnnw yn ei gerdded a'i lais – mor wahanol i Jennie! 'Roedd iddo hen oslef fel yn hanes T. H. Parry-Williams, William Morris, Gwyndaf, Tilsli, Gerallt Lloyd Owen a Twm Morys. Goslef a llafar-ganu. 'Roedd yna gyfaredd yn nyfnderoedd dioglyd ei lais.

Yn ei farddoniaeth yn anad dim y mae dod o hyd iddo. Yn gyhoeddus, gallai gydymffurfio a disgwyliadau cwmni a chynulleidfa ac mi 'roedd ganddo fo ddawn i'w goglais a'i diddanu. Ond llais y gell breifat a'r gonestrwydd cignoeth sydd yn y rhan fwyaf o'i gerddi.

Rhwng ei ddwy gyfrol *Awen y Wawr* ac *Awen yr Hwyr* mae hanner can mlynedd o bererindod – rhai o'r cerddi yn mynd â ni yn ôl i'r tridegau. Fe gawn gymysgedd o arbrofi, o felyster telynegol, o ramantiaeth llanc ac ambell rigwm *à la* T. H. Parry-Williams. Ceir pregethu pert, darluniadol yn ôl ffasiwn yr oes ac ystod eang o ganu caeth a rhydd. Yma hefyd fe welir y datblygu a'r mentro a chwalu'r mowld traddodiadol. Fwyfwy fe ddaeth haearn, eironi a rhythmau aflonydd i'w lais ac fe ddiflannodd y melyster. Bu newid syfrdanol yn ei ieithwedd ac fe ddaeth o hyd i'w lais ei hunan. (Cario'r broses honno ymlaen dros orwelion gwahanol a wnaeth Siôn, y mab.) Canodd Eirian, fel Siôn, i'w gyfnod. Er fod y nodau a'r cordiau a'r gwrthbwynt yn wahanol – maen' nhw'n rhan o'r un llwyfan. Er y gall byncio'n felys mewn mydr ac odl, mae'r *dweud* yn sôn am rywbeth arall:

> "O sasiwn i sasiwn/ymlwybro mae'r saint/gan ddilyn y ffasiwn/a'i chyfrif yn fraint/a Duw yn y nefoedd/yn disgwyl bob dydd/am gyfle i ollwng/ei glomen yn rhydd."

A dyna ninnau'n cofio am Arch Noa a Noa'n gollwng ei g'lomen yn rhydd i chwilio am dir glas y tu draw i'r dilyw. Mae hi'n dychwelyd efo deilen olewydd yn ei phig. Yna'n cael ei hanfon eilwaith. 'Dydi hi ddim yn dod yn ôl i glawstroffobia a llosgach yr arch!

Cofio Eirian a Jennie yn gariadon brwd yn Aberystwyth, hanner can mlynedd yn ôl – y fo yn ei gôt a'i wallt llaes, Jennie daclus a chysact yn cwtshio yn ei gesail. Y ddau'n pwyso ar reiliau'r prom gan edrych y tu hwnt i ymchwydd y bae. Hynny cyn i'r stormydd eu chwipio a'u cipio ymaith.

Yn *Awen yr Hwyr*, mae yna soned i Iwan Llwyd a Myrddin ap Dafydd, dau o ymgyrchwyr yr iaith, dau brifardd ifanc:

> "Pan seiniai'r cyrn ym mhabell y cyfarfod/Chwi oedd y ddau a ddaeth i'r llwyfan lliw/I ennyn gwefrau a dwy gerdd ddiddarfod/Awen bryderus dannau eich bronnau briw/Pâr o Adar Rhiannon uwch y weilgi derfysglyd/Yn canu caneuon gobaith i genedl gysglyd".

Fe greodd Eirian sioc ymhlith y beirdd a'r beirniaid wrth dincran yn ormodol â ffurf y soned. 'Fu hi ddim yr un fath wedyn. Y tyndra hwnnw rhwng y ffurf a'r curiad calon, rhwng y gyfundrefn a'r weledigaeth, rhwng enaid a chorff, sydd wrth wraidd llawer o'i waith. 'Roedd o'n Fohemiad wrth reddf, heb y gimics a'r giamocs sy'n aml yn ddim ond brafado. Mi *'roedd* Eirian yn wahanol – er pob ymdrech i'w ddofi a'i barchuso. Yn un o'i gerddi, mae gwylan wen yn hofran uwch y weilgi, a brân yn pigo sbarion yn y cae gwenith:

> "Aderyn gwyn ystad foethus yr eangderau,/A raid casáu cydrywogaeth – y fynaches flac y lir/Sy â phlic ei phen fel cyfri rhes o baderau/Wrth ddiolch am fendithion crintach crofen y tir? O! wylan wen, atal dy big hunanol/Rhag pigo'r frân am fod ei phlu yn wahanol."

Fel yn hanes y soned, 'fedrwch chi ddim dileu pob ffurf a phatrwm – y gamp yw diogelu'r ffrâm heb iddi fynd yn orthrwm ac yn ddiben ynddi hi ei hunan. Ac i'r gweinidog, nid yr efengyl ond llwydni a gorthrwm allanion yw'r maen tramgwydd wedyn – y ffug barchusrwydd a'r shibolethau oedd yn gymaint tân ar groen Eirian. Yn y cerddi cyfoethog a ddaeth o'i deithiau i wlad Israel, nid y Crist ond y tywyllwch, y bwtsheriaid, y cynllwynwyr a theulu'r ffair sy'n casglu o gwmpas y corff ydi'r felltith.

Yn cydredeg â'r gwrthdaro, mae stori arall am baradwys goll

efo Adda wedi ei alltudio o Eden. Hen stori, ond fe roddwyd cynnwys cyfoes iddi. Dyna yw ein Chernobyl a phob llygredigaeth, boed yn y pridd, yr awyr neu yn y galon.

Yn 'Nyddiau Herod':

> "Beth petai wedi disgyn wrth ein drws/Adeg teyrnasiad Elisabeth yr Ail?/Byddai'n wahanol iawn arno mewn oes/sy'n galw pob Joseff yn Joe/A byddai Joe ar y dôl/ei forthwyl yn segur/a'r hoelion yn rhwd/Gwadu a wnâi Joe/pan ddeuai ei wraig ato i dorri'r newyddion am y baban/Gwadu, a'i chyhuddo o gysgu gyda rhywun arall;/Ac fe'i cynghorai i fynd yn dawel i un o'r strydoedd cefn am erthyliad."

Nid pregethwr Calfinaidd efo'i fflangell sydd yma ond un sy'n crïo am fod cymaint gwastraff a chreu sy'n farw-anedig. Yr un bardd a welodd ei ardd yn troi'n wyllt gan ofni fod yr un peth yn digwydd o'i fewn yntau. Ac yng Nghymru, ofn ei gweld yn anialwch, yn jyngl wleidyddol sy'n sarnu'r cysegredig.

Bardd Cymraeg oedd Eirian. Consuriwr geiriau. Iddo ef, fel i Jennie a'r ddau fab, 'roedd geiriau'n cyfri'. A 'does dim yn fwy dadlennol yn ei farddoniaeth na'i gariad a'i gonsyrn dros yr iaith honno. Soniwyd eisoes am ei arddull delynegol gynnar a'r newid syfrdanol mewn geirfa a rhythmau. Ond 'ddaru o ddim aberthu ei glendid er mwyn ei gwneud yn fwy derbyniol. Estynnodd ei chortynnau a'i throi'n llawforwyn i holl wyntoedd croesion a thonfeddi newydd hanner olaf y ganrif.

Mae'n bosibl olrhain ei ddadrithiad a'i dorcalon, gan ddechrau efo'i deyrnged annwyl i'w dad.

> "Fy nhad llengar,/A'r dinc delynegol yn anadl bywyd ei gerdd./Un o hil yr Ysgol Farddol,/Gŵr y geiriau – a'r Gair./Gadawodd ar ei ôl/Ddeubeth,/A fu mor efeillgar,/ymysg ei drysorau./Barddoniaeth/Yma ac acw/ar dameidiau o gnydau sment,/A Beibl? Y llyfr llwyd/A'i gas fel crofen hen gosyn/Dan draul trwm y blynyddoedd./Bu'n hylaw, wrth ei benelin/Pan loywai'r haul/A phan wylai'n law/Wrth ffenest fach ei fywyd."

Dyna DYTA*. Dafis y Llain. Barddoniaeth a Beibl. 'Doedd dim gwrthdaro rhwng y ddau. Ond 'doedd pethau ddim mor rhwydd

---

*'Dad' neu 'Tada' yn nhafodiaith Sir Gâr.

i'w fab. Bu Wittgenstein, yr athronydd, yn Abertawe a bu Eirian yn crwydro bro Myrddin yn ei gwmni. Nid anwesu geiriau a'u troi'n fiwsig, yn ddelweddau trosiadol neu yn hen hiraeth oedd swyddogaeth athronwyr canol y ganrif ond gofyn cwestiynau symlach o lawer – 'BE 'DE CHI'N FEDDWL WRTH . . .?' 'Doedd iaith y bardd neu'r pregethwr yn dweud *dim* oedd yn ystyrlon! A dyna ddileu diniweidrwydd ac awtonomi teyrnas yr AWEN. 'Roedd sicrwydd ffwndamentalaidd yr hen bregethwr wedi mynd:

> "Pan ddwed yn floesg, ' 'Rwy'n siŵr'. Tybed na allai
> Fod hefyd nawr dan ei anadl yn dweud 'Efallai!' "

Wedyn, yn y gerdd 'Yn y Dechreuad', fe gawn ddehongliad ingol o bersonol o Ardd Eden:

> "Meddwodd y dyn wrth chwarae â geiriau/'Roedd swyn yn eu sŵn,/Ac yn ei flys am ddysgu'r rhai da a'r rhai drwg,/Blingodd bren gwybodaeth:/Yna cerddodd lwybrau rhamantus ei diriogaeth newydd/yn fohemaidd ei fuchedd./Rhigymodd ei ffordd tua'r golledigaeth/A chanodd ei farwnad ei hun."

Yn y geiriau yna, mae eironi gonest a nodyn hunangofiannol sy'n ein hatgoffa o 'Sŵn y Gwynt' Kitchener Davies – Eirian wedi ei ddinoethi o bob hunan dwyll a phob ystryw soffistigedig. Daw'r cyfan i ben llanw efo 'Y Gair Olaf' o *Cyfrol o Gerddi* a 'Geiriau' o *Awen yr Hwyr*. Yn y gyntaf mae'n ymateb i eirfa newydd y sgrin fach – geiriau fel "ffalabalam" a "rhwcedabaw".

> "Ond 'does neb a'i clywo yn malio mwy/fod iaith yn gwanychu o dan ei chlwy/na neb yn cwyno nac yn teimlo'n flin/tra bod llid mewn lliw yn llygad y sgrin/Bydd rhaib y fratiaith fel chwyn mewn gardd/Yn tagu blodau'r llenor a'r bardd/Mi ganaf innau, yn y glaw a'r gwynt/Am golli urddas y gair a fu gynt./Yn gymen arf, yn finiog ei fin./Pan oedd yma gelfyddydwyr i'w drin./Daeth y giwed ddibris o draddodiad maith/I fytheirio'n chwithig wrth frathu'r iaith./Yng nghlyw'r puryddion sydd, un ac oll,/Yn twrio'r tywod am berlau coll./A bydd gweiddi'r terfyn o'r anial pan ddaw/Yn wag a diateb RHWCEDABAW."

Gweiddi'r Terfyn? Gweddi'r Terfyn sydd gan Saunders Lewis. Yn y gerdd honno mae yntau'n wynebu marwolaeth – ei farwolaeth ei hun:

"Pan baid yr anadl a'r person ynghyd,
Wedyn? Nid oes yn ymestyn i'r wedyn ond gweddi'n ymbalfalu.
Ni all ein geiriau olrhain ymylon mudandod
Na DWEUD DUW gydag ystyr.
Un weddi sy'n aros i bawb, mynd yn fud at y mud."

Mae hyd yn oed durio'r puryddion am y perlau coll yn ofer yn y mudandod hwnnw.
Yn y diwedd mae'r cyfan yn datgymalu.

GEIRIAU

"Bu raid imi'ch dysgu bob yn un ac un,
Pan oeddwn bwt busneslyd wrth ffedog Mam.
A'ch clymu wrth eich gilydd nes cael llun
Ar frawddeg ail i bawb, heb holi pam;
A daethoch imi yn golomennod llatai
I fynd a dod a deall yn eich pig.
Gan ddenu miloedd o'ch rhywogaeth ata' i,
I gynnal ehediadau fy awen frig.
Wedyn, dan gwmwl henaint, chwith fu'ch canfod
Yn ffoi dros orwel ar bellterog daith,
A'm gadael, druan bardd, heb imi'r hanfod
I'ch clwydo mwy yng ngholomendy iaith.
Daeth dydd fy ngoddiweddyd a'r llibyndod
O ddechrau'ch dysgu yn fy ail blentyndod—
Afresymoldebau,
Anghynganeddol,
Arholiadau,
Teganau
Ychu, MAM."

Oedd, mi 'roedd ganddo fo rywbeth i'w ddweud ac fe'i dwedodd yn orfoleddus. 'Roedd sawl tant i'w delyn. Ond pan aeth Jennie:

"Pe medrwn fynegi'r profiad
  Mi deimlwn yn well o wneud.
Mae'r papur a'r pin yn barod
  A minnau heb ddim i'w ddweud".

Cyn i'r mudandod ddod fe ddaeth â lliw a llawenydd i'n bywyd ac fe gafodd Siôn a Guto etifeddiaeth i fod yn dragwyddol falch ohoni. Fel sylwadau golygyddol a datganiadau eu mam, mae awen Eirian hefyd yn rhan o hanfod Cymreictod y ganrif.

1998

T. Arfon Williams 1935-1998

(Teyrnged yn y Gwasanaeth o ddathlu a diolch am ei fywyd yng Nghapel Salem, Caernarfon, 23ain o Hydref, 1998).

'Rwy'n mynd yn ôl i 1954 a chofio myfyriwr penfelyn yn cerdded i'w sedd yng nghapel King's Cross, Llundain. 'Roedd rhywbeth trawiadol o'i gwmpas – gosgeiddig, pendefigaidd. Ddeugain mlynedd yn ddiweddarach 'roedd yr un gwawl yno drwy'r poenau i gyd.

Yn y man, daeth yn swyddog deintyddol yn Y Rhondda, Abertawe a'r Swyddfa Gymreig yng Nghaerdydd. Fel Niclas y Glais – yn ddeintydd ac yn fardd. Dau wahanol iawn fel dynion. O gofio dulliau anghonfensiynol Niclas y Glais, dau ddeintydd gwahanol hefyd. A chwbl wahanol fel beirdd, yn eu crefft a'u cynnwys. Cyfuniad anghyffredin braidd a fyddai, o bosibl, wedi rhoi golwg ychydig yn wahanol ar natur a dannedd (neu ddiffyg dannedd) y genedl!

A phe bawn wedi cael cyfle i ofyn i Arfon a oedd yna gysylltiad rhwng y ddwy alwedigaeth, dichon y byddai, gyda'i brofôc arferol, wedi traethu'n huawdl ar rinweddau a gwendidau Cerdd Dant a Cherdd Dafod! Rhyw ddireidi fel yna yn gymysg â'r eiliadau mwyaf dwys a fyddai'n llenwi'n horiau aur.

Fe ddaeth yn amlwg yn y ddwy gymdeithas – fel un o golofnau'r Gymdeithas Gerdd Dafod a Sylfaenydd Cymdeithas y Deintyddion Cymraeg.

Fe gawsom ganddo dair cyfrol o farddoniaeth. Yno, ac yn yr ymrysonau a'r talyrnau, 'roedd yr englyn yn ganolog. Tra pery'r iaith Gymraeg, bydd yr englyn 'Arfonaidd' yn rhan o olud Cerdd Dafod. O fewn y deg sill ar hugain, fe gaem yr un frawddeg ddiwnïad honno a fyddai'n llwythog gan ddelweddau ffres ac yn cario i eigion hen haenau y chwedlonol a'r byd ysbrydol. Byddai ei englyn fel prism yn dal y gwahanol liwiau o fewn yr un gwead cywrain.

Fy ffefryn, sy'n dod allan bob Nadolig yn ddi-feth, ydi 'Cân Mair':

> Heno datgelwyd i minnau – paham
> Y mae pen y bryniau
> Oll yn oll yn llawenhau,
> Mae'r achos yn fy mreichiau.

Ac yn y daflen ddydd ei angladd, un o'i englynion olaf:

> *Olwyn Ddŵr y Wern*
> Gyda'r gaea'n troi'n wanwyn, – rhoi yn hael
> a wna'r nant bob galwyn
> o'i dŵr hi, a gweld yr wy'
> na reolaf yr olwyn.

Dyna'i grefft. Dyna hefyd ei gyffes ffydd. Mae trefn. Mae yna ffrwydrad bob gwanwyn a llifeiriant i droi'r rhod. Ond nid y ni sy'n ei throi.

'Roedd ei grefydd yn amgenach na defod a rheol a chyfundrefn. Dathlu bywyd yn ei gyflawnder, llifeiriant wedi ei olchi a'i sancteiddio gan y dŵr bywiol oedd ei fyw a'i farddoniaeth. Dathlu hwnnw hefyd yw ei braint ar ddydd ei arwyl. Dathlu crefft a sglein, cenadwri a gweledigaeth yn un cyfanwaith diwnïad.

Yn ei fywyd fe gawsom y ffrâm weledig, hardd. Fe gawsom dangnefedd solet ei gymeriad. Ynddo 'roedd y gallu i ryfeddu ac i addoli – y ddau o'r un tarddiad.

A chyfuniad o'r dwys a'r direidus. Hyd yn oed yn y seiadau mwyaf dwys, 'doeddwn i byth yn siŵr a oedd elfen o dynnu coes! 'Roedd yn rhaid edrych i fyw ei ddau lygad glas i wybod – os gwybod hefyd.

Un hawdd i'w garu oedd o. Ac fe garodd yntau â'i holl enaid a'i holl feddwl a'i holl nerth. Fe garodd ei Wern a'i deulu. Yn y canol, Arfon, ac Einir yn ddau gariad ifanc tan y diwedd. Carodd ei genedl, ei gelfyddyd Gymraeg, ei gysegr a'i Grist 'Cu iawn fuost gennyf fi'. Mae'n bywyd yn oerach ac yn dlotach o'i fynd.

Bu'n wrol hyd y diwedd. Er i'r cancr reibio'i gelloedd, ddaru o ddim rheibio'i ffydd.

Hwyrach y buaswn yn cael chwe marc neu lai am y cwpled yma, ond mae'n wir bob gair, beth bynnag am ei grefft:

> Ei wên hudol trwy'i ddolur
> A'i gân a fu'n drech na'i gur.

1998.

Emyr Wyn Jones

Y Meddyg Cymdeithasol (1907-99)

Yn y gwasanaeth o ddiolchgarwch iddo, 'roedd Capel Coffa Henry Rees yn Llansannan yn gyfforddus lawn ac yn drwm gan gynrychiolwyr o'n sefydliadau cenedlaethol – Llyfrgell, Amgueddfa, Prifysgol, y Gymdeithas Feddygol a'r Byrddau Ysbytai. Ymhob un ohonyn nhw fe roddodd Emyr Wyn ei gyfraniad a'i deyrngarwch. Bu'n arweinydd. Credai fod sefydliadau'n bwysig a bod cryfder eu cyhyrau'n hanfodol i barhad ac urddas cenedl. Ac, wrth gwrs, cymerai yn ganiataol fod lle anrhydeddus i'r Gymraeg yn eu holl weithgareddau.

Aeth o'r Waunfawr yn fyfyriwr unarbymtheg oed i Brifysgol Lerpwl, gan 'sgubo popeth o'i flaen. Daeth yn ffisigwr yng Nghanolfan Trin ac Astudio'r Galon yno ac yn uwch-ffisigwr yn yr Ysbyty Frenhinol. Dyna fu maes ei arbenigedd. Gwelodd a chyfrannodd ei gyfnod i ddatblygiadau syfrdanol yn hanes y galon ddynol.

Gweinidog yr Efengyl oedd ei dad, a'i fam yn nyrs. Soniai'n aml am swildod myfyrgar y naill a bwrlwm llawen y llall. 'Roedd stori ei dad yr un mor orchestol â'i gampau academaidd yntau – gadael Aberaeron yn ddeg oed, mynd yn chwarelwr i Lanberis, wedyn Ysgol Jôns bach yng Nghaernarfon i ddysgu Groeg a Lladin, ymlaen i Goleg y Bala ac oddi yno ar ben y rhestr i Rydychen. 'Roedd ei dad a'i fam yn ei gelloedd a'i galon yntau.

Yn Llety'r Eos yng Ngharreg Lefain Bach uwchben Aberaeron, ei lyfrgell oedd ei deyrnas. Byddai mynd yn ei gwmni drwy'r silffoedd hynny'n bererindod. 'Roedd yno flodau a llysiau, cymeriadau gwerin a bonedd, cyffredin ac ysgolhaig. Byddai hefyd, yn ddiarwybod, yn ddrws i'w ystafell ddirgel.

Yr oedd yn llenor toreithiog – ei bymtheg cyfrol yn gymen eu harddull ac yn dangos meddwl ymchwilgar a manwl. Cafodd ddigon o ddeunydd yn ei briod faes – meddygon a meddygaeth (megis yn ei gyfrolau, *Ar Ffiniau Meddygaeth* ac *Ysgubau'r Meddyg*), a chyfrinach planhigion gwyllt a gardd a ddaeth erbyn hyn yn enwau crand ar boteli a thabledi. Mae ganddo bortreadau o bob maes – y di-sôn-amdanyn-nhw a'r rhai mwy llachar – ond fe fu un yn arbennig dan ei chwyddwydr, Syr Henry Morton Stanley. Fe'i dadfythwyd.

Dyma'r Emyr Wyn cyhoeddus – mawr ei barch a helaeth ei wasanaeth. O'i nabod, 'roedd hefyd haen arall allweddol yn hydreiddio ei fywyd i gyd. 'Roedd o'n Grynwr ac yn heddychwr o argyhoeddiad dwfn. Mewn cyfweliad teledu ddechrau'r saithdegau mae'n sôn am 'ffydd dawel, ddi-ddogma a bod gronyn o'r Duwdod ymhob dyn'.

Yn ei ddyddiau olaf yn Ysbyty Gwynedd, wrth gydio'n dynn yn ei law, un gair oedd yn dweud y cyfan – *ymdawelaf*. Y tawelwch bonheddig, llednais hwnnw sy'n aros ar ôl i'r llaw droi'n oer, y cyffyrddiad hwnnw a gerddai wardiau'r Royal ers talwm. Yr oedd yno pan simsanai fy nghalon innau. Ac yn ei gwmni – teimlo'n saffach ac yn lanach. Mewn cyfnod sy'n gallu bod yn bowld ac yn glebrog, bu'r cyffyrddiad a'r llais hwnnw yn foddion gras.

> Felly Llŷn ar derfyn dydd,
> Lle i enaid gael llonydd.

Barn, Chwefror 1999

*O Fewn y Ffrâm**

Beth yw byw? Cael neuadd fawr
Rhwng cyfyng furiau.
Beth yw adnabod? Cael un gwraidd
Dan y canghennau.

Waldo, â delwedd gartrefol, yn mynegi perthynas yr hanfod â'i amrywiaeth mynegiant – gwreiddyn a changhennau. Delwedd hefyd sy'n fan cychwyn i geisio deall J. R. Jones – athronydd, pregethwr, heddychwr, cenedlaetholwr. Y fo oedd o ymhob mynegiant, ymhob disgyblaeth wahanol. Ac eto, pan fyddwn yn ein cael ein hunain yn myfyrio mewn mwy nag un maes – a oes yna, mewn gwirionedd, un gwreiddyn yn cyfuno'r cyfan? Weithiau, mi gewch chi bobl yn dweud rhywbeth fel hyn: pan ydych chi'n fathemategydd mae ganddoch chi reolau arbennig, symbolau arbennig. Mewn gwleidyddiaeth neu grefydd neu athroniaeth – rheolau gwahanol. Mater o ddeall gofynion y gwahanol reolau ydi hi, a'r ffordd arbennig sydd ganddon ni o ddefnyddio geiriau. Mi fedra i wedyn, dyweder, fod yn wyddonydd-traed-ar-y-ddaear ac yn ffwndamentalydd crefyddol neu wleidyddol. Newid gwisg, newid cystrawen. Mae yna wahanol haenau a chyfeiriadau i brofiad dyn ac mae'n rhaid i ni gael gwahanol 'ieithoedd' i'w trafod a'u cyfundrefnu.

Mi fedren ni drafod J. R. Jones felly. Yn ei bolemig gwleidyddol, yn ei bulpud, yn ei ystafell ddarlithio – mater o wybod pa set o reolau neu ganllawiau oedd yn digwydd bod yn berthnasol i'r pwnc dan sylw.

'Roedd rhywun yn codi'r math yma o gwestiwn amdano fo efallai yn fwy na'r rhan fwyaf o athronwyr ei gyfnod am ei fod o'n gymeriad mor aml-ganghennog. 'Roedd 'na chwerthin mawr yn perthyn iddo pan fyddai'n adrodd ambell englyn digri, ond chwaethus! Yn hoff iawn o gerddoriaeth – cyfnod Wagner yn ei

---

* Fersiwn fyrrach o ddarlith a draddodwyd yng Ngholeg y Brifysgol, Abertawe, Awst 29, 1990.

fywyd sy'n fwyaf clir yn fy nghof i. Ac mi fydde'n sugno'n ddwfn o waith beirdd a llenorion Cymru a'r byd, yn ogystal ag emynwyr a chyfrinwyr. 'Roedd o'n ymgeisydd am y weinidogaeth, yn hyddysg iawn yn ei Feibl ac ôl y Beibl hwnnw'n ddwfn ar ei iaith a darluniau'i ddychymyg tan y diwedd. Ac wrth gwrs, gwleidyddiaeth. Yng nghyfnod y positifyddiaid, pan oedd athroniaeth wedi mynd yn rhywbeth technegol, cyfyng, fe fynnai ef ymestyn ymchwil yr athronydd i bob maes.

Ac mi greda i fod yna *ffrâm* yn cyfuno'r cyfan, ond fod tensiynau o fewn y ffrâm honno. Ffrâm sy'n dod â'r holl fyfyrdodau a'r datganiadau at ei gilydd. Fel hyn: yn y dyddiau academaidd cynnar, yn fwyaf arbennig yn ei gyfnod ymchwil yn Rhydychen, ei faes arbenigol oedd perthynas y *cyffredinol (universals)* a'r neilltuol neu'r unigol *(particular)*. Neu fel y diffiniodd o'r maes yn ein sgwrs yn *Dan Sylw* flwyddyn ei farw:

> 'dau gwestiwn metaffisegol, astrus – cwestiwn statws y cyffredinolion a'u perthynas nhw a'r pethau unigol; a phroblem natur a mawr ddirgelwch yr *hunan*, problem y peth yma sy'n medru dweud "Myfi".'

Ac mae o'n mynd ymlaen:

> 'Doeddwn i 'chwaith bron o'r dechrau ddim â fy holl fryd ar y math yma o gwestiwn athronyddol oblegid mod i'n teimlo tynfa argyfwng cymdeithas dyn, yr argyfyngau oeddwn i'n gweld gwareiddiad y gorllewin yn pasio trwyddyn nhw ac yn teimlo awydd cryf ac angen am drïo eu deall nhw . . .'

Dyna'r diffiniad. Nid dyma'r lle, yn sicr, i geisio mynd i mewn i'r pwnc fel talp o athronyddu technegol, dyrys. Beth garwn i ei wneud ydi trïo gweld sut y gweithiodd o'r diddordeb pwysig yma i'w ddadansoddiad o berthynas unigolion â'i gilydd, i berthynas cenedl â'r ddynoliaeth gyfan, i bwysigrwydd yr un – boed berson neu genedl.

> Dyn yw dyn ar bum cyfandir,
> Dyn yw dyn o oes i oes . . .

dyna iaith y cyffredinolion – yr hyn sy'n gyffredin i bob aelod o'r dosbarth. Ac o'r Beibl:

> 'Nid oes yng Nghrist nac Iddew na Groegwr'.

Gwedd arall ar bwysau a phwysigrwydd y cyffredinol. Eto, mi ryden ni'n unigolion yn ogystal â bod yn bobl. Fe gewch chi wedyn bob math o amrywiaeth ar y thema:

> The One remains,
> the many change and pass.

Ac mewn perthynas â'r *Self*, yr hunan, a ydw i'n rhywbeth mwy na bwndel o brofiadau a synhwyrau y bydda i yn eu rhannu â phobol eraill? Beth ydi'r *Myfi* uwchlaw (neu o dan) y bwndel – a ydw i'n fwy na chyfanswm fy mhrofiadau?

Dyna'r tyndra – y pwysau sy'n chwilio am yr hyn sy'n gyffredin, a'r pwysau sy'n tanlinellu yr hyn sy'n wahanol. Yr un-rhyw, yr unig-ryw. Ac fe welwn ni, ac fe wyddom ni hefyd, nad rhyw bysl athronyddol i'w drafod mewn cell neu dŵr ifori mohono, ond rhywbeth sy'n mynd at wreiddyn ein perthynas, neu'n diffyg perthynas, â'n gilydd – lle cenedl o fewn y frawdoliaeth, lle ac awdurdod gwladwriaeth yn ei hymwneud â'i dinasyddion. Ac mae hi'n codi cwestiwn arbennig o boenus i'r Cristion.

Un o brofiadau dyfnaf dyn ydi caru a chael ei garu. Ymhlith ei bapurau yn y Llyfrgell Genedlaethol yn Aberystwyth, dod ar draws erthygl ('dydw i ddim yn credu iddi gael ei chyhoeddi) ar Tristan ac Esyllt. Un o themâu rhamantaidd y stori honno yw arwyddocâd y nos – rhyw fath o nos fetaffisegol – sy'n dileu ein harwahanrwydd – rhyw chwilio am gariad diamod, o ymgolli, o ymdreiddio – o ddod yn *un*. Yn yr uno hwnnw, o raid, mae elfen o golli'r hunan, y neilltuol. Yng ngeiriau J.R.:

> 'trachwant angerddol am gael cymysgu cnewyllyn dyfnaf eu heneidiau yn y nos honno yw trasiedi Tristan ac Esyllt'.

Ffordd arall o'i roi o yw portreadu'r serch hwnnw fel rhywbeth absoliwt. A dyfynnu eto:

> Delfrydu a dwyfoli ei Esyllt a wna pob Tristan . . . a hynny heb gofio nad yw hi ond merch ei mam wedi'r cwbl, o hen dylwyth y ddynoliaeth yn ôl y cnawd . . .'

'Dim ond merch ei mam wedi'r cwbl' (a'i thad, wrth gwrs). A dyna chi ddaearu a dadfythu Esyllt a'i chadw felly â'i thraed ar y ddaear, mewn gofod ac amser a lle – efo'i hanes a'i thras fel unigolyn mewn tylwyth. Mae hi'n hen obsesiwn i'r rhamantydd o artist ac i ddelfrydiaeth yr athronydd Platon i lawr i ddiwedd y ganrif ddiwethaf – yr ymchwil am y ffurfiau pur, perffaith, wedi eu glanhau o bob amhuredd a marciau'r personol.

A phan ddown ni at Bantycelyn ac Ann Griffiths yn arbennig, fe gawn J.R. yn dilyn yr un trywydd – ond fod ganddo chi ddeimensiwn newydd, sef diwinyddiaeth, Nid dwyfoli'r profiad sydd yma ond y dwyfol fel *Bod*. Y drafferth efo Ann Griffiths ar y dechrau oedd y gwrthdaro rhwng ei Chalfiniaeth a'i chyfriniaeth – lle 'roedd Calfin yn pwysleisio'r pellter rhwng Duw a dyn, a'r cyfrinydd am weld ymdreiddiad. Ond wedyn, ar ôl darllen yn arbennig lyfr Rhiannon Davies Jones, *Fy hen lyfr cownt,* mae J.R. yn gweld cyfannu'r gwrthdaro yma, am i Ann Griffiths nid yn unig weld ei Christ fel Eiriolwr neu Gyfryngwr (dyna barchu'r pellter a'r arwahanrwydd) ond fel gwrthrych ei serch, ei chariad, ei Rhosyn Saron. 'Rydw i'n bersonol yn cael trafferth i gysoni'r ddau).

> 'Mi ddaliaf fi', meddai, 'fod rhyfeddod iddi yn y ffaith fod y Trosgynnol, y Dwyfol, Dyfnder Bodolaeth, yn ei roi ei hun iddi, nid fel rhyw fôr o ddirgelwch amhersonol sy'n mynd i'w sugno i mewn iddo'i hun ond fel person cig a gwaed, un a saif gyferbyn â hi, ac yn ei hymyl'.

A rŵan, y tyndra arall rhwng y cyffredinol a'r unigol fel y mae hwnnw'n cael ei amlygu yng ngwleidyddiaeth a Christnogaeth J.R. Ei wleidyddiaeth i ddechrau. Symudodd o fod yn Farcsydd i fod yn genedlaetholwr o Gymro. Mae'r Marcsydd yn sôn am ddylanwadau, am rymusterau hanesyddol ac economaidd sy'n symud ar draws ffiniau cenedlaethol. Mae'r proletariat, fel y ffactorau cyfalafol sy'n ei ormesu, i'w gael ymhob gwlad ac yn ddarostyngedig i'r un dadansoddiad. Ac i'r Marcsydd uniongred, mae ei ymlyniad i'w ddosbarth yn llawer mwy ystyrlon nag unrhyw ymlyniad i genedl neu wladwriaeth. Beth felly a barodd i J.R. weld 'dolur' ei wareiddiad yn nhermau ei Gymru yn hytrach nag yn nhermau diagnosis Marx? Yma, mi ryden ni hefyd yn cydio wrth y pwyslais ar fodolaeth ac ar werth yr *hunan*. Pan fyddwn ni'n sôn am ddibersonoli, am ddad-ddynoli, a gwneud yr unigolyn yn rhan o broses yn unig, mi fedrwn ni fod yn protestio, fel y fel y Marcsydd, yn erbyn ecsploitiaeth y byd cyfalafol. Neu fe fedrwn fod yn sôn am rywbeth arall – sef ein bod ni'n cael ein dadwreiddio a cholli'n hunaniaeth wrth golli hanes, wrth golli'r cof. Ac yma, yn ôl J.R., 'ryden ni'n symud o fyd ffactorau economaidd, rhyngwladol, i fychanfyd cenedl. Yn ei eiriau o:

> 'Gwerthoedd gwarineb i lawr yr oesoedd sydd wedi cynnal a gwarchod hwn rhag yr ymosodiadau anwar . . .'

Dyna pam ei fod o'n gallu ymollwng efo Waldo:

> O Gymru'r gweundir gwrm a'r garn,
> Magwrfa annibyniaeth barn,
> Saif dy gadernid uwch y sarn
>   O oes i oes.
> Dwg ninnau atat: gwna ni'n ddarn
>   O'th fyw a'th foes.

Y cyfuniad unigryw yma o droedle, o iaith, o hen awen a hen frawdoliaeth a hen werthoedd sydd yn eu tro yn rhoi i ni ein hystyr a'n hunaniaeth. A dyna ni'n ôl unwaith yn rhagor at ddiddordeb yr athronydd yn yr *hunan* a'i barhad mewn a thrwy hanes. Fe gawn yma yn ei ddatganiadau gwleidyddol drawsgyweirio'r cwestiwn a'r pwyslais i dermau cenedl – hen genedl, yr *un* genedl. Ond rhaid i ni fod yn ofalus wrth ddefnyddio geiriau yn y cyswllt yma. Medde fo:

> 'Faswn i ddim yn deud bod yna *arbenigrwydd* yn perthyn i ni fel cenedl. Dim ein bod ni'n 'distinctive people'. Duw a ŵyr na tyden ni ddim. Ond ein bod ni'n 'distinct'. Mae ganddo ni wahanrwydd. 'Rydan ni o darddiad a gwneuthuriad gwahanol. Mae'r gorffennol, mae amser allan o'r boblogaeth oedd yn byw ar y darn yma o wyneb y ddaear wedi llunio rhywbeth sy'n '*distinct*'.

Ac y mae hyn wedyn yn cydio wrth yr hyn y mae J.R. yn ei alw'n *farbareiddiwch technolegol* – sydd hefyd yn rhanegluro ei symud i gyfeiriad cenedlaetholdeb ac i ffwrdd o'r meddylfryd Marcsaidd a'i benderfyniadaeth hanesyddol. Pan fyddwn ni'n dweud nad yr unigolyn ond yn hytrach y grymusterau cymdeithasol ac economaidd sy'n gyrru'r byd i gerdded, mi fedrwn ni'n hawdd wedyn ddarostwng popeth i lefel yr unffurf, y ddogma a'r dosbarth. A cham bach hefyd yw gafael yn nrygioni penrhyddid unigolyddiaeth a *laissez-faire* i ddilorni lle a phwysigrwydd *pob* unigolyn. Y barbareiddiwch technolegol y mae J.R. yn sôn amdano yma yw perygl technoleg yn ei fan mwyaf effeithiol a dengar – ei allu i gynhyrchu miliynau ar filiynau o'r *un peth* a'r un ffunud – 'standardized parts', 'functional units'. Unedau, rhannau, y broses ailadroddus sy'n golygu nad oes raid i ni boeni o gwbl am yr un. Mae yna ddigon i gymryd ei le. Yr un broses, yr un patrwm 'creadigol', yr un stamp, yr un deunydd, yr un nôd clust.

'Ryden ni'n trïo dweud fod y peth yma'n werthfawr, yn unigryw mewn byd sy'n defnyddio'i holl ddyfeisgarwch i brofi'r gwrthwyneb. Ac onid yw'r un dreif yn union ar waith ym myd natur – yn gollwng miliynau o had, llawer mwy nag sy'n angenrheidiol? Yr un sy'n cyrraedd pen y daith ac yn cyfarfod ei bartner. Mae'r llu yn marw am fod natur yn afradlon ac yn fympwyol. Felly, dyma ddau syniad am werth yn gwrthdaro. 'Ryden ni ar un llaw yn pledio gwerth bychanfyd unigryw, anailadroddadwy. Ar y llall, y broses hwylus sy'n gwasgu ei unffurfiaeth ar bopeth.

Beth wedyn am Gymru – y bychanfyd yma y gellir olrhain ei darddiad di-dor dros bymtheg can mlynedd a mwy? Os collwch chi o, 'fydd yna yr un arall. 'Does ond un ar gael.

Ac o fewn y bychanfyd hwn hefyd y gall dyn wrthsefyll pwysau diwylliant a'r wleidyddiaeth ailadroddus sydd am ein tylino ni:

> Mur fy mebyd, Foel Drigarn, Carn Gyfrwy, Tal Mynydd
> Wrth fy nghefn ym mhob annibyniaeth barn.

Yn ei sylwadau ar gerdd T. Gwynn Jones, *Argoed*, fe'i cawn yn dyfynnu o *Gwlad y Bryniau* sy'n perthyn i gyfnod cynnar T. Gwynn Jones:

> 'Er hyn, os trwy frad yr iau o'th anfodd
> Arnat a wthiodd, yr un wyt tithau
> O'th ddiystyrwyd drwy'r faith ystori,
> Ni lwyddwyd unwaith i ladd dy ynni'.

Ac y mae J.R. yn gofyn cwestiwn:

> 'A ydyw hyn yn para'n wir? Rhaid i genedl wrth ynni i fyw, yr ynni a gyfyd o feddiant llawn ar ei hunaniaeth, yr ynni sydd yn ei chof. Amser a'i lluniodd. Cyn hir, fe dreulir drwyddi. Onid cenedl wedi troi at y pared i farw sydd yma bellach?'

A dyna ddod at y gerdd *Argoed*. Mewn llythyr at E. Morgan Humphreys yn 1928 mae T. Gwynn Jones yn egluro cefndir ei gân:

> 'Y mae rhywbeth yn drist mewn meddwl ei bod yn ddigon posibl na fydd neb a fedro lefaru'r Gymraeg yng Nghymru gan mlynedd i heddiw. Eisiau dweud rhywbeth felly oedd arnaf mewn gwirionedd yn *Argoed*'.

Ac yn y gerdd honno, mae plant Arofan yn dewis cyflawni hunanladdiad a rhoi eu cartref yn y goedwig ar dân yn hytrach na derbyn trefn estron:

> Argoed, Argoed y mannau dirgel . . .
> Ble'r oedd dy fryniau, dy hafnau dyfnion,
> Dy drofâu tywyll, dy drefi tawel?
>
> Tawel dy fyd nes dyfod dy dynged
> Hyd na welid o'i hôl ond anialwch
> Du o ludw lle bu Argoed lydan.

'Roedd y pwyslais cyson yma ar yr *un* yn cael lle angerddol yn ei bregethu. Y testun:

> 'Edrychwch na ddirmygoch yr un o'r rhai bychain hyn. Canys yr wyf yn dywedyd i chwi fod eu hangylion hwy yn y nefoedd yn gweld wyneb fy Nhad yr Hwn sydd yn y nefoedd'.

Ac yntau'n dehongli'r adnod fel hyn:

> 'Am bob plentyn bach sydd ar y ddaear, angel sy'n ei gynrychioli fo gerbron wyneb fy Nhad. I lygaid Duw, angel sydd yna – rhywbeth â gwerth ac arwyddocâd rhywogaeth gyfan, byd cyfan unigryw na fedrwch chi mo'i gael o lawer gwaith drosodd ar yr un patrwm. Byd y mae ei holl werth yn ei wahanrwydd o. Dyna sydd yma mewn gwirionedd yn y plentyn distadlaf i lygaid Duw. Angel sy'n ei gynrychioli o gerbron wyneb fy Nhad'.

Ac rydw i'n ei gofio fo un tro, mewn pregeth, yn gafael yn nhelyneg W. J. Gruffydd, *Sionyn*, telyneg yr oedden ni wedi'n cyflyru i edrych arni fel tipyn o sentimentaleiddiwch tröedig braidd. Ond erbyn iddo fo orffen efo hi, 'roedd Sionyn a'r delyneg wedi eu llusgo trwy burdan ei gonsyrn. Sionyn, y meddwyn, wedi marw ar lawr y dafarn:

'A! ddiwedd melltigedig,'
   Medd pobl dda y Llan,
'Bu farw yn ei fedd-dod,
   Trueni fydd ei ran;'

Pan oedd y nos dawelaf,
   Daeth Iesu heibio'r fan,
A gwelodd ddiwedd Sionyn,
   A chlywodd eiriau'r Llan.

Daeth deigryn i ddau lygad
   Trist yr Eiriolwr mawr,
A phlygu wnaeth yn araf
   Dros gorffyn Siôn i lawr.

'A Sionyn, Sionyn', meddai,
   'Afradlon wirion hoff;
Rhaid im dy gario dithau,
   Fel pob rhyw ddafad gloff.'

Hawdd deall pam i W. J. Gruffydd, awdur *Beddau'r Proffwydi* a *Gwladus Rhys* ganu fel yna. Ond i J.R. 'roedd mwy na thosturi, mwy na chlowten i ragrith hunangyfiawn. 'Roedd Sionyn hefyd yn un gerbron Duw.

'Roedd y pwyslais a'r parch yna wedyn yn goleuo, nid yn unig ei genedlaetholdeb ond, wrth gwrs, ei heddychiaeth hefyd, a'i oddefgarwch mawr. 'Roedd o am gadw pob ffenestr ar agor, pob lliw, pob mynegiant, pob hunanholi. A blin oedd ei weld o, o bawb, yn darged i'r rhai hynny oedd yn ofni ei anuniongrededd a'i atgasedd tuag at y meddwl sloganaidd, caeëdig.

A Duw a ŵyr fod angen y pwyslais yna heddiw yn fwy nag erioed, pan mae cymaint o'n cwmpas am ddileu a distewi pob llais arloesol a phob pwyslais anghyfleus.

Wedi dweud hyn i gyd, mae galwad y *cyffredinol* yn aros i'n rhybuddio a'n ceryddu. Ac fe wyddai o hynny. Hawdd iawn i'r math yma o lefaru gyfiawnhau pob ego-trip i anarchiaeth. Wrth osod y bychanfyd hefyd yn dribiwnlys byd, sut yn y byd mawr y cawn ni drefn rhwng y gwahanol fychanfydoedd? Onid oedd J.R. yn rhamantu, yn delfrydu'r uned genedlaethol, gan anghofio y cafwyd rhai o drychinebau mwyaf hanes, yn ogystal â rhai o'r munudau godidocaf, o'i herwydd? A beth a wnawn ni o'r adnod:

'Ac efe a wnaeth o un gwaed bob cenedl o ddynion'?

Un gwaed? Ac eto:

'Yng Nghrist nid oes nac Iddew na Groegwr.

Dyna pam i'r heddychwr arall, D. R. Thomas, fynegi ei anesmwythyd wyneb yn wyneb â'r pwyslais yma ar le'r genedl yng ngwleidyddiaeth byd. Y pwyslais cyson yma ers dyddiau cynnar yr I.L.P. sy'n dweud wrthon ni na fedrwch chi ddim *amodi* teyrngarwch dyn i'w gyd-ddyn – yn sicr nid yn enw'r Crist. A thrwy'r ugeinfed ganrif y gwrthdaro honedig yma sydd wrth wraidd yr hen dyndra rhwng y Blaid Lafur a Phlaid Cymru.

Fe roddodd J.R. ei ateb yn ei bregeth, Esiah xxv, 7:

'Ac Efe a ddifa yn y mynydd hwn y gorchudd sydd yn gorchuddio yr holl bobloedd a'r llen yr hon a daenwyd ar yr holl genhedloedd'.

A dyma'i eiriau:

'Er mwyn ein gwaredu ni rhag trap hunanoldeb, fe fu farw er mwyn dangos mai nid y peth mwyaf terfynol a diamodol mewn byd ydi *self*, yr unigolyn. Fe aberthodd ei *self* ei hun er mwyn dangos hynny'.

Mi fyddai J. R. Jones yn dweud nad yw ymlyniad at un bychanfyd yn anghyson â pharch a chariad tuag at bob bychanfyd arall, nac ychwaith yn milwrio yn erbyn unrhyw gyfundrefn gyfiawn sy'n goruwch-stiwardio'r teulu gyda'r un consyrn.

Mae angen diffinio bychanfyd ymhellach i sicrhau dau beth – nad ydi o ddim wedi ei ysgaru'n athronyddol na chyfreithiol oddi wrth y byd o'i gwmpas. A bod o'i fewn groesffrwythloni cyson, fod yna hefyd fecanwaith sy'n gallu hidlo ac addasu pob dylanwad, heb ddileu ei ruddin. Neu, os liciwch chi, fod o fewn ein bychanfyd ni yma yng Nghymru ryw fath ar beirianwaith imiwnyddol sy'n ddigon cryf i gadw draw feirws neu hadau dinistr.

Ar ddiwedd yr ugeinfed ganrif, a Chymru a'r byd yn ceisio ymwared rhag galwad oll-yn-oll y cyffredinol neu'r unigol, mae J. R. Jones yn llefaru eto.

*Y Man Canol**

Man cyfarfod de a gogledd ydi'r rhan yma o Gymru – man canol. Yma mae pob mynydd yn fryn a phob bryn yn foncyn.

    Yn draddodiadol, fe fu pegynnu rhwng y góg a'r hwntw ac er fod peth gwanhau ar y rhagfarn – diolch am hynny – 'dydyn nhw ddim wedi diflannu. Mae'n rhyfedd y syniadau cyfeiliornus sydd ar gerdded a'r cyfalaf sy'n cael ei wneud – fel yn ymgyrch y Refferendwm – allan o'r gwahaniaethau honedig sydd rhyngom ni. Rhyfeddach fyth ydi'r bobol hynny heb yr awydd lleiaf i ymgydnabod â Chymru i gyd. Ac yng nghyfnod toreithiog y papurau bro, weithiau mae brogarwch yn gallu bod yn niwsans. Fel all ymlyniad neilltuedig wrth fro, fel wrth genedl, arwain i rwygiadau ac ymgecru di-alw-amdano.

    'Rwy'n cofio, rai blynyddoedd yn ôl, trafeilio i lawr ar y trên gyda glannau'r Rhein trwy Coblenz a Heidelberg ar y ffordd i Belgrade yn Iwgoslafia ac yn fy nghael fy hunan yn cymharu'r golygfeydd â Chymru – ei gweld nhw wir fel estyniad o'r ddaearyddiaeth oedd yn gyfarwydd i mi. Ac mi 'roedd hynny, mewn ffordd, yn ei gwneud hi'n anodd eu gweld nhw'n iawn – eu gweld nhw, megis, yn eu hawliau eu hunain – heb fod yn debyg neu'n annhebyg i ddim byd arall, yn union fel y gwelwn ni Benrhyn Llŷn yn Conemara neu greigiau Penfro ym Mayo. Er bod hynny, i raddau, yn anochel – mi all fod yn beryglus, am y gallwn ni ddychwelyd o'n crwydradau heb fod fawr callach. Os ydyn ni'n mynnu mynd i bob man fel rhyw fath o imperialwyr sy'n gosod baner ein gwlad a'i chenhadaeth ar bob diwylliant arall, 'fyddwn ni wedi dysgu dim. Gwaeth na hynny, mi fydd bydoedd cyfan y tu allan i'n byd ni heb i ni gydnabod eu bodolaeth na'u harwahanrwydd. Wrth gwrs mae rhywun yn teimlo'n ddiogelach o fewn hen lwybrau cyfarwydd, ond hunanoldeb trahaus yw mynnu mai ein ffordd ni, ein byd ni, yw'r unig un. Dawn brin a

---

* Traddodwyd sylwedd yr erthygl hon gan yr awdur wrth agor y Babell Lên ym Mhrifwyl Machynlleth 1981.

gwerthfawr ydi medru coleddu argyhoeddiadau personol cryfion ac ar yr un pryd gynnal deialog greadigol efo rhywun neu rywrai sy'n gweld pethau'n wahanol.

Man cyfarfod ydi'r Babell Lên a Maes yr Eisteddfod. Yma fe gawn o dan yr un to neu o fewn yr un maes – (ddim wrth gwrs *bob* amser nac ar yr *un* amser!) – yr amrywiaeth mwyaf; y gwledig a'r trefol, yr hen a'r ifanc, yr élitaidd a'r poblogaidd, y *proletariat* a'r *bourgeoisie*, y syml a'r cymhleth, y crefyddol a'r seciwlar, y traddodiadol a'r arbrofol, y syber a'r asbri, y direidi a'r dwys – i enwi ond ychydig! Ac am unwaith yn y flwyddyn 'fydd neb, hyd y gwn i, yn boddro i fynd â'i linyn mesur a dweud wrthon ni fod un yn rhagori ar y lleill. Mae hi'n wythnos, rywsut, lle daw'r cyfan o fewn un cyd-destun – cyd-destun y diwylliant Cymraeg, – a'r cyfan yn cael ei dderbyn. Crafwch chi dipyn o dan yr wyneb ac fe gewch chi raniadau i sawl stabal lenyddol – 'dydyn ni ddim yn gwbl gytûn wrth drafod beth yw swyddogaeth y llenor neu'r bardd. Ac fel yn hanes ambell i hen stabal fe welwch ar y trawstiau pry copyn dystysgrifiau lliwgar y ceffylau buddugol – yn goch a glas a gwyrdd . . .

Ymhob cyfarfod mae tyndra a gwrthdaro anorfod sydd hefyd yn iach. Wrth fynd i'r afael â chwestiynau sylfaenol am natur a phwrpas ein bod – neu ei ddiffyg pwrpas, mae gwahanol safbwyntiau. Ond wrth feddwl am y math o ddadleuon sydd ohoni, mae rhai ohonyn nhw, beth bynnag, yn ddianghenraid, er efallai yn rhoi cyfle i ni gael tipyn o hwyl ac i fod yn bersonol gas wrth ein gilydd. 'Rwy'n siŵr y gallem ni ddefnyddio'n hegni a'n clyfrwch i amgenach gwaith am mai dadleuon yw'r rheini sy'n gorwedd ar gamsyniad, neu ddiffiniad unllygeidiog a dogmatig.

Gadewch i ni gychwyn ar lefel syml – chwaeth. Os yw'n well gen i liw coch a chwithau liw glas, 'does fawr bwynt dadlau am y peth. Mi fedrwn daeru fel plant – y dylai hyn neu'r llall fod – ond mae'n hollol wirion i mi ddweud wrthych chi y dylech chi hoffi coch am fy mod i yn hoffi coch. Hwyrach y byddai hynny yn rhoi rhyw fath o bleser seicolegol i mi ac o sicrwydd fod yna bobol debyg i mi o 'nghwmpas. Dyna'r cyfan. Efo bwyd wedyn, brŵes a shot i un, pysgod a sglodion i arall neu stecen mewn pupur! Mae'n wirion, mewn sefyllfa fel yna, dweud fod rhaid dewis. Yn wir ar brydiau mae'r stumog yn galw am fwy nag un! Mae llawer iawn o'n gosodiadau am gelfyddyd – boed gelfyddyd y darlun neu fiwsig neu air yn perthyn i'r un math o 'anghytundeb'. Os na fedra' i roi rhyw fath o reswm neu resymau call pam fy mod yn pledio rhinwedd unrhyw ddarn neu awdur – yna 'rydw i'n ôl yn nhir y glas a'r coch.

*   *   *

Gallwn sylwi ar rai o'r dadleuon diffrwyth yma:

(i). Dyna i chi'r dadlau a fu uwchben bardd y wlad a bardd y ddinas, Adfer *versus* Caerdydd. Mater o ffansi, mater o ddewis, mater o natur yw hi, ac y mae gan rywun berffaith hawl i'w stans. 'Does a fynno hyn ddim oll â gwerth celfyddydol y naill gynnyrch na'r llall. Mae angen y ddau, wrth gwrs. Nid pridd a choncrid fel y cyfryw sy'n creu celfyddyd ond ein hymateb iddyn nhw neu'r defnydd ohonyn nhw: ac os yw profiadau dyn yn stwff canolog i unrhyw gelfyddyd, pobol sydd yn Splott a Sarnau.

(ii). Fe fu wedyn gryn drafod ar y tywyll a'r golau, y cymhleth a'r seml. Mi gawson ni eithafwyr ar y ddwy ochor. Ar un llaw wele'r syniad cyfeiliornus fod yn rhaid i bob darn fod yn ddealladwy ar y darlleniad neu'r gwrandawiad cyntaf gan gyfeirio at Eifion Wyn a Cheiriog a Chynan a Joseph Parry fel lleisiau'r werin bobl – yn swynol, yn syml, yn chwibanadwy. Ar yr eithaf arall y lleisiau nawddogol hynny sy'n mynnu bod pob gweledigaeth dreiddgar ac unrhyw beth sy'n werth ei ddweud o *raid* yn golygu chwys a delweddu astrus a chyfeiriadaeth chwedlonol ac ieithyddol. A llond trol o nodiadau gwaelod y ddalen.

Mae *Cofio* Waldo'n syml. 'Dyw ei *Rhwng Dau Gae* ddim. Mae rhai profiadau, rhai eiliadau'n agored i fynegiant uniongyrchol. Eraill yn mynnu cyflwyniad a chyfeiriadaeth amlochrog. Wrth gwrs, fe gawn ddweud 'Mae'n well gen i un na'r llall', ond 'dyw hynny ddim yn penderfynu eu gwerth gwrthrychol. 'Dwyf i erioed wedi deall ein cyndynrwydd i gydnabod hawliau y naill a'r llall yn y patrwm cyfan. 'Does dim rhaid i'r syml fod yn arwynebol nac yn ystrydebol. 'Does dim rhaid i'r sylweddol chwaith fod yn sobor ac yn sych.

Rhywle yn y fan yma y down ni ar draws yr hen ffefryn – yr *élite* yn erbyn y trwch – gofynion yr ychydig disglair a'r mwyafrif twp – rhwng y garfan sydd i fod i weld adloniant a gosodiadau'r mwyafrif yn *blasé*, yn *trite*, a'r mwyafrif helaeth sydd i fod i sôn am yr annealladwy, yr uchel-ael, y *boring*, y tŵr-ifori. Mae'r gwrthdaro yma yn ymestyn i bob maes ac nid i un ochr y perthyn y dirmyg a'r snobeiddiwch.

Fe welsom ni agwedd ar hyn yn Y *Faner* rai wythnosau'n ôl pan soniai Euryn Ogwen am bwysigrwydd y poblogaidd ar y Sianel newydd a'r golygydd Jennie Eirian yn ei atgoffa o anghenion y Cymry *deallus*. Euryn wedyn yn neidio ar y gair *deallus* fel ffieiddbeth.

'Rŵan, efallai fy mod i'n crwydro ychydig, efallai nad ydw i, ond mi 'rydyn ni'n gweld yr un pwysau ym myd llenyddiaeth. Fe sonnir, yn naturiol felly, am nifer y darllenwyr – am apelio at y trwch ac na fedrwn ni ddim bellach fforddio gweithgareddau lleiafrifol. A digon teg, os nad oes rhywun yn mynd i ddarllen, os nad oes rhywun yn mynd i wylio, be' 'di'r pwynt? 'Rwyf hefyd yn barod iawn i gydnabod bod pwyslais y gorffennol wedi bod yn ormodol ar ddweud rhywbeth o bwys o hyd, rhyw ysfa genhadol, y ddrama arwyddocaol, y nofel swmpus ac ati.

Ond gwyliwn rhag mynd i'r eithaf arall – lle nad oes neb yn gofyn unrhyw gwestiwn am ein natur na'n tynged nac yn ein cynhyrfu na'n hanesmwytho, lle nad yw'r gair a'r darlun a'r sŵn yn ddim ond cyffur. Yn wir, mae digon o leisiau ar gael bellach sy'n honni mai dyna yn union yw pwrpas, *unig* bwrpas adloniant.

Yn hyn o beth, mae'n hawdd defnyddio'r mwyafrif a'i ofynion fel esgus dros wneud dim ond y peth hawdd a thros ddweud dim am ein bod ni'n credu nad oes neb eisiau inni ddweud dim. Ac os nad oes ganddon ni ddim byd i'w ddweud p'run bynnag, diolch am y ddihangfa.

(iii) Fe gawn wedyn y gwrthdaro rhwng y ceidwadol a'r arbrofol – rhwng yr elfennau sy'n sôn am barhad y digyfnewid a'r lleisiau newydd aflonydd hynny sy'n methu'n lân â byw o fewn canllawiau'r traddodiadol. Mae man canol yn gwbwl angenrheidiol yma. Byddai ceidwadaeth heb ddatblygiad yn farwolaeth, a datblygiad heb ryw gysylltiad â'r gorffennol yn anarchiaeth. Mi all y gynghanedd fod yn fecanyddol, mi all y *vers libre* fod yn rhyddieithol; pegynnu ffôl yw eu *diffinio* felly. Mater délicet ymhob cyfnod ydi diogelu'r sefyllfa fel y mae hi – a'r adwaith yn ei herbyn. Yma eto yn y patrwm cyfan rhaid cael lle i Alan Llwyd a Gwyn Thomas, Peredur Lynch a Sion Eirian, Rowland Hughes a Charles Huws, heb sôn am leisiau cerdd Syr Geraint, Trebor Edwards, Dafydd Iwan a Geraint Jarman.

Wrth gwrs mae ystyriaethau gwleidyddol a hanesyddol y dyddiau yma yng Nghymru sy'n pwyso'r glorian tuag at y ceidwadol. Wrth i'r genedl grebachu mae'n anochel fod y pwyslais fwyfwy ar werthoedd hen a solet. Gwelwn ailafael yn y gynghanedd, delweddau a chyfeiriadaeth chwedlonol Cymreig cryf, delweddau mwy penodol fel 'gwreiddyn' a 'changen' a 'derwen' a'r duedd i wneud argyfwng yr iaith yn thema ganolog. Yn wir mae'r wythïen yma wedi ei gorweithio eisoes.

Mewn hinsawdd fel yna, mae'r demtasiwn wedyn i droi at foderniaeth – boed farddoniaeth neu ddrama – a sôn amdano fel elfen na fedrwn ni ddim bellach ei fforddio, – yn wir bod moderniaeth a'r arbrofol mewn rhyw ffordd yn *frad* ac o ymwrthod â'r traddodiad sanctaidd. Ond wela' i ddim pam fod lleihad yn nifer y Cymry Cymraeg na'r pryder am dynged yr iaith yn rheswm digonol dros gyfyngu ar yr amrywiaeth gan grebachu'n dewis mewn cynnwys a ffurf. Yn wir, yr amrywiaeth mwyaf posibl yw un ffordd o ddiogelu parhad yr iaith. Fe fydd farw'n gynt pan fydd hi'n *unffurf*. Mi fydd hefyd yn angladd diflas. Mae angen ymhob oes am ganllawiau crefft y traddodiadol ac arbrofion petrus yr arloeswr – gan gofio bod rhai o eiliadau mwyaf ysblennydd celfyddyd y byd yn eu dydd wedi torri pob rheol bron. *Ond 'roedd ganddyn nhw rywbeth i'w ddweud. Ac wrth gwrs yn y diwedd nid am fod rhywbeth yn newydd neu yn hen, yn saff neu'n feiddgar y daw i ennill ei blwy ond am ei fod yn* DDA *ac am ein bod ni'n cael ein dal ganddo* . . .

(iv) Daw hyn â ni at y gwrthdaro diweddar rhwng yr *unigol* a'r *cymdeithasol*. Yma eto 'dyw hi ddim yn rhyw glir iawn beth sy'n cael ei ddweud. Os mai pwrpas Dafydd Elis Thomas yn Eisteddfod Caernarfon ac ar ôl hynny oedd gresynu at ddiffyg ymglywed yr artist â gwewyr ei gyfnod, yna mater o bwyslais yw hynny. Mae hi'n bosibl i ni gael ein gorlethu gan themâu llesg fel hiraeth ac atgof a mwmian preifat. Ac ar dir moesol mae'n siŵr y gellir dadlau y *dylai*'r llenor neu'r bardd fod yn llais y sylwebydd beth bynnag am fod yn gydwybod i'w oes – 'the unacknowledged legislator of the world' chwedl Shelley. Gallwn fynegi syndod fod anghyfiawnder a thrais a newyn a llygredd niwclear a thlodi a malu ar y strydoedd a diweithdra o dair miliwn fel pebai nhw tu allan i faes y llenor a'r bardd o Gymro. A synnu hefyd os yw'n gelfyddyd heb dosturi ac yn gallu ei hysgaru ei hunan oddi wrth yr hyn sy'n mynd ymlaen o'i chwmpas. Ond ar ôl dweud hyn i gyd, fe ddadleuir bod pob profiad sydd wedi ei fynegi'n gelfydd-gofiadwy yn llefaru *dros bawb*. 'Hen hen wae' Robert Williams Parry ond gwae teulu dyn ydi o. Yn yr ystyr yma fe ddaw'r unigol a'r cymdeithasol at ei gilydd i rannu'r un darn o ddaear profiad lle mae gorfoledd a gwae unigol o *raid* yn perthyn i'r gwaed cyfan. 'Does yna ddim y fath beth yn bod â phrofiad preifat wedi ei ysgaru oddi wrth brofiad pawb arall – byddai profiad felly beth bynnag yn amhosibl i'w fynegi am na fyddai neb yn ei ddeall. Fe *fydd* lleisiau chwyldro ond fedrwch chi ddim eu gorfodi. Fe fydd hefyd bererindod ysbrydol y gell unig. 'Does dim rhaid dewis rhwng Niclas y Glais ac Ann Griffiths.

Diogelwn yr amrywiaeth mwyaf felly a hybu goddefgarwch tuag at idiomau, themâu a ffurfiau sy'n ddieithr ac yn od i'r glust a'r galon. Mae hynny ynddo'i hunan yn dda. Mae rhywbeth arall hefyd, ac fe all hwnnw fod yn fwy sinistr – sef y cyrchu tuag at unffurfiaeth hwylus, sloganaidd. Ac yn ddyfnach tuag at ffwndamentaliaeth. 'Dwyf i ddim yn defnyddio'r gair mewn unrhyw ystyr ddiwinyddol ond fel disgrifiad o'r ysfa sy'n mynnu un diffiniad, un pwrpas, un ideoleg, un gyffes ffydd – rhyw ymagweddu totalitaraidd tuag at yr artist gan gyhoeddi bod unrhyw un o'r tu allan iddo yn wrthodedig ac yn golledig. Yn wleidyddol neu'n ddiwylliannol wedyn 'rydech chi'n eu hanfon i Siberia i fagu euogrwydd ac edifeirwch. A 'dydw i ddim yn sôn am Rwsia ond am ffwndamentaliaeth yr *un* ffurf neu yr *un* neges. Mi fydd hon yn dweud wrthym ni beth i'w ddarllen, pwy sydd i ysgrifennu, beth bynnag am pwy sydd i gyhoeddi.

Daeth ac aeth sawl ton o ganiadau traethodol a moeswersi oes Fictoria i'r dibwrpas a'r abswrd yn ein dyddiau ni. Mae tabŵ un cyfnod weithiau yn weledigaeth i gyfnod arall. Tuedd pob ffasiwn yw troi'n ffetish, yn ystrydeb. A thuedd gormes unrhyw bwysau o'r fath yw troi yr artist yn bropagandydd clogyrnaidd – a'i ladd.

Adlewyrchu a chael rhyddid i gyfoethogi'r cymhlethdod sydd ohoni yw ei waith, a 'does ganddon ni ddim hawl i ddisgwyl i'w gelfyddyd fod yn fwy unffurf na'r byd y mae'n digwydd bod yn rhan ohono.

Mae i'r pwyslais yma hefyd ei ran yn ein ffordd o synio am natur beirniadaeth. Er mwyn bod yn daclus, neu am ein bod ni'n ddiog, fe fyddwn yn aml yn euog o symleiddio neu o bolareiddio'r sefyllfa, fel mewn eisteddfod pan fydd beirniadu'r Prif Adroddiad neu'r Prif Unawd. Er mwyn profi bod un yn haeddu'r lle cyntaf, y demtasiwn ydi mynd allan o'n ffordd i ganmol hwnnw i'r cymylau gan sôn amdano fel darganfyddiad y ganrif, a phigo beiau'r llall. A 'dyw'r dechneg ddim yn gwbl ddieithr yn hanes beirniadaeth y goron a'r gadair ychwaith. Ond digon prin fod hyn yn onest. 'Does dim yn gwbl dda nac yn gwbl ddrwg. Yn ein hysfa am gael teilyngdod ac i argyhoeddi eraill o hynny cawn ein gyrru i unochredd anghyfrifol ac i ddiogi dadansoddol. Chwiliwn am rinweddau nad ydynt yno neu roi'r chwyddwydr ar y craciau. 'Rydyn ni'n hoffi seboni neu ddamnio, llyfu neu boeri. Du neu wyn. Ac mae cael *un* yn beth taclus. Ond mi fyddwn i'n hapus iawn o weld ar ddydd Mawrth neu ddydd Iau nid yn unig y buddugol ond yr hanner dwsin teilwng – os oes rhai – o'i gwmpas beth bynnag am ei gyfarch. Felly hefyd gyda'r fedal ryddiaith. Byddai hynny, greda' i, yn adlewyrchiad tecach a gonestach o'r sefyllfa, yn arbennig o gofio pa mor simsan a mympwyol y gall beriniadaeth fod weithiau a'r modd y llwyddwyd fwy nag unwaith i golli'r gorau – eto am resymau nad oedd a fynnen nhw ddim oll â chrefft.

I grynhoi; wrth wynebu unrhyw waith creadigol fe ofynnir pedwar cwastiwn:

Beth sy'n cael ei ddweud? Ydi o'n werth ei ddweud? Sut mae o'n cael ei ddweud? Ydi o'n cael ei ddweud yn dda?

Mi greda' i y byddwn ni yn anghytuno hyd Sul y Pys ynglŷn â gwerth yr hyn sy'n cael ei ddweud. Ai pwrpas celfyddyd ydyw diddanu, goleuo, perswadio, achub . . . neu'r cyfan yn eu tro? Mae a fynno hynny â'r lle neu'r sefyllfa 'rwyf ynddi, fy nhipyn argyhoeddiadau neu ddiffyg argyhoeddiadau. Mi fydda' i wedyn yn ymateb i'r hyn sy'n cadarnhau'r argyhoeddiadau neu'r rhagfarnau hynny. Y bregeth dda ydi'r bregeth y bydda' i'n cytuno â hi. Yn hynny o beth, amddiffyn ein gwâl ydi'n hanes ni.

Pan ddown ni at y *ffordd* o ddweud, y *sut*, y glendid caboledig, y dechneg – yna fe ddylai hyn fod y tu allan i ffansi a ffydd, y tu allan i farn bersonol neu emosiwn. Mae'r meistri ym myd rhyddiaith neu y mesurau caeth yn gallu anadlu bywyd i hen ffurfiau. I'r mesurau mwy arbrofol sydd ohoni fe fydd y gwir grefftwr yn gonsuriwr iaith, yn gynnil, yn ddewisol, ac er nad yw'n gweithio o fewn canllawiau set, mae iddo yntau hefyd fiwsig, ei sigl a'i swae a'r rhythmau sy'n ei wneud yn fardd yn hytrach nag yn riportar.

Yn y darlun cyflawn – o briodi cynnwys a ffurf – mi fentra' i gyfatebiaeth o fyd y saer. Mae'r artist o saer sy'n deall ei fusnes nid yn unig yn gwybod sut i drin y pren ond hefyd pa bren i'w ddewis. 'Waeth i chi heb â chael cwafers celfyddydol ar bren sâl na chrafiadau carbwl ar dderw.

A dod yn ôl i'r Babell Lên. Fe fydd, cyn diwedd yr wythnos – yr amrywiaeth rhyfeddaf. Mi fydd eiliadau dwys ac mi fydd eiliadau-bron-mynd-dros-ben-llestri englyn digri – ymryson ac anghytuno. Mi fydd rhywun eto wedi cael cam ac arall wedi ei gamddeall neu ei gamddehongli – mi fydd beirniaid wedi anghytuno, mi fydd rhyw sgandal neu'i gilydd. Gobeithio y cawn ni nid yn unig enghreifftiau godidog o hen grefft ond ambell ffrwydriad hefyd sy'n profi y gellir o fewn y Gymraeg anadlu egni ffresni sydd â blas dyfodol arno. Dyna stwff ein 'Steddfod. 'Rydw i'n dod yn ôl at y man cyfarfod – at y man canol. Mae sawl math o fynegiant. Y cwestiwn i'w ofyn o hyd ac o hyd ydi hwn: O'i *fath* ydi o'n grefftus? O'i fath – y tu mewn i'w gategori, tu mewn i ffiniau arbennig ei ddisgyblaeth, boed gân bop, boed awdl, nofel neu englyn – a oes graen ar y dweud a'r llunio a gallu dweud wedyn 'Dydi o ddim at fy nant i ond . . .? Gallu dod at unrhyw waith, heb inni fod yn rhy gaeth ein disgwyliadau, bod yn barod i ymysgwyd oddi wrth ein rhagdybiadau a'n canllawiau ydi'r gamp . . . Mi wn ei bod hi'n llawer haws lluchio gosodiadau ysgubol, dirmygus ac unllygeidiog at yr hyn sy'n ddieithr inni ond 'rwy'n sôn am dderbyn a chydnabod gwahanol safbwyntiau. Yn nyddiau Solidarnosh a'r SDP hwyrach ei bod hi'n bryd i ninnau sôn am y cymedroli a'r cymodi. Ac nid rhywbeth meddal yw'r cymod hwn, ond man cyfarfod argyhoeddiadau dwfn; nid colli ein gwahaniaethau a'n gwahanol safbwyntiau, na'u glastwreiddio ond eu cynnwys o fewn un teulu, un genedl, un pobl. 'Cymod a chyflawn we, myfi, tydi, efe.'

Os ca' i aralleirio Ann Griffiths yn annheilwng:

> Dyma babell y cyfarfod
> Dyma gymod.

Gobeithio y bydd i Babell Lên yr Eisteddfod, yn wir holl weithgarwch y genedl, gael eu llywodraethu gan yr ysbryd hwnnw.

S4C – I Be? I Ble? I Bwy?*

Ddeng mlynedd yn ôl 'roedd criw ohonom ni wrthi yn ffilmio ar ynysoedd yr Hebrides a gorffen ein taith ar ynys fechan Barra. Fe ddwedwyd wrtha i am fynd i dafarn fechan ger tre Castlebeigh ar nos Sadwrn os oeddwn i am glywed rhai o ganeuon gwreiddiol yr ynys yn cael eu canu. Eistedd yn dawel yn fy nghornel a disgwyl. Yna tua'r hanner awr wedi naw, y dyn y tu ôl i'r bar yn estyn ei law a throi'r set deledu ymlaen. Kojak! Distawrwydd disymud am dri chwarter awr, ac ar ôl y perfformiad ychydig drigolion yn diflannu allan i'r storm a'r brwyn. 'Rydw i'n dal i ddisgwyl am hen ganeuon Barra!

Fe garwn drïo dweud rhywbeth am berthynas yr ynys – yn y cyswllt yma y Gymru Gymraeg – a'r byd mawr Seisnig o'n cwmpas. A hynny'n fwyaf arbennig, yma yn y byd teledu.

Gair i ddechrau am y drefn newydd. Bellach fe ddaeth y patrwm a siap S4C yn weddol eglur inni. Tair awr ar hugain o raglenni Cymraeg a'r rhai hynny'n dod o dair ffynhonnell – HTV, BBC a'r Cynhyrchwyr Annibynnol. Derbyn neu gomisiynu'r rhaglenni hynny yw cyfrifoldeb S4C gan ddangos yr un tegwch a'r un cyfrifoldeb tuag at y tair ffynhonnell. Bellach fe welwyd, mae'n siŵr, fod rhai pethau'n wir am y tair:

(a) Mewn perthynas â'r annibynwyr, does dim raid nyrsio neb na dim a 'does gan S4C ddim cyfrifoldeb dros gadw pobl i fynd os nad ydyn nhw'n gallu gwneud rhaglenni a pharhau i wneud rhaglenni. 'Dydi S4C ddim yn bod i brofi unrhyw athroniaeth arbennig ynglŷn â tharddiad na gwneuthuriad rhaglenni. Fel yn hanes y ddwy gyfundrefn fawr, fe fedran nhw wneud rhaglenni sâl ac fe fedran' nhw wneud rhaglenni da. 'Dydi bod yn annibynnol ddim yn rhoi trwydded i fod yn salach na rhywun arall. 'Dydi bod yn annibynnol, 'chwaith, ddim yn golygu bod y rhaglenni, o'r herwydd, yn well.

---

* Darlith a draddodwyd yng Nghyfarfod Blynyddol S4C yn yr Eisteddfod Genedlaethol, Y Rhyl, 1985

Mae'n beth da iawn fod yna rôl i'r cynhyrchwyr hyn sy'n gweithio y tu allan i gyfundrefn. Os daw dydd pan fyddan 'nhw'n ffurfio cyfundrefn newydd arall – yna dyna ddiwedd ar Annibynia-a'r holl syniad. Tybed a yw hynny eisoes yn digwydd, gyda sêl bendith S4C?

(b) Mewn perthynas â'r BBC, er bod y rhaglenni'n dod yn rhad ac am ddim i S4C – 'dydi hynny ddim yn golygu bod gan yr hen fodryb yr hawl i ddewis a gwrthod ei phatsh a gadael i'r ddwy sector arall i lenwi'r bylchau. 'Dydi rhoi rhaglenni rhad ddim yn golygu bod y BBC y tu allan i drafodaeth sy'n ceisio cael yr amrywiaeth a'r ansawdd gorau. 'Roedd rhai o ddatganiadau cyntaf y BBC ynglŷn â'i rhyddid absoliwt a'i llywodraeth dros gynnwys eu rhaglenni'n awgrymu gryf fod yn rhaid i S4C dderbyn beth oedd ar gael. Byddai *fait accompli* felly, wrth reswm, yn negyddu unrhyw gyddrafod rhwng y gwahanol ffynonellau. Bellach fe welir mai partneriaeth ydi hi.

(c) Mewn perthynas â HTV, nid yw'r ffaith fod HTV yn cael tâl anrhydeddus am y rhaglenni yn golygu ei bod hi i boeni mwy am arian nag am ragoroldeb ei chynnyrch. Gwneud rhaglenni – nid gwneud arian. Ond fod rhywun yn dwfn obeithio bod y ddau beth yn cydredeg! 'Dydw i erioed wedi credu bod y gyfundrefn gyfalafol yn rhwystro rhywun rhag gwneud rhaglenni da – mwy nag ydi bod yn 'rhydd' o ofynion masnachol yn *sicrhau* rhaglenni da. Fe ddylai Croes Cwrlwys fod yn fwy o Barnasws nag o Deml i Famon! Ar yr un pryd, 'rydyn ni'n byw mewn hinsawdd o gael pris teg am ein cynnyrch. Ond yn y diwedd, unigolion sy'n gwneud rhaglenni, nid cyfundrefnau.

23 awr, ochr yn ochr â gwasanaeth Saesneg yng ngwledydd Prydain sydd wrthi bellach bron drwy'r dydd. O raid, mae cynnwys a scôp wythnos 23 awr yn wahanol i wythnos o dros gant o oriau. Er bod eich cynulleidfa'n disgwyl yr un amrywiaeth, mae hynny'n amhosibl. Nid mater o adnoddau ydi hi ond cyfyngiadau anorfod yr oriau sydd ganddoch chi i drio gwneud popeth.

Mae pwysau'r 'poblogaidd' yn fwy o fewn 23 awr nag o fewn cant o oriau. Neu, os liciwch chi, mae'r lleiafrifoedd yn debycach o gael cam pan fydd nifer yr oriau'n gyfyngedig am y rheswm syml eich bod chi o fewn hanner miliwn o wylwyr yn sôn am leiafrifoedd bychan iawn. Ac mewn cyfnod fel hwn yn hanes S4C pan fydd pwysau cwbl ddealladwy ar gael ffigurau uchel o wylwyr, mae'r wasgfa ar raglenni i'r 'cymharol ychydig' yn un fawr. Os, yn y diwedd, y gwelwn ni nad oes fawr o neb yn gwylio fe fydd rhywun yn rhywle'n gofyn cwestiynau ynglŷn â gwerth y buddsoddiad. 'Does neb yn poeni'n ormodol o fewn y cyfundrefnau Seisnig mawrion os gwnewch chi rai cyfresi gydag apêl gyfyngedig. Fe fyddan' nhw'n werth eu gwneud, yn bwysig ac yn arbrofol. Mae digon o le, digon o wylwyr i gario'r peth yn hapus. Dyna'r gwahaniaeth rhwng darparu gwasanaeth ar gyfer hanner can miliwn (a llawer mwy os llwyddir i werthu'r rhaglenni hynny) a gwasanaeth ar gyfer llai na hanner miliwn. Yn y Gymru Gymraeg fe fydd y blaenoriaethau'n wahanol. Eto, o fewn patrwm o'r fath, nid *dileu* rhaglenni ar gyfer lleiafrifoedd honedig yw'r ateb, ond eu gwneud yn y fath fodd fel y byddan' nhw'n apelio at gynulleidfa ehangach. Ac mae angen disgyblaeth felly, nid yn unig mewn stiwdio deledu, ond hefyd yn yr ysgol a'r coleg, mewn pulpud ac ar lwyfan y gwleidydd. Os oes ganddon ni rywbeth i'w ddweud, fe ddylem ni chwysu'n galed i weld sut y gellir ei ddweud o – i olygu llawer i lawer. 'Does dim rhaid i'r sylweddol fod yn ddiflas na'r arbrofol yn annealladwy.

Ond i ddod yn ôl am funud at Barra a Kojak! Mae ganddon ni ein cân. Rhaid i ni ddiogelu honno. Rhaid gwneud rhywbeth amgenach na benthyg, ailadrodd, cyfieithu neu gyfaddasu o'r byd mawr Seisnig-Americanaidd – er bod lle i gyfaddasu idiomau poblogaidd y byd i bob iaith. 'Rydyn ni hefyd o fewn cyrraedd Kojak. Yn gwrthdaro (neu'r croes ffrwythloni) yma gallwn ddweud tri pheth:

(a) Mae rhai rhaglenni na *fedrwn* ni mo'u gwneud. Mae nhw'n rhy gostus ac yn rhagdybio gwylio o blith miliynau. Gellir gwneud rhywbeth *tebyg* – ond mi fydd y scêl, y cyraeddiadau'n is. Rhaid wynebu hynny cyn dechrau.

(b) Mae rhai rhaglenni na ddylem ni mo'u gwneud p'run bynnag am nad ydyn nhw yn werth eu gwneud. Mae yna rwtsh sâl y byddem ni'n well allan hebddo. Gwell dyfeisio ambell fformat gwreiddiol (cydnaws â chân yr ynys, os liciwch chi) na bodloni ar efelychiadau sâl.

(c) Mae rhaglenni nad oes bwrpas i'w gwneud o gwbl am eu bod nhw ar gael yn Saesneg. 'Rydw i yma'n taro yn erbyn y rhai hynny sydd am fyw bywyd teledol cyflawn trwy gyfrwng yr iaith Gymraeg. Ond mae mwyafrif llethol o'r hanner miliwn *yn* ac *am* symud o un iaith i'r llall. *Mae* gwylio mawr ar raglenni Saesneg. Y rheswm a gynigir am hynny yw fod rhai o'r rhaglenni hynny'n fwy atyniadol, yn fwy cyffrous. Mae ateb arall – bod llawer iawn ohonom ni eisiau blas y ddau fyd ac yn methu deall pam na fedrwn ni. Mae Kojak wedi cyrraedd Barra ac mae yna bobl yn Barra yn falch iawn o'i gwmni. Gall fod yn newid o hen ganeuon yr hesg a'r hiraeth.

Gair 'rwan am y datblygiad a fu – fel yr ydw i wedi ei gweld hi bellach dros gyfnod o bron chwarter canrif o ymwneud â rhaglenni Cymraeg. Fe wnaed gwaith glew gan y BBC a'r cwmnïau masnachol yn y dyddiau cynnar. Fe sonnir am weithio o dan amgylchiadau cyntefig – teuluol bron – lle roedd un person yn gorfod gwneud sawl gorchwyl. Mae'n bwysig cofio bod yna bersonoliaethau, fod rhaglenni Cymraeg yn bod cyn S4C. Ond fe fu datblygiad. Cafwyd mwy o oriau, llawer mwy o amrywiaeth, gwell ansawdd. Gwelwyd datblygiadau syfrdanol yn y cyfarpar technegol. Hwyrach y byddai hyn wedi digwydd p'run bynnag, ond fe gyflymwyd y broses. Ac wrth gwrs, o ddyfod S4C, fe gafwyd cyfundrefnu llawer mwy boddhaol trwy roi'r cyfan ar yr un sianel. Mae'n bosibl bellach wneud dau beth. Yn negyddol, osgoi dyblygu dianghenraid a chostus, a chystadlu di-fudd a di-bwrpas. 'Does dim rhaid mwyach i'r BBC/HTV/Annibynwyr wneud yr un peth – er bod enghreifftiau o hynny yn digwydd, yn anffodus – hyd yn oed yn Y Rhyl! Ar yr ochr gadarnhaol, fe ellir creu patrwm sy'n cynnwys dewis eang ac amrywiaeth boddhaol. Yn araf deg, mi greda' i, yr ydyn ni eisoes yn gweld o ble mae'r rhaglenni llwyddiannus a chaboledig yn dod – a beth yw'r cryfderau a gwendidau sy'n perthyn i'r tair ffynhonnell. Eisoes fe hidlwyd llawer o'r us oddi wrth y grawn ac fe welwyd yn weddol glir beth yw mannau twf y tair. Diflannodd y 'cowbois'. Un peth yn sicr sydd yn cael ei brofi – na fedrwch chi ddim adeiladu sianel Gymraeg lwyddiannus ar un fflach ysbrydoledig (ac yn aml, costus). Mae'r deyrnas yma'n perthyn i'r rhai sydd yn gallu meddwl nid yn unig am un rhaglen a hyd yn oed un gyfres ond sydd â'r dyfalbarhad a'r ddisgyblaeth i droi cyfresi cyfan yn ymestyn dros gyfnod hir. A mwy na hynny, gallu ymwrthod â hen batrymau blinedig gan gynnig rhai ffres yn eu lle. Mae stamina mor bwysig bob tamaid â'r sbarc!

* * *

Am resymau digon amlwg, fyddai hi ddim yn beth call iawn i mi ddoethinebu uwchben rhaglenni unigol. Ond mae yna le a chyfle i wneud rhai sylwadau.

A siarad yn fras, ceir dau ddosbarth o raglenni. Fe alwn ni'r cyntaf yn fyd y *digwydd*, y byd *ffeithiol*. A'r llall, byd y *dychymyg*. 'Dydi o ddim yn rhaniad boddhaol am fod angen dychymyg wrth ymdrin â ffeithiau a fedrwch chi ddim ysgaru byd y dychymyg ychwaith o'r hyn sy'n 'digwydd'. Ond fe welwch bwynt y rhaniad yn y munud. Dyna'r dosbarth cyntaf. Y rhaglenni hynny sydd yn sylfaenedig ar ddigwyddiadau neu ffeithiau – lle mae'r stiwdio neu'r ffilm yn gyfryngau i adlewyrchu'r hyn sy'n digwydd – yn wleidyddol, yn economaidd, yn addysgiadol, ym myd y celfyddydau ac ati. Beth sydd ei angen wedyn ydi peirianwaith i ddewis ac i ddethol, i gyflwyno hyn i gyd yn y wisg orau bosib' – i adrodd y stori'n dda, i ddehongli, i ddadansoddi. Perthyn i'r dosbarth yma o raglenni y mae newyddion, materion cyfoes, rhaglenni dogfen yn ymwneud â phynciau cymdeithasol o bob math, rhaglenni awyr agored, amaethyddol – a rhaglenni sy'n adlewyrchu'r byd cerddorol – yn ei holl agweddau. (Mae rhaglenni plant yn allweddol ond ychydig o gyfle a gefais i i'w gwylio heb sôn am unrhyw gymwysterau i'w cloriannu.)

Mae'r meysydd yma'n llwyddiannus – y newyddion mewn dwylo profiadol ac yn slic, a materion cyfoes wedi agor gorwelion cyffrous yn ystod y tair blynedd diwethaf. Ceir cyflwynwyr a newyddiadurwyr trylwyr. Rhai'n gadarnach eu hiaith na'i gilydd. Rhai'n well na'r lleill am adrodd y stori. Ond y tu ôl i'r cyfan, llawer o *expertise* ac o ymchwil proffesiynol sy'n ceisio bod yn deg a gwrthrychol. O bryd i'w gilydd fe geir y teimlad o fod yn dameidiog ac y gellid fforddio hamddenu a phlymio'n ddyfnach i'r hyn sydd y tu ôl i'r digwydd. Tueddwn o hyd i amau gallu'r gwyliwr i aros efo unrhyw eitem sy'n hwy na deng munud! Ond mater o bwyslais ac o farn yw hyn. (Mi fydd gen i rywbeth i'w ddweud, cyn y diwedd, ar yr holl gwestiwn o berspectif ac o ddewis beth sy'n arwyddocaol.)

Ym myd y chwaraeon fe geir graen. Natur y sylwebaeth, bron yn ddieithriad, o'r radd uchaf. Boed griced, snwcer, y ddwy bêl leder fawr neu wrestlo – gellir cymharu'r rhan fwyaf o'r cynnyrch â'r gorau yn Lloegr – a hynny heb ddim o'r hunangyfiawnder a'r cenedlaetholdeb trahaus a chyfoglyd sy'n nodweddu cymaint o'r byd hwnnw. Mae'n braf cael tipyn o flas y ddaear a'r cefndir Cymreig i loywi sylwadau.

Yn gerddorol, boed glasurol neu werin, rydych chi ar drugaredd y talentau sydd ar gael. Os yw'r rheini'n dda fe ddylai fod ganddoch chi raglenni da. Estyniad o gyflwr y dydd yw'r stiwdio. Nid creu cantorion a grwpiau yw'n gwaith ond rhoi cyfle a llwyfan iddyn nhw. A chaniatáu fod llunwyr y rhaglenni'n *dewis* yn iawn, fe fydd y feirniadaeth wedyn, nid ar gynnwys y rhaglenni, ond ar y ffordd y maen nhw'n cael eu rhoi wrth ei gilydd. Oes yna ffresni? Oes yna aflonyddwch a dyfeisgarwch i drïo dweud y peth mewn ffordd wahanol i'r tro diwethaf? Oes yna ddefnyddio'r cyfrwng mewn modd anturus?

Rŵan at yr ail ddosbarth, lle y mae angen creu, lle rydych chi ddim yn dechrau efo'r digwydd neu sefyllfa benodol ond yn hytrach efo thema neu syniad. Byd yr artist, y dramodydd, y bardd – a hwnnw, gobeithio, wedi ei gyfieithu i dermau'r sgrîn fach. Yn y dosbarth hwn mae llwyddo'n anodd a methu'n ofnadwy o hawdd. A hynny oherwydd natur anorfod yr hyn yr ydych chi'n drïo'i wneud. Cymerwch *sefyllfa gomedi* y mae pawb yn gweiddi allan am ychwaneg ohoni. Mewn unrhyw wlad dan haul, ychydig iawn iawn ydi'r llwyddiannau amlwg yn y maes yma. Mi fedrwch enwi hanner dwsin yn Lloegr dros y ddwy nau dair blynedd diwethaf. Cymedrol neu ffwdanus ddiddim yw'r gweddill. *Mae* sgriptwyr da yn brin. Mae'r actiwr comig yn brin. Ond mae ganddon ni bellach ar S4C gnewyllyn o dalentau comig naturiol ac addawol – rhai ohonyn nhw'n ddigon ifanc i ddatblygu eto, ac i ddatblygu arddull bersonol a newydd. Mae tuedd o hyd i orwneud popeth, yn ddeialog, yn sefyllfa, yn wyneb – fel pe na bai ganddon ni'r ffydd yn yr hiwmor cyfrwys, awgrymog. Nid nad oes lle i fynd dros ben llestri – ond ddim o hyd! Ac, wrth gwrs, 'dydi hi ddim yn hawdd sgwennu'n ddigri. 'Rydyn ni'n llawer gwell yn hel dagrau.

Yr hyn *ydyn* ni fel pobl yn aml sy'n penderfynu'n ffordd ryfedd ni o ymateb neu beidio ymateb i fyd y digrifwr. Dyna ichi'r obsesiwn 'Celtaidd' yma o din-droi'n ormodol efo bywyd gwledig a diflanedig y clos pen-glin, y domen dail, yr hen Ffordyn, y capel bach a'r gweinidog glân fel brilcrîm. Iawn – eto yn ei le. Hawdd i'w orwneud a'i ddifetha. Mae yna hiwmor ar wahân i hiwmor yr Hen Siandri.

O'r ochr arall, fe welsom ni gryn fentro i geisio creu cymeriadau a sefyllfaoedd mwy cymhleth, gwyrdroëdig (os nad troëdig) ar brydiau! Cyfresi wedi eu selio ar syniadau ffrwydrol, abswrd, grotésg. Rhai'n llwyddo'n well na'i gilydd. Ond beth sydd ganddoch chi ydi nifer o ddoniau ifanc a chymharol ddibrofiad ond brwdfrydig yn gweithio ar dalcen caled. 'Rwy'n teimlo weithiau ein bod ni'n rhy ddiamynedd, ac yn rhy set yn ein ffyrdd. Byd newydd ydi o – sianel newydd. A gwell methu wrth drïo'r newydd na llwyddo wrth fodloni ar gawl eildwym. Mae unrhyw beth sy'n cefnu ar ein syniadau traddodiadol a cheidwadol yn rhwym o gael ei gollfarnu a'i gamddeall.

Y tu ôl i lawer iawn o'r beirniadu, 'dydw i ddim yn siŵr nad oes tipyn go lew ohono'n codi o'r teimlad o euogrwydd wrth chwerthin o gwbl. Rhyfeddol o ddihiwmor yw llawer o'n sylwebyddion a'n dadelfenwyr cyfoes – boed mewn erthygl neu stiwdio neu glwb. Hiwmor sarrug, pigog, dolurus ydi o. Heb lawenydd, heb ddiniweidrwydd. Cyfnod y sorri a'r suro ydi hwn yng Nghymru, gwaetha'r modd.

Ym myd y ddrama fe gawsom ni amrywiaeth o ddramâu trwm ac ysgafn mewn themâu ac arddull. Rhai ohonyn nhw'n ysgytwol a chofiadwy. Bellach mae yna ddramodwyr sy'n sgwennu'n arbennig ar gyfer gofynion teledu. Cawsom gyfresi drama poblogaidd hefyd – opera sebon. O gael sefyllfa sydd wedi dod yn rhan o batrwm gwylio cyson nifer mawr o'r gwylwyr, y gamp wedyn yw defnyddio'r ffrâm dderbyniol honno i ddweud rhywbeth mewn byd lle mae rhywbeth o bwys yn gallu digwydd, yn hytrach na bodloni ar siarad rhwydd wrth symud o un sefyllfa ddiamcan i'r llall. Fe ellir turio i berfedd golygfa neu gymeriad heb golli dim o apêl ddramatig y gyfres boblogaidd. Mae yma her a chyfrifoldeb arbennig ar ysgwyddau ysgrifenwyr mewn cyfresi o'r fath. Fe all y ffrâm ddefnyddio'r sgwennu gorau.

Wrth sôn am raglenni crefyddol, fe sylwyd yn gyson eu bod nhw'n rhaglenni rhad a bod canu emynau'n apelio'n fwy na dim byd. ('Dyw teledu canu emynau, gyda llaw, ddim yn rhad!). Mae'n sefyllfa afiach, wrth gwrs. Nid bod rhywun am funud yn dilorni lle y cysur a ddaw i'r miloedd sy'n ymborthi ar hiraeth o'r fath gan gydio mewn cordiau a fu'n rhan o'u bywyd unwaith. 'Rydw i hefyd yn barod iawn i gredu nad ymlyniad sentimental felly yn unig sydd y tu ôl i lwyddiant canu emynau – mae pobl yn gallu sugno cysur ac ysbrydoliaeth o'r llecynnau mwyaf annisgwyl. Ond mae lle a chyfrifoldeb arbennig yn y maes yma hefyd fel ym myd y ddrama neu'r ddrama ddogfen i chwilio i mewn, a hynny mewn modd cynhyrfus, i ysbryd dyn a chyffroadau cenedl. Yr ydym yn euog o ddiogi, o ddiffyg ymroddiad ac o fethu â buddsoddi adnoddau teilwng. Mae hanes crefydd, mae ymwneud crefydd â phobl, o oes y saint hyd at 'wacter ystyr' yr ugeinfed ganrif, yn epig fawr. Nid geiriau, ac yn sicr nid candi-fflos ydi pechu, cablu, maddau ac edifarhau, ond tymhestloedd a daeargrynfeydd profiad.

* * *

'Rŵan at rai ystyriaethau wrth edrych i'r dyfodol. Fe sefydlwyd S4C er mwyn rhoi gwasanaeth *cyflawn* i'r Gymru Gymraeg. Ac wrth wasanaeth cyflawn, 'rydyn ni'n sôn am raglenni eang eu cwmpas – am raglenni sy'n adlewyrchu holl amrywiaeth y Gymru gyfoes. Byddai'n wendid mewn gwasanaeth o'r fath pe bai'n sianel un dosbarth neu gredo neu un rhan o Gymru ar draul y llall. Fe ddylai'r lleisiau a glywn ni fod yn lleisiau'r haenau cymdeithasol i gyd – beth bynnag yr acenion. Nid un esboniad sydd i hanes Cymru ac nid un safbwynt nac un dosbarth na chenhedlaeth sydd wedi eu breintio i siarad drosti. 'Dydi agosrwydd rhywun at y stiwdio, neu gyfranwyr sydd yno yn unig am eu bod nhw'n 'nabod y cynhyrchydd neu'r ymchwilydd ac yn gwneud gwaith y ddau yn haws – 'dydi hynny ddim yn ddigon o gyfiawnhad dros iddyn nhw ddod a dal i ddod. Mae'n bwysig ein bod ni'n adnabod ein Cymru'n dda, nid ein milltir sgwâr ddaearyddol neu ddiwylliannol neu gymdeithasol ni yn unig.

Wrth wraidd sefydlu'r sianel yn y lle cyntaf yr oedd yna bwysau gwleidyddol. Yr oedd Gwynfor Evans a Chymdeithas yr Iaith yn amlwg iawn yn yr ymgyrch. Sianel i gryfhau'r Gymraeg, sianel i gadw'r Gymru Gymraeg a'r di-Gymraeg rhag mynd benben â'i gilydd. 'Rydyn ni i gyd bellach yn hen gyfarwydd â'r dadleuon. Yn sgil hyn mae yna ofynion, mae yna ddisgwyliadau, mae yna bwysau cyson ar S4C sydd efallai'n wahanol i unrhyw gyfundrefn deledu arall. Nid yn unig i fod yn sianel Gymraeg. Mae llythyru a gohebu cyson hefyd am rywbeth arall llawer mwy anodd i'w ddiffinio – ond sydd yn gwneud sens yng nghyd-destun yr ymgyrch – sef *perspectif* y sianel. Cymry ydyn ni. Mae ganddon ni hanes, pryd bynnag y dechreuodd hwnnw. Mae a fynno hynny, o raid, â'r hyn sydd i'w weld ar y sgrîn. Ein tirlun *ni*, ein beirdd a'n gwrthryfelwyr, ein cymeriadau, ein bonedd a'n gwreng *ni*, ein poen a'n llawenydd. Dyna'r deunydd crai. Mae a fynno'n hunaniaeth ni â'n cynnyrch. 'Dydi hyn ddim, gobeithio, yn golygu bod yn rhaid inni ogor-droi'n ddiddiwedd gyda themâu hanesyddol ac atgofus – mae'r cyfoes a'r dyfodol hefyd yn rhan o stori'r llwyth. Wrth ofyn *sut* mae'r stori honno'n cael ei hadrodd, mae'n rhaid cofio nad UN gyfundrefn yn penderfynu *be* a *sut* i'w ddweud sydd gennddoch chi ond nifer o gynhyrchwyr, o storïwyr, o haneswyr, o newyddiadurwyr, o olygyddion. A'r rheini'n aml iawn yn wahanol i'w gilydd. Fe fydd gennddoch chi gymysgedd – y gogwydd Marcsaidd, y dychanwr Twm o'r Nantaidd, y pregethwr, y niwtral gofalus, y drylliwr delwau, y diddanwr – a mwy. Fel yna y dylai hi fod. Rhan o ogoniant y cyfrwng yw'r rhyddid a'r amrywiaeth yma. Eto, rhyddid o fewn canllawiau crefft a chwaeth. Oes, mae canllawiau, mae yna synnwyr o gyfrifoldeb. Cyfrifoldeb y lluniwr rhaglenni tuag ato ef ei hun a'i gynulleidfa. Duw a'n helpo pan ddaw'r dydd (os nad yw eisoes wedi dod) pan fydd y gwleidydd naill ai wedi colli ei ymddiriedaeth ynom ni neu am i ni fod yn llaw forwyn i'w bolisïau. Mae'r hyn sydd wedi digwydd yn ddiweddar yn hanes y BBC yn drist, yn frawychus. Diolch fod cynrychiolydd BBC Cymru ar Fwrdd y Cyfarwyddwyr wedi gwrthod plygu i'r chwip o Stryd Downing, a'n troi i gyd yn greaduriaid syrcas yn codi neu'n plygu neu hyd yn oed yn pasio dŵr bob tro y bydd swish y fflangell.

Mae'r ffaith ein bod ni'n Gymry yn golygu rhywbeth arall hefyd, greda' i. Y tu mewn i'r ffrâm yna o lunio ac o'n ffurfio ni i'r hyn ydym – i'n bychanfyd chwedl J. R. Jones – mae'n dilyn nad yr un digwyddiadau o ddydd i ddydd sy'n bwysig i ni ag i Lundain neu Washington neu Moscow. (Mi fyddai marwolaeth Kate Roberts neu Wil Paynter yn bwysicach ar y noson na helyntion caru un o'r teulu brenhinol.) Wrth geisio cadw'r cydbwysedd rhwng newyddion o Gymru a gweddill y byd – mi fyddem ni'n disgwyl rhoi lle amlwg (fel sy'n digwydd) i'r digwyddiadau hynny o fewn ffiniau'n gwlad ein hunain. A wela' i ddim pam na ddylai'r BBC a HTV ddehongli digwyddiadau'r *byd* yn wahanol i sbectol Llundain. O dderbyn yr un clipiau ffilm – 'does dim rhaid hefyd dderbyn y sylwebaeth a'r dehongli sy'n mynd efo nhw.

Os gwyliwch chi raglenni newyddion ar deledu yn Ewrop fe welwch yn fuan iawn fod golwg wahanol i'w chael ar newyddion y dydd o Iwerddon, De Amerig, De Affrig neu linellau piced. Ac er bod adroddiadau dewr yn cael eu trosglwyddo gan ITN a'r BBC, mae gen i ryw deimlad anesmwyth fod cysgod y sefydliad gwladwriaethol (os nad milwrol a deddfwriaethol) yn drwm dros y cyfan. Mae cael cyfundrefn deledu i ni'n hunain yma yn rhagdybio ymgais, beth bynnag, i fapio llwybr annibynnol a chyfrifol yn hytrach na diflannu o fewn monolith mawr.

'Does yna ddim UN stans cenedlaethol Cymreig. Ond fe greda' i fod yna y tu ôl i'r holl wahaniaethau ymhlith gohebwyr a chynhyrchwyr ryw ymdeimlad tuag at leiafrifoedd, o blaid y gwan ac yn erbyn gormes. I mi, mae bod yn Gymro'n golygu consyrn felly, a hynny mewn byd lle nad oes gan y gwan a'r gorthrymedig lais o gwbl. 'Rydw i hefyd, a bod yn berffaith onest, yn gallu gweld sut y gall bod yn rhan o fframwaith ac ideoleg gyfalafol, fel un Farcsaidd, wneud y gwaith yn anodd.

Ar ôl dweud hyn i gyd, yn ein perthynas â'r iaith Gymraeg – y ffordd orau o wasanaethu'r iaith honno yw nid trwy gymryd rhyw un genhadaeth wleidyddol benodol a phregethu neu lunio cyfresi deidactig, teilwng – ond trwy lunio rhaglenni diddorol a bywiog a da *o bob math*. Nid swyddogaeth S4C ydi achub yr iaith. Damwain hapus ydi mai yn y Gymraeg yr ydyn ni'n gweithio. Oni bai ein bod ni'n siarad Cymraeg, mae'n bur bosib' na fyddai'n hanner ni ddim mewn teledu o gwbl. (Mi gewch chi ddehongli'r gosodiad yna fel y mynnoch chi!) Nid cenhadon sydd eu hangen ond crefftwyr.

Fe soniais am yr amrywiaeth o bobl sydd wrthi'n llunio rhaglenni. Mae amrywiaeth mawr hefyd yn eu gwylio – haenau, cenedlaethau, ffasiynau, trwm ac ysgafn, y rhai sy'n ceisio dihangfa, neu hwyl, neu oleuni, neu gyffro, y rhai sydd am ysgogi meddwl, y rhai sydd eisiau llonydd. Ac fel y gwyddom ni'n dda, mae'r hyn sy'n ddiflastod llwyr i un yn adeiladol i arall – rwtsh di-chwaeth i un yn llond bol o donic i'r llall. Fel yna y mae hi ymhob cylch o fywyd. Ac eto, yn y byd teledu, efallai am ein bod ni'n rhy ychydig, mae yna ddiffyg eangfrydedd a goddefgarwch affwysol ym myd gwylwyr ac adolygwyr, cyhoeddus a di-enw.

Mae yna raglenni nad ydw i ddim yn hoff ohonyn nhw o gwbl

– nid dyna'n steil *i*. Ond wedyn mae'n rhaid gofyn pam. Ai am eu bod nhw'n sâl neu am nad ydw i ddim yn eu hoffi? A 'dydi'r ddwy ystyriaeth ddim bob amser yn mynd efo'i gilydd. Mae angen gofyn o leiaf ddau gwestiwn: A ydi'r syniad sydd y tu ôl i'r rhaglen yn un da? Ydi o wedi ei weithio allan yn iawn? Weithiau, mae syniad da yn cael ei wastraffu gan driniaeth dila. Dro arall mae llawer o ymdrech yn cael ei roi i mewn i rywbeth diflanedig iawn, iawn. Yn aml, os nad oes ganddon ni ddim byd lawer i'w ddweud mae hi'n demtasiwn i guddio'r noethni hwnnw y tu ôl i dipyn o dinsel a gimics electronig.

'Does gen i ddim gwrthwynebiad o gwbl i golofnwyr ddefnyddio rhaglenni teledu i gael tipyn o hwyl, i roi mynegiant i'w casbethau a'u cas-bobl, neu eu rhwystredigaethau, eu siomedigaethau neu eu heiddigedd. Mae llawer iawn o'r ysgrifennu hwnnw'n eithaf difyr. Ond mae lle hefyd i feirniadaeth fanwl a bywiog – o edrych yn ddadansoddol ar beth mae rhywun yn drïo'i wneud. 'Does dim rhaid i'r ymdriniaeth honno fod yn sych. Gweld y bwriad, dadelfennu'r gwneuthuriad – a'n gadael ni i gyd yn gyfoethocach ac yn gallach. Fel mewn beirniadaeth eisteddfod, mae'r peth yn bosib' ac yn brin. 'Dydi dweud 'Dwi ddim yn licio hwn', 'Dwi'n credu bod hwn yn wych' neu 'Dwi ddim yn cytuno â hwn' yn dweud fawr ddim am y rhaglen. Mae'n dweud llawer mwy am deimladau a mympwyon y sawl sy'n siarad ac yn sgwennu.

'Does na'r un person, na rhaglen, yn ddrwg i gyd, ac o bob gwaith, y gwaith hawsaf i gyd yw lambastio a chael hwyl. Gwaith llawer mwy anodd a chreadigol ydi ceisio deall a dangos sut y gallai pethau fod yn well, sut y gall y pechadur druan gael gwared o'i gloffni! 'Dydyn ni ddim am i bobl ein llyfu ni a'n golchi â sebon meddal ond mae angen awgrymiadau a mynegbyst o dro i dro. Weithiau, mewn ambell eiliad o ddiflastod, mi garwn ddweud wrth rai o deulu'r cwyno – 'Ol-reit, dyma i chi flwyddyn gyfan i'w llenwi. Be' fyddech *chi* yn ei wneud?'

I gloi. 'Rydw i'n credu o galon ein bod ni'n wynebu cyfnod ffrwythlon yn hanes S4C os caiff o gyfle i ddatblygu. Yn nydd y lleng sianelau a'r sateleit fe fydd hefyd yn ddyfodol anodd. Ond:

'Daw dydd y bydd mawr y rhai bychain,
Daw dydd ni bydd mwy y rhai mawr'.

Credaf fod hynny'n wir, a chredaf fod parhad y pethau bychain o dragwyddol bwys ac yn bosib'. O gyfeiriad y celloedd bychain, yn aml iawn, y daw gwarineb a gras a goleuni newydd. Rhaid wrth ymroddiad. Rhaid wrth ymgysegriad – i adlewyrchu'n raenus ac i ymateb i alwadau a gofynion amrywiol ein pobl, i ehangu gorwelion, i ddyfnhau ac i ogoneddu'r profiad dynol, i ddangos bywyd nid yn unig fel y mae ond fel y gallai fod. Nid bod yn drahaus o gwbl yw dweud hynny. Mae darparu a bod yn was, yn y busnes yma, hefyd yn golygu arwain a mentro. Nid dinas noddfa i ffoaduriaid digartref a digyfeiriad ydi teledu, nid lle i gael amser braf, tipyn o sylw a llawer iawn o bres. Dawn yr hen gyfarwydd ydi hi o hyd ac fe gawsom ni gynt ddoniau bendigedig i ddweud stori'r llwyth wrthon ni. Bellach mae ganddon ni gyfrwng pwerus iawn i adrodd y stori honno. Ond er y technegau soffistigedig i gyd, mae angen dychymyg toreithiog, cyflwyno glân, ymchwil trwyadl a threfnu a chyfundrefnu manwl a doeth.

Fe ddywedir i'r pregethwr enwog Dr. Sangster golli ei lais yn llwyr yn ei ddyddiau olaf ac iddo ysgrifennu'r geiriau yma:

> 'Peth ofnadwy ydi colli llais a chymaint i'w ddweud. Ond gwaeth na hynny, hyd yn oed, ydi bod yn berchen llais – A DIM I'W DDWEUD.'

Cyfuniad ydyw o gynnwys ac o gyfrwng. Mae ganddon ni lais – fe fu datblygiadau rhyfeddol yn y *dull* o gyflwyno'r stori. A oes ganddon ni rywbeth i'w *ddweud*? Y dweud hwnnw sy'n gallu sobri, llawenhau, goleuo, sy'n gallu creu rhyfeddol ac ysblander a hwyl, yn llun y gallwn ni, wrth ei wylio, ymddiried ynddo.

Mae parhad a llwyddiant S4C yn dibynnu ar ein gallu i gyfuno'r llais a'r neges.

Y Rhaglen Nodwedd*

Mi ddois i deledu o fyd darllen, ysgrifennu a radio. Yno 'roedd y gair a'i ddelweddau a'i atseiniau yn ganolog. Mae i'r cefndir hwnnw ei fanteision a'i ddisgyblaeth. A'i gyfyngiadau. Erbyn hyn, nid estyniad o'n geiriau yw'r llun; mae iddo ei resymeg a'i ramadeg ei hun. Mi fedrwn wneud heb eiriau yn gyfangwbl. Ond mae gen i ddiddordeb ym man cyfarfod gair a llun, yn swyddogaeth y ddau a'u lle wrth drafod posibiliadau teledu a ffilm.

Mae llawer yn gyffredin i'r ddau faes. Os ydych chi'n golygu cylchgrawn neu bapur newydd, mae ganddo-chi fwy nag un perspectif ac awdur. O fewn ystod gyflawn o raglenni dogfen, fe ddisgwylir yr un amrywiaeth.

Dwi ddim am orddiffinio'r ddau air Rhaglen Ddogfen. Dweud stori ydyn ni, gan ddefnyddio hen ddawn y cyfarwydd mewn cyfnod newydd. Fe ddefnyddir geiriau, lluniau llonydd a symudol, seiniau o bob math, miwsig a thoreth o ddyfeisiadau electronig. Bydd y storïwr profiadol yn gwybod sut i doddi'r cyfan yn un cyfanwaith artistig, mewn cydweithrediad clòs â dyn camera, peiriannydd sain a golygydd ffilm. Yr un peth sy'n aros yn y diwedd yw grym y stori – nid y dechneg. Nid y storïwr 'chwaith.

Am ein bod ni'n sôn am amrywiaeth mawr o storïau ac o ddulliau, mae'n anodd siarad yn synhwyrol am y maes. Fel ym myd papurau a chylchgronau, fe fydd lle canolog i'r erthygl ffeithiol a dawn a thrwyn y newyddiadurwr. Mae'r fformiwla'n gyfarwydd. Camera'n disgyn ar y lle neu'r person, yn symud o wyneb i wyneb, o safbwynt i safbwynt, gan gadw'r stori i symud. Yr elfen ffeithiol, newyddiadurol yma yw asgwrn cefn radio a theledu.

Mae llwyddiant y fath ddogfen yn dibynnu nid yn unig ar rym y stori ei hunan, ond ar natur yr ymchwil, dygnwch yr holwr a chrefft y gohebydd a'r cynhyrchydd. Fformiwla ydi hi sydd wedi ei phrofi ym mhwys a gwres y dydd.

* Traddodwyd mewn symposiwm yn y BBC 5/3/93

Ond nid yw'n addas i bob maes. Y tu fewn i'r diwydiant ei hun, fe fydd y termau *factual programmes* yn cynnwys rhaglenni dogfennol. Gall hynny'n harwain i gredu bod sylfaen ffeithiol, empeiraidd i bob rhaglen. Mae byd y tu alln i *enclave* y gwleidydd, yr ystadegydd, yr undebwr, y gweithiwr cymdeithasol, y cyfreithiwr neu'r ymgyrchydd sloganaidd! Y tu allan, hyd yn oed, i fyd Mrs. Jones a Llanrug, ers talwm. Y tu allan ond nid o angenrheidrwydd y tu hwnt.

Nid nad ydi'r ddogfen ymchwilgar, fanwl, yn ofnadwy o bwysig. Ceir enghreifftiau o'r ff'reta didostur hwnnw yn Gymraeg sydd cystal â dim mewn unrhyw iaith. Fe gostiant yn ddrud mewn amser ac adnoddau. Ac os nad ydych chi'n garcus iawn o'ch ffeithiau a'ch cyfreithiau, mi fedrant gostio'n ddrud iawn. Mae'n werth y buddsoddiad ac yn ein sicrhau fod o leiaf un cyfrwng sy'n cadw golwg fanwl ar ein llywodraethwyr. Nid nad oes iddo'i beryglon. Mae rhai targedau'n ddigon amlwg – twyll a llygredd. Er mor deilwng yw'r cymhelliad, medr y frwydr weithiau ymddangos yn unochrog ac anheg. Yn sicr, 'dyw'r 'troseddwr' ddim bob amser yn cael yr un chwarae teg ag a ddisgwyliai mewn llys barn o erlyn ac amddiffyn. Gall y teledu ymddangos fel bwli, dan lygaid arswydus yr holwr neu lygad y camera sy'n llygad yr hollfyd.

Am ein bod ni yng Nghymru, a llawer ohonom ni yn rhan o'r Gymru Gymraeg, mae hyn yn creu tensiynau a phosibiliadau creadigol digon poenus. Yn ohebwyr a chynhyrchwyr, fe ddisgwylir i ni ein hysgaru ein hunain oddi wrth yr achosion sy'n agos at y galon. (Mae'r tyndra hwnnw yn gyfres ynddi 'i hunan.)

Sôn yr ydyn ni eto am ein ffordd o ddeall ein pobl ni'n hunain. Stori'r llwyth. Er y gallwn ni, gyda'r bwriadau gorau, addo bod yn ddiduedd, 'dydyn ni ddim bob amser yn ymwybodol o'n rhagfarnau a'n cynseiliau.

Yn y cyswllt hwn, fe garwn gyfeirio ar ddwy astudiaeth gymdeithasegol (*social anthropology* ers talwm) Alwyn D. Rees a'i astudiaeth o blwyf Llanfihangel-yng-Ngwynfa, a myfyriwr gyda'r cyfenw Falkenberg, o Brifysgol Manceinion a aeth ar berwyl tebyg i blwy Glyn Ceiriog.

Dwy ardal debyg i'w gilydd. 'Roedd Alwyn Rees yn gynnyrch y gymdeithas Gymraeg. Ar ôl hynny fe ddaeth yn lladmerydd pwysig a miniog dros barhad yr iaith a chyfiawnder iddi yn ein

Llysoedd Barn. Sais oedd Falkenberg yn dod i'w faes yn union fel y byddai anthropolegwr yn disgyn ar un o lwythau Affrica. Bu byw am gyfnod ym mhlith y plwyfolion gan sylwi ar eu harferion a'u credoau. Edrych hefyd ar sut yr oedd y llwyth arbennig yma yn dewis cynrychiolwyr ac arweinwyr, a natur yr hierarchiaeth. Gan ba un o'r ddau y cafwyd y darlun cywiraf? Ar un olwg, 'roedd cefndir Alwyn Rees a'i agosrwydd cyfarwydd â phobl Maldwyn yn help iddo. Oni allai ei ymlyniad emosiynol hefyd fod yn faen tramgwydd? Yn y dieithrwch byddai Falkenberg, yn ei anwybodaeth a'i ddiniweidrwydd, hwyrach yn gweld mwy!

Bod yn agored i'r holl wyntoedd croesion heb gael ein lluchio oddiar ein hechel ganddyn nhw yw'r gamp. Gall fod yn hwyl, ond i ni beidio â'n cymryd ein hunain yn orddifrifol. A'r cyfan yn ffurfio ac yn dylanwadu ar y math o osodiadau dogfennol a ddaw allan o Gymru. Pobl y cyrion ydyn ni yn gwrthdaro â'r canol; ymneilltuwyr yn taro yn erbyn awdurdod; pobl y filltir sgwâr sydd am i'r filltir sgwâr fod yn rhan o'r cyfandir. 'Fedr ein perspectif ni fyth fod yn gwbl Lundeinig, 'fedr ein dyheadau fyth orffwys yn esmwyth o fewn y fiwrocratiaeth fodern, fawr, ddigenedl a diwyneb.

Ar yr un gwynt, 'rydyn ni hefyd yn gorfod wynebu realiti'r farchnad. Fel yn y byd cyhoeddi, mae'r pwysau sydd arnom ni, y Cymry Cymraeg, yn enfawr. Dwedais ddigon eisoes i ddangos nad ydw i ddim yn cymryd golwg elitaidd iawn ar raglenni ac na fedrwch chi ddim cynnal gwasanaeth sy'n mynd yn nannedd y mwyafrif. Mae digon o raglenni nad oes gen i ddim i'w ddweud wrthyn nhw, ond fy mod i hefyd yn gwybod fod yna fwy na digon yn teimlo fel arall. Mae o yn fy mhoeni, er hynny, gorfod troi at raglenni Saesneg mor aml am ddiddanwch a gwefr. Mater o oriau, mater o arian, medden ni. Ond mae strand o raglenni y dylid eu gwneud am fod yn RHAID eu gwneud. 'Does dim rhaid iddyn nhw fod yn esoterig ac yn ddiflas. Yn wir, mi greda i ein bod ni'n tanbrisio gofynion a disgwyliadau gwylwyr. Mae syched am fynegiant sy'n creu rhyfeddod, sy'n syfrdanu; yn lledu gorwelion ac yn dyfnhau profiad. Pwy sydd i ddweud na fyddai'r ffigurau gwylio'n codi? (Dwi'n digwydd credu y gallai POBOL Y CWM gario llawer cryfach a dyfnach *story line* heb golli gwylwyr.)

Nid diffyg adnoddau ariannol, ychwaith, yw'r unig ystyriaeth. Mewn papur ar iaith a theledu yn yr Ŵyl Ffilmiau Geltaidd ugain mlynedd yn ôl, fe ddwedais hyn wrth gynulleidfa sydd bellach yn eiddigeddus iawn o'r adnoddau sydd ganddon ni yng Nghymru:

> 'Those of us who have chosen to work mainly through our mother tongue are fortunate. We often complain of restraints and frustrations, and there will always be projects which we would like to do but cannot. In the past, we have been envious and angry when we are expected to finish in two weeks filming and three weeks editing when 'big brother' would take months. There is another way of looking at it. Constraints can generate inventiveness. Lavish extravagance does not guarantee a work of art. The smaller units and cultures can generate vitality and talent – as if to compensate for their size. Just as the old massive choirs have tended to give way to the smaller, more disciplined polyphonic groups, so we may be moving towards a simpler and more concentrated art form. Perhaps, at the end of it all, we only lose superfluous fat.'

Bu newidiadau mawr ers hynny. Er gwaethaf y datblygiadau electronig, gobeithio bod rhyw gyfiawnhad dros ailadrodd y dyfyniad.

Sôn am ddyfeisgarwch yr ydyn ni – a bod yn barod i fentro. Fe gafwyd enghraifft dda o hyn yn ddiweddar ('doedd gen i ddim cysylltiad â'r gyfres!) *The dragon has two tongues* – taith a gwers hanes arbennig iawn gan yr Athro Gwyn Williams a Wynford Vaughan Thomas, wedi ei chyfarwyddo gan Colin Thomas. Edrych yr oedden nhw ar hanes Cymru drwy ddwy sbectol wahanol – perspectif y chwith Marcsaidd gan y naill ac un mwy personol y llall. 'Roedd y gyfres yn ymarferiad pwysig a ffres am ei fod yn dangos sut y gall ein rhagdybiadau roi lliw ac arwyddocâd i ffeithiau. Yn wir, fod y ffeithiau'n gorfod ffitio i mewn i'r ideoleg. 'Roedd deialog (neu ei habsenoldeb) yn hanes y ddau yn rhoi blas ychwanegol i'r cyfan.

Efo Gwyn Alf neu Wynford, dyna olwg newydd hefyd ar rôl y storïwr. Mae ganddoch chi deledu sy'n fwriadol unochrog, lle mae ysgolheictod academaidd yn cael ei ddarostwng i ofynion a mympwy'r storïwr. Mae nhw'n aml yn ecsentrig. Bob amser yn ffraeth. Ac mi 'rydyn ni yn rhoi llwyfan iddyn nhw, nid am ein bod ni'n cael y 'Gwir' ond am eu bod yn tanio chwilfrydedd ac yn hoelio sylw. Trwy hynny, fe gawn amgenach pererindod na'r wers hanes gyda'i thudalennau wedi melynu.

Nid diffyg syniadau ydi'r broblem, ond diffyg dychymyg a'r tân yn y bol sy'n gallu cyffroi ac adnewyddu'n ffydd ym mhosibiliadau'r cyfrwng.

*   *   *

Dau ddyfyniad i gloi. Un o waith Williams Parry:

> Pan lithrai gloywddwr Glaslyn
> I'r gwyll, fel cledd i'r wain,
> Pan gochai pell ffenestri'r plas
> Rhwng briglas lwyni'r drain,
> Pan gaeai syrthni safnau'r cŵn
> Nosâi Ynysfor yn eu sŵn.

Yna o *Related Twilights* gan Josef Herman, yr artist o wlad Pwyl a syrthiodd mewn cariad ag Ystradgynlais a'i phobl:

> Under the bridge, out of a cold shadow, trickled a pool of water which got thinner and thinner, as it ran on amidst the dry stones and glittering pebbles. Then, unexpectedly, a group of miners stepped on to the bridge. For a split second their heads appeared against a yellow disc – the whole image was not unlike an icon depicting the saints with their haloes. With the light around them, the silhouettes of the mines were almost black. With rapid steps they crossed the bridge, and like frightened cats tore themselves away from one another, each going his own way. The magnificence of this scene overwhelmed me.

Gallu i weld a synnu sy'n dod o hyd i ddelweddau a metafforau. Efo rhaglen ddogfen, 'does dim rhaid llunio deialog – mae hi yno'n barod. Ond mae angen llygad a chlust, mae angen dethol a golygu. Mae angen dychymyg a gweledigaeth i droi'r cyfan yn hudoliaeth. Ac mi fyddwn ni y bore wedyn yn gofyn, 'Welsoch chi'r rhaglen 'na neithiwr?' Nid edrych ar bapur wal y byddwn ni ond ar ddarn bach o ryfeddod y cread.

CERDDI

Gethsemane*
(1969)

Nos Sadwrn o haf ar groesffordd rhwng Trefdraeth a Cheibwr
'Gethsemane. Un filltir'.
Un filltir i'r dde.
Un filltir fain
rhwng deuglawdd o flodau a phridd a drain.
Ond draw yng Ngheibwr yn f'aros 'roedd stôr
o haf ar y traeth
a chreigiau Penfro fel hen hetiau Cymreig yn y môr,
a'r gwylanod gorffwyll yn wreichion.

Cornel o'r byd yn Nyfed
heb na phenyd na phoen na bai.
Dim ond cwmnïaeth anwyldeb digwestiwn
a gwisg laeswen, wamal y môr –
gyda sicrwydd a swae mydryddol ei llanw a thrai.

Ac os na wyddost 'fwyn ddarllenydd'
natur a drysni y groesffordd honno
rhwng Trefdraeth a Cheibwr –
darllen dy dipyn Beibl:
Os gwnei, fe ddaw i tithau, siawns,
ryw ias o'r arswyd a ddaeth i mi
un hwyrnos Sadwrn pan oedd dawns y lli
a'i moethusrwydd mawr yn gryfach grym
na grym y gair a grym y gri
sy'n cyfeirio'r ddwydroed i Galfari.

'Gethsemane. Un filltir'.
Un filltir faith –
a'i gadael
gan fforffedu hefyd fy nghyfran o'r daith
ddi-adlam, ddolurus o'r ardd ymlaen.

---

* Y flwyddyn, 1968 – Cyfarfod Pregethu Llechryd, Sir Aberteifi – un o achosion hynaf yr Annibynwyr. Ar y pryd, 'roeddwn i'n weinidog yn Heol Hafren, Caerdydd, yn un o dîm Y DYDD (HTV) a hefyd yn llunio ambell raglen bersonol.

Ar ôl yr oedfa, 'roedd gen i gyfarfod arall yng Ngheibwr, efo Wynford Vaughan Thomas ac Aled Vaughan, dau o benaethiaid HTV. Swper a seiat ar arfordir Penfro. Mi wyddwn am bwrpas yr ymweliad, cynnig swydd barhaol fel Uwch-gynhyrchydd. Golygai hynny gefnu ar Heol Hafren. Ni fyddai mwyach yn bosibl i mi gyfuno'r ddwy alwedigaeth.

Ar y ffordd i Geibwr, gwelais y mynegbost yn fy nghyfeirio i Gethsemane ar y dde. Dau fyd. Dwy anturiaeth wahanol iawn.

Cân

Pnawn o Awst a llyn mewn mynydd.
Tithau a minnau a'r plant
yn yr hesg heb sgidiau;
o'n cwmpas y tes yn plygu'r bryn a'r brwyn
a dawns aflonydd-lonydd gwas-y-neidr.

Llyn fy mhlentyndod
a llyn di-waelod 'nôl cred y fro –

ei ddi-waelodrwydd du yn her
a'i sipian yn yr hesg yn ias
ers talwm.

Heddiw, i'n plant o swbwrbia'r ddinas
Dim ond llyn crwn, gwyn
heb ddyfnder na hunllef na gwefr
ond gwefr un gwas-y-neidr
a gwybed yn cracio'r gwydr . . .

Mynd yn ôl i'r car
ac o lwybr y mynydd i'r briffordd chwim.
Ond am yr ychydig eiliadau hynny
nid oedd arnom eisiau dim.

Yr Ymwelydd

Hiraethus wyn oedd y lliain
Fore Sul yng nghapel Pendre'–
Y bara a'r gwin yn eu gwely
Yn fwa rhwng daear a ne'.

Adnod, myfyrdod, emyn,
A chriw'n hen gyfarwydd â'u rhin,
Ias yr hen stori'n ystwyrian
Yn niddosrwydd y seddau pîn.

Ond arall fu'r siffrwd a chwalodd
Hen echel syber y lle,
Daeth gwennol i'r oedfa gymun
Yn fore i gapel Pendre'.

Chwyrlïo ar goll yng ngharchar
Sgwâr y cynteddoedd fry'
Cyn setlo'n syfrdan grynedig
A'r silff un o ffenestri'r tŷ.

Codais yn ddistaw rhag damsang
Ar wedduster lluddedig y dydd
A'i chyrchu i gyfeiliant gwewyr
Un o emynau'r ffydd.

Cwpanu'r bwndel o banig
Ac yna ei gollwng i'w hynt
I gerfio hanes yr alwad
Ar lwybrau cyfarwydd y gwynt.

Hi unwaith eto yn ôl ym myd
Y radar anwel sy'n atsain
Rhywle yng nghelloedd y co'
A'r rhwydwaith tonfeddi sy'n ei galw
I fondo ei milltir sgwâr.

Ond weithiau fe'i dryllir hithau
Gan ddrysni'r di-eco daith
Neu'r lludded a ddaw i ddwy adain
Pan na fydd na throedle na gorffwys
Uwch gwae a sugn y moroedd maith.

A ni,
Nythaid yr adnod a'r anthem?
Cawn ninnau ein gwŷs i grwydro'r canrifoedd
Gan y geiriau a gariodd gynt yn eu plygion
Atseiniau morthwylio ac aberth y groes –
Y gri a gystrawennodd ei stori ar ether o'r oesoedd,
Yn donfedd i'r llef ddistaw fain
A chân yr angylion.

Rhyfedd yr hiraeth a'r chwithdod
A'r cyffro rhwng daear a ne'
Pan glywyd curiad adenydd
Un wennol yng nghapel Pendre'.

Capel Pendref, Rhuthun, 1986

Y Bychan

(Golwg 1991)

Gwelais ei lygaid mawr du
yn rhythu trwy bob sgrîn
i mewn i fy llygaid i –
ei weld trwy fy nagrau
ac yntau'n rhy wan,
yn rhy wag,
yn rhy hen
i grio.

Ei asennau pigog yn rhes
fel y sgerbwd hwnnw o gwch gynt
yn y gwynt a'r glaw
draw, draw ar greigiau Llanddwyn.

Dwylo'n crafangio
ar fronnau llipa
heth tethi ei fam
a'r olew a'r llaid
yn sugno esgyrn ei draed
lawr i'r diddymdra du.

Diymadferthedd tebyg ei ymwacáu
a welais unwaith o'r blaen
pan oeddwn innau'n fach,
ond hongian wnâi hwnnw ar hoelion
gan gario ei goron o ddrain.

R.I.P.

Mae yno fynwent,
Ar y beddfeini – enwau a fu unwaith yn barabl a bwrlwm.
Yn y cae dros y clawdd – hen foduron yn fynydd o sgrap.

Dau gae,
A beddrodau'r tadau.

Rhai yno yn ddarfod tawel.
Moduron oedfaon gwell –
Hen gyrff, hen fframiau, hen lampau.
Stwff – cyn-y-rhyfel, wyddoch chi,
Pan oedd llaw y crefftwr ar bob un.
Mi fydd 'rhain yn fyw wedi'r elom ni.
Hen urddas, solet, sgwâr.
Pob un yn wahanol.
Pob un â'i 'farc'.
'Vintage'.
A phan ddaeth y diwedd
A'r gic olaf o'r peiriant cyn ymado o'r byd,
Dim ond diolch a deall pam iddo bara cyhyd.

Cerbyd bach coch
Yn grôm ac yn graciau i gyd,
Ei linell fidog yn torri'r awyr
A thorri'r galon
'Rôl chwalu'n gyrbibion un noson fawr o sbri
Ac yna yn gonsertina.
Ar ei gloc ifanc
Y milltiroedd a fedrai fod.

Arall un noson braf
Yn hymian ei grwndi
Ar ffordd yn feichiog o haf.
Rhythm rheolaidd yr injan yn gysur
Pan fyddai'r daith o'r ddinas yn ddianc
A gweld fan acw ddrws ac aelwyd
A breichiau anwylyd a phlant.
Yr injan yn stopio'n sownd.
A'r cwest?
Rhyw hen wendid yn y brîd erioed.

Neu un o'r pibellau i galon y peiriant
Yn cronni a thagu dan bwysau diamynedd y droed.

Rhwd wedyn!
Peiriant dan gamp, medde'r broliant
Ond neb yn sôn am y crach a'r cancr
Yn bwyta'r metel
A gyrru'r modur i ebargofiant.

Heibio i'r ddwy fynwent heddiw
Fe ânt yn heidiau gwt-gwt i lan y môr,
Y penwyn gorbwyllog sy'n cadw'r ciw yn ei ôl,
A'r gwaed-wyllt
Sy'n igam-ogamu ei lwybr i safnau distryw.

Cariad

Gwelais ddawns y darnau arian
Pan fydd yr haul yn golchi'r marian,
Wedyn oedi yn syfrdandod
Machlud ar y twyn a'r tywod,
Ond fe'm daliwyd gan dy lygaid dyfnion di.

Rhywle draw uwch swae y tonnau –
Galwad gwylan ar y creigiau,
A daw eto falm i'r galon
Wrth noswylio'n sŵn yr eigion,
Ond fe'u ffeiriwn oll am rin dy chwerthin di.

Clywais yno stori'r dryllio –
Y waedd am help a neb yn malio,
Ac yn chwilfriw ar y glannau
Bydd broc môr y torcalonnau,
Ond angor fawr i'm cadw fu dy freichiau di.

Gorffennaf 1999

I Pedr

Ar hanner nos
daeth y ffair i ben,
chwyrlïo'r ceffylau bach
a'r cychod siglo,
caban y saethu,
y rholio ceiniogau
a chwt darllen stori
f'yfory yn llinellau'r llaw.

Ar hanner nos
tawodd yr hyrdi-gyrdi,
lleisiau y llestri rhad
a roc Sir Fôn.

Ar hanner nos
casglodd Hwdini y consuriwr sach ei gadwynau
a'i hel hi
adre'.

Gyda'r wawr lwyd yn y llan
sbwriel bargeinio,
ac yng ngwrychoedd cofleidio
olion hen hyrdi-gyrdi nwyd.

Ond
mae 'na fyd y tu draw i seiniau
a'i ddistawrwydd yn storm o ystyr.

Mae 'na fyd y tu draw i'n siarad,
yno mae'r llygad a'r llaw a churiad y galon
yn cystrawennu'r cyfan.

A byd y tu hwnt i'n synhwyrau
ac ar ei ganghennau, ffrwythau a ffolinebau ein ffydd.

Byd y tu hwnt i synnwyr.

Byd.

Testun y Bryddest yn Eisteddfod Genedlaethol Y Rhyl (1953) oedd 'Y Llen', gair sy'n awgrymu rhyw fath ar orchudd. O'i symud, down wyneb yn wyneb â'r ddrama. Mae'n gyfrwng datguddiad. Fe fu'n flwyddyn dyngedfennol yn fy hanes i. Ar derfyn tair blynedd fel darlithydd mewn athroniaeth yng Ngholeg Harlech, fe wyddwn nad oedd fy nghalon yn y pwnc na'r gwaith, er mor hyfryd y cwmni ac mor braf oedd deffro bob bore i ogoniant Bae Ceredigion, pen draw Llŷn ac Eryri.

Ym myd athroniaeth, 'roedd popeth fel pe'n troi o gwmpas ein defnydd o eiriau a'r ffordd i'w gwireddu. 'Roedd dyddiau chwilio am unrhyw wirionedd trosgynnol y tu hwnt i glorian ein synhwyrau a'n rheswm fel pe ar ben am byth. Am fwy nag un rheswm, fe fu'n un o flynyddoedd mwyaf cythryblus fy mywyd.

Lluniais fy mhryddest a'i hanfon i mewn o dan ffug-enw 'Alltud'. Fe'i gosodwyd ymhlith y goreuon. O edrych arni heddiw, 'rwy'n rhyfeddu iddi wneud cystal! Methais â throi fy argyfwng yn farddoniaeth – mae gormod o'r athronyddol a rhy ychydig o'r diriaethol ynddi. Ond, 'roedd hi'n gri o'r galon, ac o'r enaid, gobeithio.

Dyma ddetholiad ohoni.

Y Llen

Nyni oedd blaenffrwyth y gwyddorau newydd,
Ysgydwem gwpaneidiau coffi efo'n Ffreudlyd ddysg
A chawsom – iaeth ac – eg ac – oleg gan ein tadau
I lyfn-batrymu creisis, craith a chranc.
Ar ein anhrefnus sioe, gosodwyd ffurf, nid tref,
Ac ar bob crac niwrotig, gosod enw,
(mae llunio teitl neu y slogan ynddo'i hun yn gamp).
Pan welem ddolur, taerem nad oedd crawn,
Ac os oedd crawn
Fe rwygem ddarn o glwt
O hanner crys hen fwgan brain,
Â dwfn berswâd, gosodem olew
I socio'r clwt yn ôl ein fformiwlâu,
A phrofem toc mai'r olew oedd y crawn . . .

'Bore da, gyfeillion',
brawddeg yn dilyn brawddeg, ambell jôc.
Clywed sŵn y pin yn crafu'r papur,
O'm blaen, wynebau'n magu rhychau
A chynddaredd brys
Yn cnoi y garddwrn
Ac yn crampio'r bys,

'Dyma'r ddamcaniaeth,
ac yn awr, beirniadaeth . . .'
Un, dau, tri, ac i ffwrdd â ni.

Chwyrlïo'n sydyn am gwpaned te,
Ond weithiau'n hanner ofni
Ac yn hanner disgwyl
Clywed llais rhyw grwt o'r wlad
A wybu obaith,
'Syr, syr, ai hyn sydd fawr, ai hyn sydd wir,
a Gwir, beth yw?'
Y crwt a daflodd garreg gynt
I bwll y felin
A gwybod faint ei eigion
Yn ôl y PLONC atseiniai trwy y coed,
Y crwt a wyliodd hefyd ac a glywodd
Rigolau'r dŵr yn ffrwtian tua'r lan.
Brawddeg, neu rigol dŵr, Pa ots?
'Does dim ar ôl
ond PLONC y gwacter rhwng cysgodion coed.

Siaradwn, siaradwn . . . sŵn.
Llefarwn a chwiliwn am ein lleisiau llwyd
Rywle rhwng y Geni, y Priodi a'r Marw,
Proffwydi bach y plisgyn academaidd,
A'r ŵy yn glwc.

Hiraethaf am ryw griw
A wybu holl bechodau f'enw cyntaf,
Neu'r ferch a ddeffry ffydd,
a dyn y syndod o'r deunydd crai
sy'n hŷn na sgemau'r byd,
rhyw bwt o werin ddwl, ddigaboledig,
sy'n wynfydedig fud,
na chlywodd 'rioed
am yr Id o Ddolwar Fach –
ei warth yn nawns y dref
a'i garthu ar lwybr y glyn.

A yw Gosen a Salem heno'n farw
Am i'r weddi fu unwaith yn wefr
Droi yn gyffredin?

Y rhuthr a fynnodd eiriau
Bellach yn batrwm i bawb,
A'r patrwm a'r dechneg mor amlwg?
Mwy oedd y gwin na'i lestr gynt,
A'r meddwi'n sancteiddiach na'r meddwyn.
Nid felly heno.
Ai llosgi'n ddiffrwyth wna gwêr yr allorau
Am i'r Seintiau fethu'n eu caru,
Fel y glaslanc a gâr ei fun
Yn ôl rheolau'r pamffled
A gipir o siop y stesion cyn draw'r trên?

A chwelir y llen
Pan welir mai ifanc yw Duw,
Ifanc a hoenus fel gwyryf
Ond fod ein cyffwrdd trwsgl
Yn Ei gadw'n gyfan?
Gwn mai unig yw Ef,
Ond unig wyf finnau hefyd.

Cyn hir fe lusgir pob sŵn
A phydra'r geiriau i gyd
Am nad oedd iddynt ddaear.

Yno y byddaf fel cragen wag
A olchwyd gan yr haul a'r môr
Cyn rhoddi sugn i'r tywod.
O'm mewn
Hen fetafforau'r ddaear
A chategorïau'r môr,
A minnau'n wag.

Hwy oedd y balm yn fy ymbalfalu
A adewir ar ôl pan ddaw'r wawr –
Fel yr 'Ie' a'r 'Nage' a syfl o'u lle
Pan eilw y llanw olaf.

Cyn Mynd

Byddai Lisa a minnau'n cael llawer o bleser a chysur wrth ganu efo'n gilydd – canu penillion yn bennaf. O blith yr atgofion, 'Deffrobani', Eifion Wyn:

> 'Cartre'r haf yw Deffrobani,
>   O! na ddeuit Men
> Gyda mi i chwilio amdani
>   Yn fy rhwyflong wen,
> Hwnt i'r môr y mae yr ynys,
>   Hwnt i lawer tir,
> Ond gwnâi serch y siwrnai'n felys
>   Er yn siwrnai hir'.

Wedyn, hymian wrth osod emyn Moelwyn Hughes, 'Y Ddinas Gadarn' i Gôr Cerdd Dant Caerdydd, ac a ganwyd mor fuddugoliaethus yn Eisteddfod y Barri:

> 'Pwy am dwg i'r Ddinas Gadarn,
>   Derfydd crwydro'r anial maith;
> Canu wnaf y gainc anorffen
>   Am fy nwyn i ben fy nhaith
>   Iachawdwriaeth
>   Ydyw ei magwyrydd hi'.

Dyna'r cefndir i'r ddwy linell yn y gerdd olaf . . .

Ar lannau'r Fenai heno

(Mai 25, 2000, blwyddyn ar ôl colli Lisa)

Gwisg o felfed sidan gwyn sydd arni
Heb gryndod na chrych.
Mae hi'n dawel, yn llonydd heno.
Yr haul yn gosod ei lafn o law drosti
Cyn troi yn aur, yn borffor,
Wrth suddo'n rhidens drwy gymylau Môn.

Yn y coed, rhwng fy nhŷ a'r dŵr
Trodd emrallt beichiog y gwanwyn yn silwét du.

Bu ymchwydd ton ar ôl ton,
Llanw a llenwi llawen.

Ac er i'r trai, yn ei dro, sleifio i mewn yn yr hwyr
A dinoethi yr eigion o graig a chwit-chwatrwydd tywod,
Byddai llanw arall, a lludded llwyr.

Bu corddi, bu cerrynt croes,
Bu cariad.

*   *   *

Yn yr eigion na welem ni
'Roedd corddi arall yn rhemp,–
Rhyfel y coch a'r gwyn yn dy gelloedd
Yn llarpio'r wisg,
Yn dylu'r haul
A diffodd dydd.

Minnau yma heno'n hongian hiraeth
Wrth yr hwyliau gwyn,
Clywaf eto alwad y gorllewin,
Traethau, hafau Deffrobani
A chordiau 'cainc anorffen' y ddinas bell.